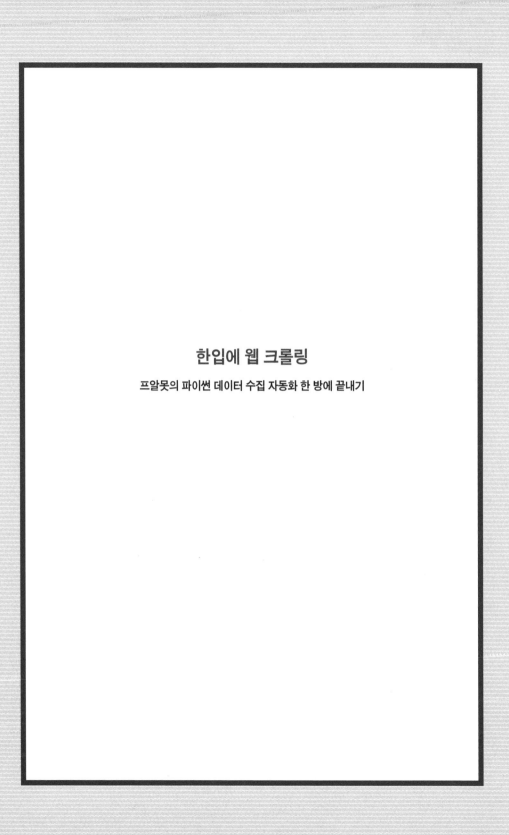

한입에 웹 크롤링

프알못의 파이썬 데이터 수집 자동화 한 방에 끝내기

저자 소개

김경록

코인거래소 백엔드 개발자로 주말에는 프로그래밍 강의를 하고 있다. 블로그 (http://krksap.tistory.com)를 운영하고 있으며, <초보자를 위한 Node.js 200제>를 저술하고 <웹 데이터 수집의 기술>을 번역하는 등 다방면에서 활동하는 개발자이다.

서영덕

머신러닝 엔지니어로 서울대학교 컴퓨터공학부 석사 과정 중 블록체인, 메모리 시스템을 연구했다. 현재는 삼성전자 메모리 사업부에서 데이터 분석 및 인공지능 연구에 즐겁게 몰입하고 있다.

프알못의

Python

파이썬 데이터 수집 자동화
한 방에 끝내기

한입에
웹 크롤링

김경록, 서영덕 지음

BJ
BJPUBLIC

이 책은 '지금 나와 있는 파이썬 웹 크롤링 책들보다 더 쉬운 책을 쓸 수 없을까?'라는 생각에서 출발하였습니다.

제가 평일에는 개발자 일을 하지만 주말에는 프로그래밍을 처음 배우는 분들을 대상으로 강의를 하기 때문에 개발 전공자가 아닌 일반 직장인 분들을 많이 만났습니다. 그런데 이분들은 프로그래밍이라는 것을 처음 해보기 때문에 개발자 입장에서는 아주 당연한 function, parameter 등을 어려워하시는 경우가 많았습니다.

저도 처음에 프로그래밍을 배울 때 몇 시간씩 고민했지만 지금은 매일 사용하기 때문에 저에게는 익숙합니다. 하지만 처음 배우는 분들은 어려워하시는 것을 매주 보고, 이분들에게 질문을 받고 답변을 해드리다 보니 꼭 제 수업을 들으러 오지 않아도 혼자서 해볼 수 있을 만한 수준으로 책을 쓰면 학생분들이 좀 더 편하겠다는 생각을 했습니다.

웹 크롤링은 단순 반복을 줄여주고 빠르게 처리할 수 있으며, 일의 효율을 높여주고 인간이 좀 더 인간답게 창의적인 활동에 집중할 수 있도록 도와주는 좋은 도구입니다. 하지만 진입 장벽이 제법 높습니다. 마치 구구단과 같습니다. 우리가 초등학교에서 구구단을 어렵게 공부했지만 지금은 자연스럽게 사용하듯이, 웹 크롤링도 처음 익힐 때는 조금 어렵지만 한번 익혀 놓으면 구구단처럼 평생 사용할 수 있는 좋은 도구입니다.

이 책을 통해 좀 더 많은 분들이 웹 크롤링이라는 도구를 이용해 일의 효율을 높이고 인간다우면서 창의적인 일에 몰두하여 조금 더 세상을 살기 좋게 만드는 데 기여를 하셨으면 좋겠습니다.

김경록

2016년 6월, 억대 연봉을 받는 한 미국의 프로그래머가 자신의 업무인 프로그램 테스팅 일을 입사 8개월만에 자동화한 후 6년간 아무런 일도 하지 않고 있다가 들통나서 해고 되었다는 뉴스가 있었습니다. 당시 저는 이 뉴스를 보고 의아했습니다. 그는 아무런 일도 하지 않은 것이 아니라 컴퓨터가 일을 대신할 수 있도록 프로그램을 짜서 주어진 업무를 이상없이 잘 마쳤기 때문입니다. 인공지능으로 무엇이든 대체하려는 요즘 세상에 오히려 그는 시대가 원하는 인재가 아닐까요?

일을 자동화하는 것은 이제는 필수를 넘어 생존 조건입니다. 만약 대량의 정보를 웹에서 지속적으로 받고 필요한 정보를 골라서 처리해야 한다면 어떨까요? 키워드를 하나씩 검색해서 정보를 얻고 저장하고 직접 가공한다면 많은 시간과 노력이 필요할 것입니다. 이런 상황이라면 비교적 짧은 시간을 거쳐 만든 크롤러가 당신의 삶의 질을 완전히 개선할 수 있습니다.

본 책에서는 프로그래밍에 문외한인 분들도 자신만의 크롤러를 만들고 활용할 수 있도록 개발 환경 설치부터 코딩까지 그림과 함께 단계별로 쉽게 풀어서 설명하였습니다. 처음부터 모든 개념이 쉽게 다가오지는 않을 겁니다. 하지만, 한 단계씩 실습해보고, 다른 예시를 찾아보고 또한 비슷하게 자신만의 코드를 작성해본다면 훨씬 더 빠르고 깊게 프로그래밍에 익숙해질 겁니다. 초반의 작은 실패에 좌절하기보다 작은 성공을 보고 '할 수 있다'는 자신감을 얻으셨으면 좋겠습니다.

공부를 재미있게 해보자는 취지에서 시작했던 스터디가 책으로 유종의 미를 거둬 감회가 새롭습니다. 부족한 저에게 항상 아낌없이 조언 주시는 선배님들, 대학 시절부터 끊임없는 자기개발과 도전으로 동기 부여를 해주시는 공동 저자이자 오랜 멘토인 경록 형 그리고 사랑하는 부모님께 감사의 인사를 드립니다.

서영덕

목차

목차

1장

파이썬에 대해서

파이썬을 말하다

인터넷에는 데이터가 넘쳐 나며, 우리는 이 데이터를 목적에 맞게 조작하여 이용합니다. 데이터를 수집하고 정리할 때 '복사하여(ctrl + c), 붙여넣는(ctrl + v) 작업'이 꽤 많은데요, 이 작업을 여러 페이지에 걸쳐 해야 한다면 단순 반복 작업만 하게 됩니다.

파이썬을 이용하면 이런 단순 반복 작업을 자동화할 수 있는 데이터 수집기를 만들 수 있습니다. 파이썬으로 데이터 수집기를 만드는 과정을 '프로그래밍' 또는 '코딩'이라고 합니다. 이 장에서는 파이썬으로 프로그래밍하려면 알아야 하는 기초적인 내용을 배워봅니다.

++++++++++++++++ **1.1 파이썬이란?** ++++++++++++++++

파이썬은 배우기 쉽고 자바, C 다음으로 많은 사람들이 사용하는, 요즘 떠오르고 있는 프로그래밍 언어입니다. 물론, 프로그래밍 언어 인기 순위는 매년 바뀌고 용도에 따라 그 순위가 다르니 너무 연연하지 않으셔도 됩니다. 하지만 파이썬이 프로그래밍 언어 사용 빈도 다섯 손가락 안에 들 정도로 요즘 주가가 높은 점은 사실입니다.

배우기 쉽다는 말이 다른 언어(자바, C)에 비해서 쉽다는 것이지 처음 접하는 초보자가 하루 이틀 공부하면 배울 수 있을 만큼 만만하다는 것은 아닙니다. 많이 분들이 '파이썬은 배우기 쉽다라는 말을 듣고 파이썬 공부를 시작했는 데 굉장히 어려워하는 분들을 많이 보았으니까요.
하지만 파이썬은 '비교적' 다른 언어에 비해 쉽기 때문에 프로그래밍에 입문하시려는 분들이 있다면 파이썬으로 시작해보기를 권합니다.

파이썬이라는 언어는 1991년도 네덜란드에서 처음 만들어졌습니다. 하지만 2010년 초반까지는 마이너한 언어로 소수의 개발자들이 사용하는 언어였는 데요, 비교적 배우기가 쉬웠기 때문에 파이썬으로 프로그래밍에 입문하는 사람들이 많았고 파이썬이 가진 장점과 편리함이 조금씩 알려지기 시작했습니다.

파이썬으로 프로그래밍을 시작했던 사람들이 파이썬의 발전에 많이 기여하여, 지금은 파이썬으로 개발하는 것이 '마이너한 언어'로 개발하는 일이 '절대' 아니며, 이제는 너무나 자연스럽게 사용되고 있습니다.

개발자뿐만 아니고 논문을 쓰려는 대학원생들이나 데이터를 다루는 개발자가 아닌 직장인분들도 많은 관심을 가지고 배우려는 언어입니다.

＋＋＋＋＋＋＋＋＋＋＋ 1.2 파이썬을 쓰는 이유 ＋＋＋＋＋＋＋＋＋＋＋

다른 언어에 비해서 파이썬은 상대적으로 덜 까다로운 언어입니다. 물론 지켜야 할 문법이 없다는 것은 아니지만 비교적 덜 엄격합니다. 하지만 실행 속도 면에서 파이썬은 다른 언어들보다 상대적으로 느립니다. 파이썬은 작성된 코드를 실행할 때마다 코드 해석기인 인터프리터(interpreter)를 통해서 해석하고 실행하는 반면 어떤 언어들은 컴파일러를 통해 최적화된 실행 파일을 만들어주므로 최초 빌드(build) 이후에는 컴파일 과정을 따로 거치지 않습니다. 결국 잘 만들어진 실행 파일과 비교했을 때 같은 프로그램임에도 실행 속도가 몇 배 차이 나게 됩니다.

이렇게 얘기하면 "느린 언어를 왜 쓰는 거죠?" 라고 질문하실 수 있지만 또 다른 방향으로 생각해볼 수 있습니다. 과연 우리가 사용하는 모든 프로그램의 실행 속도가 빨라야 할까요? 또한 실제로 수 배 느리다고 해도 만약 0.1초와 0.4초의 차이라면 크게 체감하기 어려운 성능 차이일 것입니다. 또한, 파이썬 라이브러리 중에는 Numpy, Scipy와 같이 C로 짜여있는 라이브러리도 있기에 고속의 처리도 가능합니다.

＋｜｜｜｜｜｜ 1.3 프로그래밍을 배워야 하는 이유 ＋＋＋＋＋＋＋

최근 정부에서 소프트웨어 개발에 적합한 컴퓨팅 사고를 기른다는 목적으로 중학교 학생들을 대상으로 코딩 교육을 필수로 지정했다는 소식을 들었습니다. 코딩 교육이 실제로 이루어지는 모습은 각양각색이겠지만 적어도 학생들이 어떤 일을 하기 위해 논리적인 생각을 구체화해보는 실습을 해볼 수 있다는 측면에서는 긍정적인 것 같습니다.

혹시 게임에서 사냥을 하다가 귀찮아서 자동으로 사냥이 되었으면 좋겠다고 생각해본 적이 있나요? 아니면 항상 어디선가 업데이트되는 소식을 확인하기 위해 똑같은 사이트에 접근하는 일에 진절머리가 난 경험이 있나요? 프로그래밍을 배워야 하는 이유는 바로 이런 것입니다. 귀찮고 수동으로 해야 하는 일들을 컴퓨터가 자동으로 처리하도록 프로그램을 개발하는 것입니다. 게임 안에서 불법 프로그램을 사용하는 유저를 감지하기 위해서 일일이 조회하는 것보다 뭔가 이상한 현상을 캐치하면 자동으로 그 유저를 제재하는 프로그램을 만드는 것, 최신 기술 트렌드를 조사하기 위해서 계속 같은 페이지를 검색해서 새로운 정보가 나오면 가져와서 내용을 정리해 놓도록 프로그램을 만드는 것 등이 그 예입니다.

프로그래밍을 배운다면 세상을 구하기에 앞서 자신을 구할 수 있습니다. 귀찮고 반복되는 작업을 만났을 때 한숨을 쉬고 자신의 신세를 한탄하기보다 나 대신 일해줄 프로그램을 만들어 놓으면 일찍 퇴근하고 집에서 쉴 수 있다라는 희망을 가질 수 있습니다. 또한, 한 가지 언어로 프로그램을 만들어 보면 이후 어떤 언어로든 필요에 따라 문법을 공부해서 필요한 프로그램을 만들 수 있다는 자신감을 얻을 수 있습니다.

물론 생각처럼 뚝딱하고 프로젝트가 완성되지는 않을 것입니다. 프로그래밍을 하는 과정은 자신의 논리가 완벽하지 않다는 것을 계속 증명하고 실험하는 과정이라고 할 수 있으니까요. 수많은 실패와 계속적인 학습이 필요하고, 타인이 작성한 소스코드를 열심히 살펴보며 성찰하고 배우는 수련의 과정입니다. 초기에는 단 하나의 에러로도 몇 시간 동안 머리를 싸매고 앉아있는 자신을 발견할 것입니다. 그러나 그건 누구나 겪는 과정입니다. 당신이 겪는 실수는 세계의 모든 프로그래머들이 초기에 거치는 관문입니다. 부디 쉽게 좌절하지 마세요. 시작이 반입니다.

2장

파이썬 개발 환경 구축하기

파이썬 개발 환경 구축하기

프로그래밍을 배울 때, 가장 먼저 산이 되는 것은 개발 환경을 구축하는 것입니다. 이 과정이 프로그 래밍을 배우기보다 어려울 수 있습니다. 저 같은 개발자들도 개발 환경을 구축하는 데 많은 시간을 보냅니다.

프로그래밍을 고기를 구워 먹는 것에 비유를 하자면, 개발 환경을 구축하는 일은 고기를 굽기 전에 준비하는 모든 과정이라고 할 수 있습니다.

고기를 굽는 것은 불판에 고기를 올리기만 하면 되지만, 준비하는 과정이 만만하지가 않죠. 불판 준 비, 숯 준비, 숯에 불 붙이기, 채소 사오기, 채소 손질하기 등등 해야 할 게 많습니다. 저도 집에서 고 기를 한번 구워먹으려고 불판을 샀는 데 불판 말고도 준비할 게 많더라구요.

프로그래밍도 단순히 코딩만 하면 되는 게 아니고 고기를 구워먹는 과정처럼, 숯에 불을 붙이고 사 온 채소를 손질하는 과정과 같이 개발 환경을 구축하는 과정이 필요합니다.

코딩은 코드를 짜는 건데요, 코드는 계속 설명하겠지만 print("hello") 이렇게 영어 단어로 되어 있 습니다. 소스코드가 '고기'라면 고기를 구워먹기 위해서는 '불(화로)'이 있어야 하고 고기를 올려놓을 '불판'이 있어야 합니다.

불에 해당하는 게 '파이썬3'이고 불판에 해당하는 게 '파이참'입니다. 파이썬으로 코딩을 하려면 이 두 가지를 설치해야 합니다. 이제 파이썬3와 파이참을 설치해보겠습니다.

++++++++++++ 2.1 파이썬3 설치하기 +++++++++++++

파이썬3는 파이썬 문법으로 작성한 소스코드를 실행해주는 프로그램입니다. 소스코드가 익히지 않은 '날고기'라면 이걸 구워서 먹을 수 있게 열을 공급하는 '불' 역할을 하는 게 파이썬3입니다.

파이썬 공식 홈페이지 https://www.python.org에 접속하여, 메뉴 중 [Downloads]에 커서를 옮기면 [그림 2-1]과 같이 다양한 운영체제에 맞는 파이썬 인스톨러를 받을 수 있습니다.

이 책에서는 파이썬 3.6을 사용했습니다. 하지만 파이썬은 버전이 올라가는 속도가 빠르기 때문에 현재 올라와있는 3.x버전을 사용하시면 됩니다.
'Python 3.x.x'를 클릭하여 exe 파일을 다운로드하여 설치를 진행합니다. 맥이라면 .dmg로 내려받아집니다.

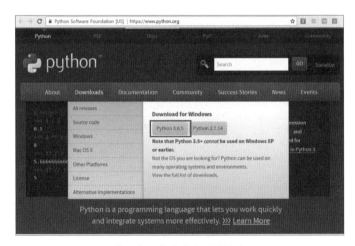

[그림 2-1] 파이썬 설치하기

윈도우에서 파이썬을 설치하면 아래 화면과 같이 진행됩니다. 'Add Python 3.x to PATH'를 선택할 경우 운영체제 환경 변수에 파이썬 경로를 잡아줘서 어떤 디렉터리에서도 파이썬을 실행시킬 수 있도록 합니다.

[그림 2-2] Python Setup 파일 실행

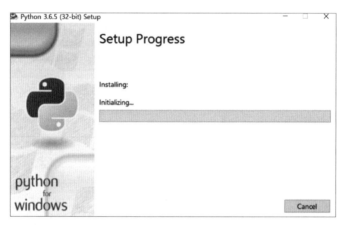

[그림 2-3] Python 설치 진행

[그림 2-4] Python 설치 완료

윈도우에서 Python 3.x.x 버전 설치를 완료하였습니다. 맥에서의 설치 크게 다르지 않으며, 맥은 파이썬을 기본으로 제공하여 터미널(Terminal) 앱에서 버전을 확인(python --version)해보고 설치를 결정하는 것도 좋습니다.

++++++++++++++++++ 2.2 파이참 ++++++++++++++++++

파이참(PyCharm)은 파이썬을 개발하는 도구입니다. 문서 편집을 편하게 하기 위해 문서 편집기인 워드(Word)프로그램을 사용하는 것과 비슷합니다. 파이참을 통해서 프로그램을 조금 더 쉽게 만들 수 있습니다. 대표적인 편한 기능은 앞으로 배울 라이브러리를 설치할 때 설치 명령어를 입력하지 않고 간단하게 검색해서 마우스로 클릭하면 설치할 수 있는 편한 '라이브러리 설치' 기능과 코딩을 할 때 소스코드를 매끄럽게 작성할 수 있게 도와주는 '자동 완성 기능' 등이 있습니다.

파이참이라는 좋은 도구가 없다면 직접 디렉터리를 관리하면서 터미널이나, 메모장 등에서 작업을 하고 파이썬을 직접 사용해서 .py 파일을 실행시켜줘야 합니다. 그렇게도 물론 개발이 가능하지만 생산성과 코드 관리 측면에서는 파이참 같은 개발 환경을 사용하기를 권합니다.

2.2.1 파이참 설치하기

1. 구글에서 파이참 검색하기 : 구글의 검색창에 '파이참' 또는 'pycharm'으로 검색합니다. 검색 결과에서 'Download Pycharm'에 들어가면 파이참 다운로드 페이지가 나옵니다.

[그림 2-5] 구글에서 파이참 검색하기

Tip 파이참 공식 홈페이지 https://www.jetbrains.com/pycharm/에 접속하여, 우측 상단 배너의 [Download]를 클릭하면 다운로드 페이지로 들어가는 방법도 있습니다.

2. 젯브레인 홈페이지 접속하기 : 젯브레인(JetBrains)은 인텔리J(IntelliJ), 파이참 등 다양한 개발 환경 툴(IDE)을 개발하는 회사입니다. 젯브레인 외에도 많은 회사들이 학생을 위한 비상업용 소프트웨어를 배포하고 있습니다. 화면 상단의 [Store]를 클릭합니다. 화면의 우측 상단의 'Student Licenses'를 클릭합니다.

[그림 2-6] 젯브레인 공식 홈페이지 화면

[그림 2-7] 젯브레인의 [Store] 화면

3. 학생 라이센스 인증하기 : [그림 2-8]에서 보면 〈APPLY NOW〉 버튼을 클릭하면 필요한 정보와 대학교 이메일을 인증하는 방식으로 학생 라이센스를 받을 수 있습니다. 학생 라이센스는 해당 툴들을 비상업용 애플리케이션 개발에만 이용하도록 하므로 주의해야 합니다.

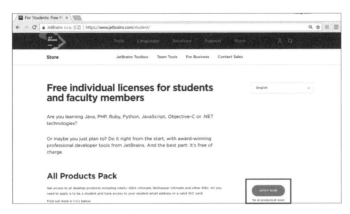

[그림 2-8] 학생 라이센스 관련 페이지

> **Tip** 이 책에서는 무료인 '커뮤니티 버전'으로 진행합니다. '프로페셔널 버전'은 개발자가 개발할 때 조금 더 편한 기능을 제공하지만 이 책의 예제들은 무료 버전인 커뮤니티 버전으로도 충분합니다. 이런 종류의 툴 중에는 학생 인증을 통해서 무료 학생 라이센스로 사용할 수 있도록 해주기 때문에 학생이라면 이 방법을 이용하는 것이 좋습니다.

4. 무료 버전 다운로드하기 : 다운로드 페이지로 들어가면 두 가지 'DOWNLOAD' 버튼이 있습니다. 왼쪽의 〈DOWNLOAD〉 버튼은 프로페셔널(Professional) 버전으로 '유료'이고, 오른쪽 〈DOWNLOAD〉버튼은 커뮤니티(Community)버전으로 무료입니다. 오른쪽 〈DOWNLOAD〉버튼을 눌러서 커뮤니티 버전을 내려받습니다

[그림 2-9] 파이참 다운로드 페이지

5. 설치 파일 다운로드하기 : [그림 2-10]처럼 다운로드가 진행됩니다. 맥이라면 .dmg로, 윈도우라면 .exe나 .msi로 받아질 것입니다. 다운로드가 끝나고 실행하면 설치 화면이 나옵니다.

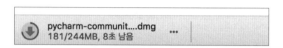

[그림 2-10] 설치 파일 다운로드하기

6. 설치 파일 설치하기 : 다운로드한 커뮤니티 버전 설치파일을 실행하면 [그림 2-11]과 같은 화면이 처음 나타납니다. 설치는 어렵지 않습니다. 이미 정해진 설정으로 그대로 설치해도 상관없으므로 〈Next〉만 눌러도 괜찮습니다.

[그림 2-11] 파이썬 설치 화면

7. 파이참 설치 경로 지정하기: 파이참을 설치할 경로를 지정합니다. 특별히 툴을 설치하는 경로가 따로 있거나 기본 설치 경로로 지정된 디스크의 용량이 부족한 경우가 아니라면 굳이 따로 지정할 필요는 없습니다.

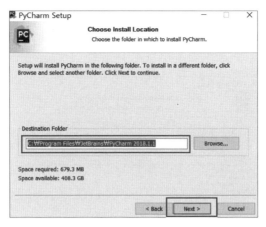

[그림 2-12] 파이참 설치 경로 지정하기

8. 옵션 설정하기 : [Create Desktop Shortcut]은 프로그램을 편리하게 실행하기 위해서 단축 아이콘을 만드는 옵션입니다. 따로 생성하지 않고도 프로그램을 검색해서 사용할 수 있기에 필요한 경우 자신의 운영체제에 맞는 버전으로 선택하면 됩니다.

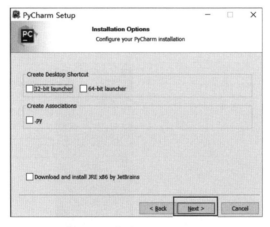

[그림 2-13] 설치 옵션 지정하기

> **Tip** [Create Associations]는 .py 파이썬 스크립트 파일들을 파이참으로 바로 연결할 수 있도록 연결해주는 것인데, .py 파일을 직접 열어 수정하거나 봐야하는 경우에는 유용하게 쓸 수 있습니다.
> 'Download and install JRE x86 by JetBrains' 정말 옵션 사항이므로 설치하지 않아도 무방합니다.

9. 파이참을 시작 메뉴에 추가하기 : 시작 메뉴의 어디에 넣어둘지 선택하는 것입니다만, 군이 선택하지 않아도 검색 기능을 활용하거나 단축 아이콘을 만들 것이므로 <Install> 버튼을 클릭합니다.

[그림 2-14] 시작 메뉴에 추가하기

10. 파이참 설치 완료하기 : 설치가 모두 끝났습니다. 〈Run PyCharm〉을 클릭하고 〈Finish〉 버튼을 누르면 파이참이 처음으로 실행됩니다.

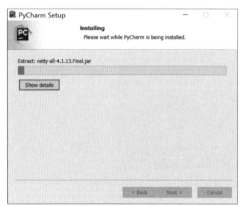
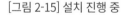
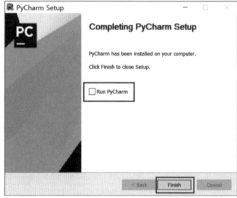

[그림 2-15] 설치 진행 중　　　　　　　　　　　[그림 2-16] 설치가 끝난 화면

++++++++++++++ 2.3 프로젝트 ++++++++++++++

프로젝트(Project)는 한 개의 프로그램(앱)에 필요한 파일들이 들어 있는 디렉터리(폴더)입니다. '프로젝트'라는 거창해 보이는 이름이 붙어서 '파이참으로 하면 뭔가 좀 다른가 보구나' 하면서 어려워하실 수도 있지만 단순히 폴더 하나라고 보시면 됩니다.

프로젝트라는 말은 우리가 한 번쯤 들어본 말 입니다. '프로젝트 = 일' 이라는 뜻인데요, 프로젝트의 범위를 어디까지로 보느냐에 따라서 하나의 프로젝트에 들어갈 소스코드의 양이 다릅니다.

엑셀, 윈도우 같이 전세계 사람들이 사용하는 기능이 매우 많은 프로그램(앱)들은 한 프로젝트에 들어갈 소스코드 양이 아주 많습니다. 이런 큰 프로젝트는 개인이 진행하는 프로젝트가 아니고 회사 단위로 여러 개의 팀, 많은 사람들이 함께 작업을 하는 프로젝트가 되겠습니다.

작은 프로젝트로는 우리가 프로그램을 배우면서 만드는 예제 소스코드가 들어 있는 디렉터리(폴더)도 한 개의 프로젝트라고 볼 수 있습니다.

2.3.1 프로젝트 만들기

프로젝트를 한 번 만들어보겠습니다.

1. 새 프로젝트 생성하기 : 파이참을 실행하면 다음과 같은 화면이 나옵니다. 메뉴 상단에 [File → New Project]를 선택합니다. [그림 2-17]은 맥에서 실행한 화면이지만 윈도우에서도 똑같이 [File → New Project]입니다.

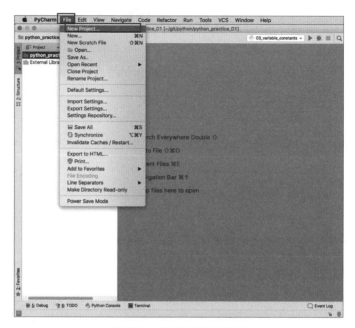

[그림 2-17] 프로젝트 만들기

만약 처음 실행하면 [그림 2-18]과 같은 화면이 나옵니다. 'Create New Project'를 누릅니다.

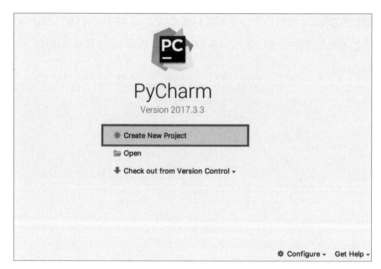

[그림 2-18] Create New Project

2. 프로젝트가 생성될 위치 지정하기 : 여기에서는 프로젝트가 생성될 위치를 지정할 수 있습니다. 오른쪽 위에 있는 [...] 버튼을 눌러서 내가 원하는 위치를 지정해줄 수 있습니다. 눌러봅니다.

-. 맥은 /Documents/git/python/python_practice_01/ 로 위치를 지정합니다.

-. 윈도우라면, c:₩git₩python₩python_practice_01₩ 에 프로젝트를 만들면 됩니다.

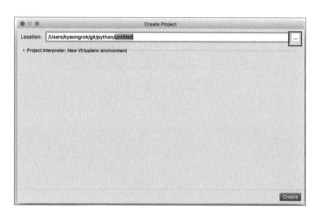

[그림 2-19] 프로젝트가 생성될 위치 지정하기

3. 도큐먼트로 이동하기 : 맥이라면 파인더가, 윈도우라면 탐색기가 뜰 것입니다. 여기에서는 맥 버전으로 진행합니다. 윈도우도 크게 다르지 않습니다. 왼쪽에 'Documents' 또는 '도큐먼트'를 선택합니다. 그리고 왼쪽 아래에 있는 〈New Folder〉 버튼을 누릅니다. 또는 오른쪽 버튼을 클릭해서 새 폴더를 생성해도 됩니다.

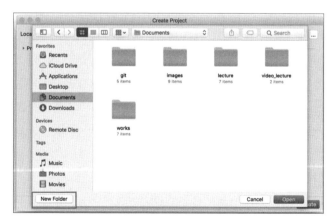

[그림 2-20] Documents로 이동하기

4. git 폴더 만들기 : 폴더 이름을 지정하는 화면이 나오면 이름을 'git' 이라고 해줍니다.

[그림 2-21] git폴더 만들기

> **Tip** git은 뒤에서 따로 다루겠습니다.

2.3.2 프로젝트 루트

프로젝트 루트란, 프로젝트 익스플로러(Project Explorer)의 맨 왼쪽 위에 있는 폴더입니다. 프로젝트의 최상단 폴더를 '프로젝트 루트(Project Root)'라고 합니다.

++++++++++++++ **2.4 패키지 만들기** ++++++++++++++

패키지(Package)를 만들어봅니다. 한글로는 '꾸러미' 정도로 생각해볼 수 있습니다. 패키지는 만든 파이썬 모듈들을 코드 꾸러미 형태로 묶어서 관리하는 데 사용합니다. 마치 관리해야 할 파일이 많을 때 분류하기 위해 폴더를 만드는 것처럼요. 특히 작성한 소스코드의 규모가 작지 않을 경우 패키지 단위로 모듈들을 분리해서 작성하는 것이 이후에 특정 코드를 찾아서 수정하거나 참조할 때 훨씬 편합니다. 또한, 크롤링, 딥러닝 등 프로그래밍을 할 때 외부 라이브러리(Library)를 다운로드하여 사용하는 경우가 많은데요, 이런 라이브러리가 파이썬에서는 패키지 단위라고 생각하시면 편합니다. 참고로 라이브러리란 특정한 기능을 하기 위한 코드를 재사용하기 위해 만들어둔 프로그램입니다.

2.4.1 패키지 생성하기

메뉴의 [File > New]를 누르거나 프로젝트 디렉터리에서 마우스 오른쪽을 클릭하고 [New]를 클릭하면 [그림 2-22]와 같은 화면이 됩니다. 그 중 패키지를 만들기 위해 [Python Package]를 클릭하면 패키지의 이름을 정하는 창이 뜨는 데 알맞은 이름을 적고 <OK>를 누르면 프로젝트 디렉터리 아래 패키지가 생성됩니다.

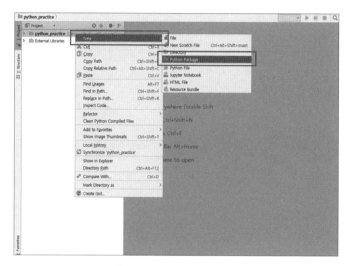

[그림 2-22] 패키지 만들기

패키지는 [그림 2-22]와 같이 프로젝트 익스플로러에서 주로 생성합니다. 모듈을 패키지에 넣고 빼는 것은 드래그 앤 드롭으로 얼마든지 할 수 있기 때문에 모듈을 패키지 단위로 묶을 필요가 있을 때 패키지를 생성해서 정리하면 됩니다.

2.4.2 패키지 사용하는 방법

사실 패키지는 만드는 방법보다는 사용하는 방법을 잘 기억하는 것이 중요합니다. 일반적으로 애플리케이션을 개발할 때는 유능한 프로그래머가 이미 만들어 놓은 좋은 외부 패키지를 설치해서 빠르게 익히고 적용하는 방식으로 작업 효율과 생산성을 높이곤 합니다.

2.4.3 패키지와 디렉터리가 다른 점

패키지와 디렉터리가 다른 점은 __init__.py 파일이 있고 없고의 차이입니다. __init__.py 파일은 현재 패키지를 사용하고자 할 때 이 디렉터리가 패키지라고 알려주는 파일입니다. 현재 사용하고 있는 파이썬 3.6 버전에서는 __init__.py을 따로 작성하지 않아도 패키지로 잘 인식이 되지만, 우리가 직접 작업하거나 기존의 소스코드를 사용할 때는 만들어 주는 게 좋습니다.

+ + + + + + + + + + + + + + ## 2.5 hello 출력하기 + + + + + + + + + + + + + +

가장 간단한 프로그램을 만들어봅니다. 다음은 프로그래밍을 처음 할 때 가장 먼저 해보는 작업인
데요, "hello"를 출력하는 코드입니다.

[결과화면]

```python
print("hello")
```

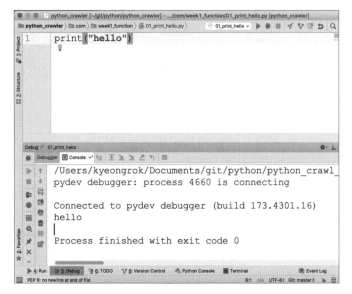

[그림 2-23] "hello" 출력하기

2.5.1 프로그램 실행하기

상단의 메뉴에서 [Run → Run…]을 눌러서 실행할 수 있습니다.

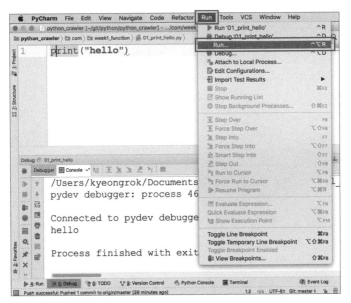

[그림 2-24] 프로그램 실행하기

3장

파이썬 기초

파이썬 기초

파이썬으로 크롤러를 만들려면 먼저 파이썬에 대해서 알아야 합니다. 이번 장에서는 파이썬에서 사용하는 명령어들과 용어의 개념을 살펴봅니다.

+ + + + + + + + + + + + + + + **3.1 변수와 상수** + + + + + + + + + + + + + + +

프로그래밍을 시작할 때 가장 먼저 등장하는 내용은 변수입니다. 변수는 '변하는 수'입니다. 상수는 변수를 설명하기 위해서 주로 함께 나옵니다만 주인공은 변수입니다.

파이참으로 가서 파일을 하나 만들고 다음 예제를 해보겠습니다.

```
result = 10
print(result)
result = 20
print(result)

print("10")
print("20")
```

결과

```
10
20
10
20
```

여기에서 result는 변수입니다. 왜냐하면 10이 되기도 하고, 20이 되기도 하는 등 여러 가지 값이 들어갈 수 있습니다.

3.1.1 변수

변수(Variable)는 값을 저장하는 곳입니다.

```
result = 10
print(result)
result = 20
print(result)
```

위 코드에서 result는 변수입니다. 왜냐하면 이름은 result인데 값이 10이 될 수도 있고 20이 될 수도 있기 때문입니다.

* 변수 - '변'하는 '수'(값)
    * ex) hello = 10에서 앞에 hello

쉽게 구분하는 방법은 " "따옴표로 감싸져 있지 않은 것들을 변수라고 할 수 있습니다.

3.1.2 상수

따옴표(" ")로 감싸여 있지 않은 변수와는 다르게 "10", "20" 이렇게 " " 따옴표로 감싸져 있는 값들을 상수라고 합니다. 상수는 항상 같은 수(값)이라서 상수라고 부릅니다. "10", "20" 이렇게 써놓으면 항상 "10", "20"이기 때문에 상수입니다.
많이 헷갈리는 코드를 하나 볼까요?

두 줄의 소스코드가 있습니다. 위에 줄은 hello라는 변수에 "world"라는 값을 넣은 소스코드이고 두 번째 줄은 world라는 변수에 "hello"라는 값을 넣은 코드입니다.

```
hello = "world"
world = "hello"

print(hello)
print(world)
```

결과

```
world
hello
```

여기에서 hello와 "hello"가 나오는 데요, 어떤 게 변수이고, 어떤 게 상수일까요? 앞에서 보셨듯이 첫 번째 줄에 있는 hello가 변수이고, 두 번째 줄 "hello"가 상수입니다. 차이점이 보이시나요? 변수는 hello, 이렇게 그냥 썼고 상수는 "hello" 이렇게 따옴표를 넣어주었습니다.

다른 언어에는 const라고 해서 변수를 상수처럼 쓸 수 있는 기능이 있지만 파이썬에서는 상수를 따로 선언하는 키워드는 없습니다.

++++++++++++++++++ **3.2 if문** +++++++++++++++++++

if는 '만약에' 라는 뜻의 영어입니다. 만약에 어떤 조건이 참이면 ①번의 식을 실행하고, 거짓이면 ②번 식을 실행하게 하는 제어문입니다. 조건으로 '비교'를 하기 때문에 조건문이라고도 합니다.

if문은 우리 일상생활에서도 실제로 사용되고 있습니다. 요즘에는 집에 문을 열 때 열쇠 말고 비밀번호로 열게끔 도어락을 쓰는 집이 많습니다. 도어락에 저장되어 있는 비밀번호가 맞으면 문을 열고 틀리면 문을 열어주지 않는 if문이 도어락에 들어 있습니다.

만약에 어떤 조건(비밀번호)이 참이면 '①번 식(문을 열어준다)을 실행'하고, 아니면 '②번 식(문을 열지 않는다)을 실행한다' 이런 식으로 사용합니다.

```
if 조건1:
        ①번 식
else:
        ②번 식
```

if문은 위와 같은 형태로 사용합니다. 조건1이 참(true)이면 if줄 아래 있는 ①번 식을 실행하고, 조건1이 거짓(false)이면 else줄 아래 있는 ②번 식을 실행합니다.

그러면 소스코드로 도어락을 구현해볼까요?

```
password = 1234

if password == 1234:
    print("문을 열어줍니다.")
else:
    print("아무 것도 하지 않습니다.")
```

결과

문을 열어줍니다.

위 코드는 password라는 변수에 1234라는 값을 넣어놓고, password라는 변수가 1234가 맞으면 문을 열어주고 1234가 아니면 아무 것도 하지 않는 코드입니다.

여기에서 조건1에 해당하는 것은 password == 1234입니다. 여기에서 주의할 점은 같은지 비교를 할 때 ==이렇게 '='을 두 번 써주었습니다. 변수에 값을 넣을 때는 '='을 한 개만 사용하지만 비교할 때는 == 처럼, '='을 두 번 사용해서 비교합니다.

만약, 집주인이 password를 1234로 지정해놓은 상태인데, 1235로 입력했을 때 문을 열어주면 곤란하겠지요?

```
password = 1235

if password == 1234:
    print("문을 열어줍니다.")
else:
    print("아무 것도 하지 않습니다.")
```

결과

아무 것도 하지 않습니다.

위 코드에서는 1번 줄에서 입력한 password가 1235입니다. 그런데 if조건문 안에는 1234로 들어가 있기 때문에 password == 1234 조건은 거짓(false)이 나옵니다. 그래서 else: 아래에 있는 식 print("아무 것도 하지 않습니다.")이 실행됩니다.

3.2.1 또 다른 조건 elif

프로그램을 만들다 보면 조건을 여러 개 주어야 하는 경우가 있습니다. 앞에서 if, else만 사용하는 경우는 조건을 한 가지만 줄 수 있습니다. 비밀번호가 맞으면 문을 열고, 틀리면 문을 열지 않는다에서는 비밀번호가 맞는지만 확인하면 됩니다.

하지만 점수가 90점 이상이면 등급 A, 점수가 80점 이상이면 등급 B, 그 밖에는 C 이렇게 조건을 여러 가지 주려면 어떻게 해야 할까요?

이럴 때는 elif로, elif 조건2: 이렇게 또 다른 조건을 추가할 수 있습니다. 한 개만이 아니라 여러여러 개도 가능합니다.

```
if 조건1:
        ①번 식
elif: 조건2:
        ②번 식
else:
        ③번 식
```

elif문은 위와 같이 사용합니다. 조건1이 참(true)이면 if줄 아래 있는 ①번 식을 실행합니다. elif를 사용해서 조건2를 추가해주면 조건1이 거짓(false)일때 바로 else줄 아래 있는 ③번 식을 실행하지 않고 elif: 줄에 있는 조건2를 한 번 더 비교를 합니다.

여기에서 조건2가 참이면 elif 아래에 있는 ②번 식을 실행하고 조건2도 거짓이면 else 아래에 있는 ③번 식을 실행합니다.

그러면 한 번 코드를 만들어보겠습니다.

앞에서 이야기 했던 점수가 90점 이상이면 등급 A, 점수가 80점 이상이면 등급 B, 그 밖에는 C를 출력하는 기능을 구현해보겠습니다.

```python
score = 86

if score >= 90:
    print("A")
```

28

```
elif score >= 80:
    print("B")
else:
    print("C")
```

결과

```
B
```

여기에서 각각 조건1은 score >= 90이고 조건2는 score >= 80입니다.
그리고 ①번 식은 print("A"), ②번 식은 print("B"), ③번 식은 print("C")입니다.

소스코드 첫 번째 줄에서 score라는 변수에 86이라는 값을 넣어주었습니다. 첫 번째 조건인 score
>= 90은 score가 86이기 때문에 거짓(false)입니다. 그러면 바로 else로 가지 않고 elif에 있는 score
>= 80을 한 번 더 비교 합니다.

score는 86점이기 때문에 조건2인 score >= 80은 참(true)입니다. 그러면 ②번 식인 print("B")가 실
행되어서 결과에 "B"가 출력됩니다.

그러면 조건을 조금 수정해볼까요?

점수가 90점 이상이면 등급 A, 점수가 80점 이상이면 등급 B, 점수가 70점 이상이면 C를 그 밖에
는 F를 출력하는 기능으로 수정해보겠습니다.

```
score = 77

if score >= 90:
    print("A")
elif score >= 80:
    print("B")
elif score >= 70:
    print("C")
else:
    print("F")
```

결과

```
C
```

elif는 여러 번 사용할 수 있습니다. 조건을 여러 개 추가하고 싶다면 elif를 이용해 조건을 계속 추가할 수 있습니다.

여기에서는 elif score >= 70을 하나 더 추가해주고 else일 때는 print("F")로 수정해주었습니다.

score가 77이기 때문에 조건1 score >= 90, 조건2 score >= 80 모두 거짓(false)이 나오고, 조건3인 score >= 70에서 참(true)이 나옵니다. 그래서 print("C")가 출력됩니다.

+ + + + + + + + + + + + + + + + + **3.3 함수** + + + + + + + + + + + + + + + + + +

함수(Function)는 파이썬 프로그램의 기본 단위입니다. 함수를 제대로 아는 것이 프로그래밍을 배울 때 아주 중요합니다. 그래서 이번 장은 파이썬에 대해서 처음 접한다면 꼭 천천히 읽어보고 여기에 나오는 내용들을 충분히 익힌 후 크롤러 만드는 단계로 들어가기를 권합니다.

3.3.1 함수, 펑션?

'Function'은 '펑션'이라고 읽고, 우리말로는 '함수'라고 사용하죠. 함수는 파이썬 명령 실행 단위입니다. 파이썬으로 하는 모든 것의 출발입니다. 처음 함수의 개념을 접하면 잘 이해가 안 갈 수도 있지만 몇 번 보다 보면 나도 모르는 사이에 익숙해져 있습니다. 마치 젓가락질을 배우듯이 말이죠.

함수, 펑션, function 모두 같은 말이고 실제 현장에서도 같이 쓰기 때문에 앞으로는 이 세 가지를 모두 사용할 예정입니다.

```
def print_hello( ):
    print("hello")
```

함수는 위와 같이 생겼습니다. def로 시작을 하고 print_hello라는 이름이 나오고 그 옆에 ( ) 괄호가 나오고 : 콜론을 붙입니다. 그리고 엔터를 치고 탭(tab)이 하나 들어가고 print("hello")가 나옵니다.

위 함수는 "hello"를 출력하는 함수입니다. 파이썬은 이 '함수'로 되어 있습니다. 그래서 파이썬을 사용하려면 이 '함수'가 뭔지 알아야 합니다. 함수를 모르고는 파이썬을 사용할 수 없기 때문에 함수부터 배워보도록 하겠습니다.

3.3.2 함수를 만드는 방법

다음과 같이 총9단계로 함수를 만들 수 있습니다.

[1단계] def로 시작하기

```
def
```

[2단계] Def 옆에 한 칸 띄우기

```
def
```

[3단계] 그 옆에는 이름 붙이기

```
def print_hello
```

여기에서 print_hello는 이름입니다. 이름은 아무 것이나 가능합니다. 가령, aaaa, bbb, plus, minus 입니다.

```
def aaaa( )
def bbbb( )
def plus( )
```

[4단계] 이름 옆에 괄호 '( )' 붙이기

```
def print_hello( )
```

[5단계] 괄호 옆에 세미콜론 ':' 붙이기

```
def print_hello( ):
```

[6단계] 엔터 치기

```
def print_hello( ):
```

[7단계] 탭(tab) 넣기

```
def print_hello( ):
```

[8단계] 넣고 싶은 기능을 코딩하기

예를 들면 print("hello") 말이죠.

```
def print_hello( ):
    print("hello")
```

[9단계] 들여쓰기하기

파이썬은 탭을 눌러서 들여쓰기를 반드시 해주어야 합니다.

```
def print_hello( ):
print("hello")
```

위와 같이 들여쓰기를 해주지 않으면 파이썬에서는 에러가 납니다.

```
1  def print_hello():
2  print("hello")
3  |
```

[그림 3-1] 함수를 쓸 때 반드시 들여쓰기

> **Tip** 파이참에서 빨간 줄로 표시가되면 실행했을 때 에러가 난다는 경고입니다. 주로 문법을 잘못 입력하는 등 식을 잘못 입력한 경우에 나오는 데요, 빨간 줄이 보인다면 빨간 줄이 나오지 않도록 문제를 찾아서 수정한 후 실행해주세요.

들여쓰기가 들어가지 않은 줄이 나올 때까지를 함수로 보는 데요, 그래서 위 함수는 반드시 아래와 같이 print( ) 명령어 앞에 들여쓰기를 넣어주어야 합니다.

```
def print_hello( ):
        print("hello")
```

그러면 함수가 완성되었습니다.

3.3.3 함수 실행하기

1. 메뉴로 실행하기 : 앞에서 만든 첫 번째 파이썬 함수를 실행해볼까요? 앞에서 hello를 출력할 때 실행을 해보았습니다. 상단 [메뉴 → Run → Run···] 이렇게 실행을 하는 방법을 사용합니다.

2. 실행 버튼으로 실행하기 : 파이참 오른쪽 위에 보시면 실행 버튼이 있습니다. 이 버튼을 눌러서 실행할 수도 있습니다. 둘 중에 편한 방법을 사용하면 됩니다.

[그림 3-2] 우측 상단 함수 실행하기

만든 함수가 들어 있는 프로그램을 실행해보겠습니다.

결과

무슨 일이죠?! 실행했는 데 아무 결과가 나오지 않습니다. 함수를 선언만 하고 호출(call)을 하지 않으면 이렇게 아무 결과가 나오지 않기 때문에 함수를 선언한 후에는 호출을 해주어야 합니다.

```
def print_hello( ):
    print("hello")

print_hello( )
```

위 소스코드와 다른 점은 맨 아래 줄에 print_hello( )가 있다는 것입니다.

결과

```
hello
```

함수의 이름으로 호출을 해주면 실행됩니다.

3.3.3 함수 예제 – 포켓몬스터 피카츄
함수는 처음 접하면 아주 어렵게 느껴질 수 있기 때문에 우리가 잘 알고 있는 포켓몬스터와 비교해서 함수에 대해 조금 더 알아보겠습니다.

포켓몬 트레이너는 포켓몬을 잡아서 몬스터볼에 넣을 수 있습니다. 여기에서 함수(function)는 몬스터볼에 들어 있는 포켓몬이라고 생각하시면 됩니다.

함수로 포켓몬인 피카츄를 한번 만들어 보겠습니다.

```
def pikachu( ):
    print("전기공격")
```
결과

포켓몬 피카츄(pikachu)는 '전기공격' 기술을 가지고 있습니다. 하지만 위와 같이 def를 이용해서 pikachu( )를 만들어 놓기만 한 상태는 포켓몬인 피카츄가 몬스터볼 안에 들어 있는 상태입니다. 이 상태에서는 실행을 해도 결과에 아무 것도 나오지 않습니다.

피카츄가 전기공격을 하게 하려면 pikachu( )라고 피카츄 이름을 불러서 소환을 해야 합니다.

그러면 피카츄를 소환해서 전기공격을 해보겠습니다.

```
def pikachu( ):
    print("전기공격")

pikachu( )
```
결과

전기공격

pikachu( )라고 피카츄 이름을 불러서 소환을 하면 피카츄가 나와서 전기공격을 합니다.

함수는 이렇게 만들기만 하면 되는 것이 아니고 이름(pikachu( ))을 불러서 호출을 해주어야 합니다.

34

3.3.4 파라메터

파라메터(Parameter)는 함수 밖에서 함수 안으로 값을 전달할 때 사용합니다. 값을 전달하는 매개 체가 된다고 해서 '매개 변수'라고도 합니다.

다음 소스코드에서 함수 이름 옆 괄호 ( )안에 들어 있는 p_message가 파라메터입니다.
함수 밖에서 함수로 값을 전달할 때 사용합니다.

```
def print_message(p_message):
    print(p_message)

print_message("bye")
```

결과

```
bye
```

파라메터를 이용해 함수를 호출할 때 넣은 값이 전달되는 과정입니다.

1. print_message라는 함수를 호출할 때 **"bye"**라는 값을 넘겨줍니다.
2. 매개변수 message 안으로 **"bye"**가 들어옵니다.
3. print(message)를 해주면 message 안에 들어온 **"bye"**가 출력됩니다.

```
print_message("bye")
```

이렇게 매개변수로 "bye"를 넣어서 호출을 해주면 매개변수로 넣은 값이 출력됩니다. "bye2"를 넣고 실행하면 결과에 bye2가 출력이 되겠죠?

3.3.5 파라메터 예제 – 피카츄 기술 추가하기

포켓몬인 피카츄는 '전기공격' 말고도 '몸통박치기'라는 기술이 있습니다. 위에서 만들었던 피카츄에 기술을 추가해보겠습니다.

```
def pikachu( ):
    print('전기공격')

pikachu( )
```

결과

앞에서 만들었던 피카츄입니다. 이름인 pikachu( )를 불러 소환하면 '전기공격'을 하는 피카츄입니다.

이 피카츄에 포켓몬 트레이너가 1번 기술을 쓰라고 하면 피카츄가 '전기공격'을 사용하고 2번 기술을 쓰라고 하면 '몸통박치기'를 쓰도록 코드를 만들어 보겠습니다.

기술은 한 개씩 쓸 수 있기 때문에 앞에서 배웠던 if문을 사용해서 기술을 선택해서 사용할 수 있도록 만들어 보겠습니다.

기술도 1개 추가가 되고 if문을 이용해 어떤 기술을 사용할지 선택하는 기능도 추가가 됩니다.

```python
def pikachu(skill_number):
    if skill_number == 1:
        print("전기공격")
    elif skill_number == 2:
        print("몸통박치기")
```

pikachu(2)

결과

몸통박치기

위 코드에서는 skill_number를 2로 지정을 해주었기 때문에 if문 첫 번째 조건인 number == 1은 거짓입니다. 그래서 번식인 print("전기공격")은 실행되지 않습니다.

1번 조건이 거짓이므로 elif 줄로 와서 2번 조건을 비교합니다. skill_number는 2이므로 2번 조건인 skill_number == 2가 참(true)이 됩니다. 따라서, ②번 식인 print("몸통박치기")가 실행됩니다.

그래서 결과가 '몸통박치기'로 나옵니다.

pikachu(2) 대신 pikachu(1)을 이용해서 skill_number를 1로 넘겨주면 '전기공격'을 사용합니다.

3.3.6 리턴

리턴(Return)은 함수를 부른(호출) 곳으로 값을 보내주는 것입니다. '돌려준다'라고 말합니다.

함수를 실행한 결과를 함수를 호출한 곳으로 보내줄 때 사용합니다.

사용하는 이유는 연산한 결과를 다른 곳에서도 사용하기 위함입니다.

```python
def plus(val1, val2):
    return val1 + val2

result_return = plus(10, 20)
print("result_return", result_return)
```

사용은 위와 같이 함수 마지막 줄에 함수를 호출한 곳으로 보내줄 결과 값 앞에 return 명령어를 붙입니다.

```python
def print_hello(p1, p2):
    print("using print:", p1 + p2)

def plus(val1, val2):
    return val1 + val2

result = print_hello(10, 20)
result_return = plus(10, 20)

print("result:",result)
print("result_return", result_return)
```

결과

```
using print: 30
result: None
result_return 30
```

앞에서 배웠던 리턴(return)이 없는 함수와 비교를 해보겠습니다.

print_hello(10, 20)의 실행 결과를 result 변수에 담고 출력을 해보았는 데요 결과는 None입니다.

print_hello( ) 안쪽에 "using print:"라고 붙여 놓은 곳에는 30이라고 출력이 되었습니다.

함수 안쪽에서는 10 + 20을 해서 30이라는 결과를 만들어 내고 그 결과를 콘솔(결과가 출력되는 곳)에 출력합니다. 그리고 끝납니다. 호출한 곳으로 결과를 보내주지(돌려주지)않습니다.

하지만 리턴(return)이 있는 함수 plus( )는 10+20을 한 결과를 plus를 호출한 곳으로 보내줍니다. 그래서 result_return 변수를 출력하면 30이라는 결과가 출력되는 것을 볼 수 있습니다.

++++++ 3.4 사칙연산 예제로 배우는 함수 만들기 ++++++

지금까지 배운 함수와 파라메터 개념들을 이용해서 사칙연산을 구현해보겠습니다. 사칙연산은 덧셈 (add), 뺄셈(sub), 곱셈(mul), 나눗셈(div)의 4가지 함수를 만드는 방식으로 구현이 가능합니다.

```
def plus(val1, val2):
    return val1 + val2

def sub(val1, val2):
    return val1 - val2

def mul(val1, val2):
    return val1 * val2

def div(val1, val2):
    return val1 / val2
```

3.4.1 예제로 배우는 리턴

앞에서 배운 함수와 return을 왜 써야 하는지를 알아보기 위해 다음 예제를 진행해봅니다. 직접 고민해서 풀어보면 좋겠지만 처음 하는 분들을 고려해 같이 해보도록 하겠습니다.

[예제 3-1] 10 + 20, 20 + 30을 출력하고, 각각의 결과를 더한 값도 출력해보기.

결과
```
30
50
80
```

[예제 3-1]을 한번 풀어보겠습니다. 문제에서는 더하기만 3번 나오기 때문에 plus( ) 한 개만 만들면 될 것 같네요.

먼저 plus( )함수를 만들어봅니다.

```
def plus(val1, val2):
    return val1 + val2
```

그리고 10+20한 결과를 출력해보겠습니다.

result_plus라는 변수를 선언해서 거기에 값을 넣고 출력해보겠습니다.

```
def plus(val1, val2):
    return val1 + val2

result_plus = plus(10, 20)

print(result_plus)
```

결과
```
30
```

20 + 30도 계산해서 출력 해보겠습니다.

```
def plus(val1, val2):
    return val1 + val2

result_plus = plus(10, 20)
result_plus2 = plus(20, 30)

print(result_plus)
print(result_plus2)
```

결과
```
30
50
```

그러면 이제 두 개의 결과를 더한 값도 출력해보겠습니다.

```
def plus(val1, val2):
    return val1 + val2

result_plus = plus(10, 20)
result_plus2 = plus(20, 30)
result_plus3 = plus(result_plus, result_plus2)

print(result_plus)
print(result_plus2)
print(result_plus3)
```

결과

```
30
50
80
```

여기에서 핵심은 plus( )라는 반복되는 기능을 한 번만 만든 후에 계속 반복해서 불러서 사용할 수 있다는 것입니다.

그리고 앞에 result_가 붙은 변수에 값을 저장해두고 쓸 수 있습니다. return을 쓰면 이렇게 값을 저장해놓았다가 다시 사용할 수 있는 데 return을 쓰지 않으면 값을 저장했다가 사용할 수 없습니다.

3.4.2 합성 함수

학교 다닐 때 f o g 에 관해 수학 시간에 배운 기억을 떠올려볼 수 있나요?
f( )라는 함수가 있고 g( )라는 함수가 있을 때 f o g를 하면 함수 g( )를 실행한 결과를 함수 f( )에 넣은 결과를 내는 것이 합성 함수입니다.

f o g라서 함수 f( )를 먼저 실행할 것 같지만 먼저 실행할 함수는 g( )입니다.
f o g(x)를 풀어서 쓰면 f(g(x))입니다. f o g(10)은 f(g(10))입니다.

그러면 함수 f( )와 g( )를 만들어서 합성 함수를 파이썬에서는 어떻게 구현하는지 살펴보죠.

```
# f라는 함수 선언
def f(param1):
    return param1 + 10
```

```
# g함수 선언
def g(param1):
    return param1 * 20

# 합성 함수
# f o g(10) = 210
print(f(g(10)))
```

결과

210

----

print(f(g(10))) 이 부분이 합성 함수를 파이썬으로 표현한 부분입니다.

g라는 함수에 10이라는 값을 전달해서 g( )를 실행한 결과 값을 f( )함수에 다시 전달해서 최종 결과를 print한 예제입니다.

여기에서 g함수는 param1에 * 20을 하는 함수입니다. 그래서 g(10)을 하면 결과가 200이 나옵니다. f함수는 param1에 + 10을 하는 함수 입니다. 그래서 f(10) = 20이고 f(200) = 210입니다.

g(10) = 200이고 f(g(10))은 g(10)이 200이기 때문에 결과는 200에 10을 더한 210이 됩니다.

++++++++++++++++ **3.5 반복문 for** +++++++++++++++++

반복문은 지정한 숫자의 범위만큼 반복하는 명령입니다. 반복문은 프로그램의 꽃이라고 할 수 있습니다. 사람 대신 프로그램이 사람이 짜놓은 명령어들을 반복해서 실행해주기 때문입니다. 자동화에서 가장 중요한 부분이 반복 작업이고 반복 작업은 앞으로 배울 for문이 기본입니다.

range(0, 10)으로 생성한 0부터 9까지의 숫자를 하나씩 item으로 뽑아서 왼쪽에 보이듯이 0 ~ 9까지 반복하면서 출력합니다.

3.5.1 반복문 만들기

반복문을 만들어보겠습니다.

```
for item in range(0, 10):
    print(item)
```

반복문은 이렇게 생겼습니다. 한 단계씩 만들어 보면서 설명해보겠습니다.

[1단계] for로 시작을 합니다. 한 칸을 띄웁니다.

```
for
```

[2단계] item이라고 변수 이름을 씁니다. 한 칸을 띄웁니다.

```
for item
```

[3단계] in을 씁니다. 한 칸을 띄웁니다. 뒤에 있는 것 안에서 뽑아온다는 뜻입니다.

```
for item in
```

[4단계] range(0, 10)이라고 씁니다. 0 ~ 9까지 숫자 목록(list)을 만들어줍니다.

```
for item in range(0, 10)
```

[5단계] :를 붙입니다.

```
for item in range(0, 10):
```

[6단계] 엔터를 칩니다.

[7단계] 탭으로 들여쓰기를 합니다.

[8단계] print(item)을 입력합니다. item에 0부터 9까지 10개의 숫자가 들어옵니다.

```
for item in range(0, 10):
    print(item)
```

실행해볼까요?

결과

```
0
1
2
3
4
```

```
5
6
7
8
9
```

반드시 주의할 것이! 탭(tab)을 꼭 넣어야 합니다. print앞에 탭(tab)을 넣지 않으면 에러가 납니다.

```
for item in range(0, 10):
print(item)
```

만약 hello만 한 번 출력하고 싶다면 아래와 같이 만들면 됩니다.

```
for item in range(0, 10):
    print(item)
```

결과

```
hello
hello
hello
hello
hello
hello
hello
hello
hello
```

3.5.2 range( )

range( )는 숫자를 여러 개 만들어주는 함수입니다. 파이썬에서는 반복문(for)을 배울 때 보통 먼저 range( )를 짚어가게 됩니다. 앞에서 for를 알아보았으니 함께 사용했던 range( )를 알아봅니다.

range(0, 10)의 기능은 0에서 9까지를 만들어 줍니다. 1에서 20까지 만들려면 range(1, 21)이렇게 써야 합니다.

```
print(list(range(1, 10)))
```

range(0, 10)에 뭐가 들어 있는이지 보려면 list( )로 감싸서 출력을 해야 합니다. list( )는 받은 데이터를 []형태로 만들어 주는 함수 입니다.

결과
```
[0, 1, 2, 3, 4, 5, 6, 7, 8, 9]
```

여기에서 [ ](대괄호)는 배열(array)입니다. 리스트(list)의 성질을 가지고 있기 때문에 리스트라고도 부릅니다.

3.5.3 리스트 예제
리스트(list)는 [ ] 대괄호로 감싸져 있고 안에 여러 개의 숫자 또는 문자 또는 어떤 것(Object)이 들어갈 수 있습니다.

```
list_number = [0, 1, 2, 2, 4]
list_string = ["kyeongrok", "yeongduk", "jihyun"]

print(list_number)
print(list_string)
```
결과
```
[0, 1, 2, 2, 4]
['kyeongrok', 'yeongduk', 'jihyun']
```

리스트는 자료구조 중 하나입니다. [ ]로 감싸져 있는 게 리스트입니다.

3.5.4 리스트에서 인덱스로 아이템 선택하기
리스트(list)에 총 5개의 숫자가 들어 있습니다. 0, 1, 2, 2, 4 이렇게 총 5개입니다. 여기에서 3번째와 4번째 숫자가 2입니다. 여기에서 4번째 숫자만 뽑으려면 어떻게 해야 할까요?
```
num_list = [0, 1, 2, 2, 4]

print(num_list)
print(num_list[3])
```

```
[0, 1, 2, 2, 4]
2
```

num_list[3] 이렇게 사용합니다. 4번째를 뽑으려면 [3] 이렇게, 1번째를 뽑으려면 [0]을 써야 합니다.
맨 앞에 있는 0을 뽑으려면 [0] 이렇게 써야 합니다.

3.5.5 for로 리스트 출력하기

리스트는 for문으로 출력할 수 있습니다.

```
for item in [0, 1, 2, 2, 4] :
    print(item)
```

결과

```
0
1
2
2
4
```

3.5.6 구구단 만들기

구구단은 반복문과 print( )를 연습하기 좋은 예제입니다. 반복문으로 구구단을 출력해볼까요?

구구단을 출력을 하려면 한 줄에 3가지 숫자와 2가지 기호, 총 5가지를 출력해야 합니다.
2 * 1 = 2 이게 이, 곱하기, 일, 은, 이 이렇게 총 5개의 기호를 print( )문 한 번으로 출력을 해야 하기
때문에 그 방법을 먼저 알아보겠습니다.

[예제 3-2] **여러 개의 값들을 한 줄에 출력하기**

```
print(2, 1, 2)
print(2, "*", 1, "=", 2)
```

결과

```
2 1 2
2 * 1 = 2
```

위와 같이 print( )문에 ,(콤마)로 구분을 지어서 값들을 써주면 한 줄에 값이 출력됩니다.

[예제 3-3] 2 1, 2 2 처럼 앞에 2붙이기

```
for item in range(1, 10):
    print(2, item)
```

결과

```
2 1
2 2
2 3
2 4
2 5
2 6
2 7
2 8
2 9
```

앞에서 반복문으로 0부터 9까지 출력해보았습니다. 다음에 이어질 [예제 3-4]는 1에서 9까지 출력을 해보고 그 앞에 2자를 매번 붙여보는 코드입니다

[예제 3-4] 숫자들 사이에 기호 넣기

```
for item in range(1, 10):
    print(2, "*", item, "=", 2 *item)
```

결과

```
2 * 1 = 2
2 * 2 = 4
2 * 3 = 6
```

```
2 * 4 = 8
2 * 5 = 10
2 * 6 = 12
2 * 7 = 14
2 * 8 = 16
2 * 9 = 18
```

print( )안에 우리가 출력하고픈 3개의 숫자와 2개의 기호를 넣은 코드입니다. ,(콤마)로 구분해주어서 구구단을 우리가 잘 알아볼 수 있게 출력해보았습니다.

3.5.7 for문을 바로 리스트로 만들기

반복문은 리스트[ ]에 있는 item들을 한 개씩 뽑아서 실행해주는 명령어입니다. 명령어를 실행한 결과를 list 형태로 다시 만들고 싶을 때가 있습니다. 파이썬은 이걸 아주 편하게 할 수 있는 방법을 제공합니다. 일단 소스코드를 볼까요?

```
num_list = [1, 2, 2, 4]

# num_list 각각에 2를 곱한 결과
for num in num_list:
    print(num * 2)
```

결과

```
2
4
4
8
```

간단하게 리스트에 있는 모든 item을 하나씩 꺼내서 2를 곱한 후에 출력하는 예제입니다.

이걸 바로 리스트로 만들 때 사용하는 코드를 소개합니다.

```
num_list = [1, 2, 2, 4]

# num_list 각각에 2를 곱한 결과
results = [num * 2 for num in num_list]
print(results)
```

결과

```
[2, 4, 4, 8]
```

이렇게 하면 [1, 2, 2, 4]에서 바로 [2, 4, 4, 8] 리스트로 만들어집니다. 사용 방법은 다음과 같습니다.

```
results = [연산결과 for item in 리스트]
```

크롤링을 하는 크롤러를 만들 때 조금 복잡해지면 이 기능을 사용하게 됩니다. 쇼핑몰 크롤링을 할때 한 페이지에 있는 모든 상품 정보를 바로 리스트 형태로 만들고 싶을 때 주로 사용합니다.

+++++++++++++++++++ **3.6 숫자** +++++++++++++++++++

숫자형 데이터(number)는 정수, 실수와 같은 숫자를 표현하기 위한 자료형입니다. 숫자는 어떤 데이터를 셀 때 사용하기도 하고 더 나아가서는 복잡한 수식을 통해 결과 값을 뽑을 때 사용하기도 합니다.

3.6.1 정수 데이터 만들기

정수 데이터는 가장 흔하게 사용하는 데이터입니다. 어떤 정수값을 저장하거나, 대략적인 값을 계산하거나, 반복문을 몇 번 돌지 정하거나 혹은 어떤 수가 전체에서 몇 번 나오는지 세는 등 다양한 용도로 사용할 수 있습니다.

파이썬에서 정수 데이터를 만들기 위해서는 변수에 정수를 넣는 방식으로 다음과 같이 만들면 됩니다.

```
a = 10
b = -20
c = 30
total = a + b + c
print(total)
```

결과

```
20
```

위 코드는 a, b, c에 각각 10, -20, 30이라는 정수 값을 넣고 총합을 계산하는 코드입니다. 10, -20,

30이라는 정수 데이터를 만들기 위해 a, b, c라는 변수를 이용하였고 계산한 이후 그 총합을 total이라는 변수에 넣은 후 출력합니다.

3.6.2 실수 데이터 만들기

실수 데이터는 보통, 평균을 계산하는 등 어떤 값을 정확하게 계산할 때 많이 사용됩니다.

```
a = 12.5
b = 35.8
c = 50
total = a + b + c
average = total / 3
print(average)
```

결과

32.766666666666666

앞의 계산에서도 a, b는 실수, c는 정수형 데이터입니다. 정수형 데이터는 실수형 데이터와 계산할 경우 실수형으로 변환됩니다. 50이라면, 50.0으로 변환되어 실수형 데이터 계산되는 식이죠.

a, b, c의 각 값을 더한 total도 실수형 데이터이며, 해당 데이터를 3으로 나눈 평균 average 역시 실수형 데이터입니다.

정수 간의 계산에서도 만약 나눗셈을 하는 경우 실수형 데이터가 출력됩니다. 다음 예를 봅시다.

```
print(30/4)
print(4/30)
print(5/10)
print(10/5)
print(1/1)
print(type(1))
print(type(1/1))
```

결과

7.5

0.13333333333333333

0.5

```
2.0
1.0
<class 'int'>
<class 'float'>
```

계산에 사용된 숫자는 모두 정수형이지만, 결과는 모두 실수형이 출력됨을 알 수 있습니다. 실제로 정확히 떨어지는 10/5와 같은 연산 역시 정수형 데이터 2가 아닌 실수형 데이터 2.0으로 출력되는 것을 볼 수 있습니다.

type( ) 연산자는 어떤 데이터의 타입을 알아볼 때 사용됩니다. 1의 타입은 int 즉 정수형 데이터이지만, 1/1 데이터는 float 즉 실수형 데이터로 출력되는 것을 볼 수 있습니다.

3.6.3 연산자
숫자형 데이터의 계산에 사용되는 연산자들은 다음과 같습니다.

```
print(5 + 4)
print(5.0 - 3.0)
print(10.5 * 4)
print(200 / 10)
print(200 % 10)
print(20 / 7)
print(20 % 7)
print(20 // 7)
```

결과
```
9
2.0
42.0
20.0
0
2.857142857142857
6
2
```

위 예제에서 사칙연산인 덧셈(+), 뺄셈(-), 곱셈(*), 나눗셈(/)은 쉽게 파악할 수 있습니다. % 연산자는 나눈 나머지를 의미합니다. // 연산자는 나눈 몫에서 정수 부분만을 추출한 값입니다. 따라서 예제의 20 % 7 결과는 6이, 20 // 7의 결과는 20 / 7 결과의 정수부인 2가 출력됩니다.

3.6.4 중간고사 점수 비교 실습하기

국어, 영어, 수학 점수가 나와있는 철수와 영희의 성적표입니다. 철수와 영희의 평균 점수는 누가 높을까요? 실습해봅시다.

```python
cheolsu_kor = 88
cheolsu_eng = 76
cheolsu_math = 95
younghee_kor = 100
younghee_eng = 67
younghee_math = 80

cheolsu_average = (cheolsu_kor + cheolsu_eng + cheolsu_math) / 3
younghee_average = (younghee_kor + younghee_eng + younghee_math) / 3

if (cheolsu_average > younghee_average):
    print("철수가 높아요")
elif (cheolsu_average == younghee_average):
    print("둘이 같아요")
else:
    print("영희가 높아요")
```

결과

철수가 높아요

어떤 데이터를 처리할 때, 앞에서 a, b, c로 표시했지만 이는 사실 정말 간단한 예제이므로 그와 같이 표시한 것입니다. 실제로 개발할 때는 해당 데이터가 어떤 값을 나타내는지 변수의 이름을 잘 작성하는 것이 중요합니다. 위에서 cheolsu_average는 철수의 평균을 나타내는 것이 자명한 것처럼요. 이렇게 함수, 변수의 이름을 짓는 작업을 네이밍(Naming)이라고 하며 네이밍에 신경써야 나중에 코드를 다시봐도 쉽게 그 내용을 파악할 수 있습니다.

++++++++++++++++ **3.7 문자열** ++++++++++++++++

문자열 데이터(String)는 말그대로 문자의 나열입니다. 화면에 어떤 단어, 문장을 출력할 때 모두 문자열을 사용하게 됩니다. 보통 완성된 프로그램에서 결과물을 출력할 때 단순히 값만 출력하지 않고 항상 어떤 값인지를 알려주는 문자열을 함께 사용하곤 합니다. 이렇게 말이죠

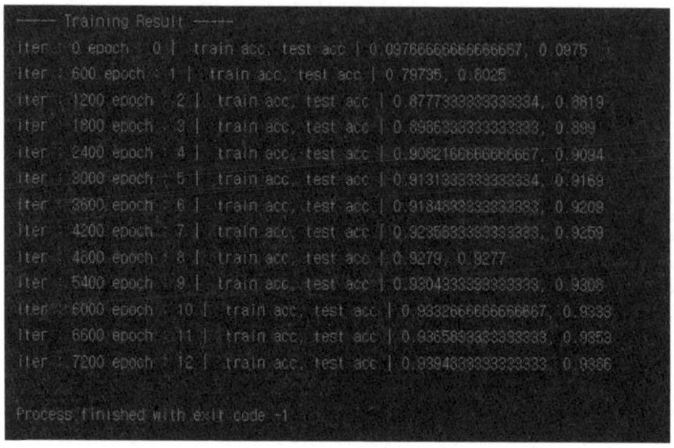

[그림 3-3] 콘솔에 출력한 화면

[그림 3-3]의 첫 줄에 있는 '----- Training Result -----' 와 그 다음 라인부터 있는 'iter', 'epoch', 'train acc', 'test acc'들이 모두 문자열이라고 할 수 있습니다. 숫자형 데이터를 많이 사용하다보면 그 숫자가 뭘 의미하는지 모두 기억할 수 없기 때문에 개발자가 테스트를 하거나 사용자에게 결과를 알려줄 용도로 문자열을 자주 사용합니다.

프로그램을 작성할 때 문자열은 거의 항상 사용되며, 특히 우리가 앞으로 만들어볼 크롤러를 통해서 가장 많이 다룰 데이터 바로 문자열이라고 해도 과언이 아닙니다.

3.7.1 문자열 만들기

문자열을 만들기 위해서 작은 따옴표와 큰 따옴표를 모두 사용할 수 있습니다.

```python
crawling = "Data crawling is fun"
parsing = 'Data parsing is also fun'

print(crawling)
print(parsing)
print(type(crawling))
print(type(parsing))
```

결과

```
Data crawling is fun
Data parsing is also fun
<class 'str'>
<class 'str'>
```

위 코드처럼 crawling과 parsing이라는 두 문자열을 만들 수 있습니다. crawling은 큰 따옴표(" ")
를 이용해서 parsing은 작은 따옴표로 문자열을 만들었습니다. 문자열의 내용과 실제로 해당 데이
터가 문자열인지 type 함수를 통해서 검사해보니, 'str' 문자열 데이터임을 알 수 있습니다.

문자열끼리 서로 연산할 수도 있습니다. 대표적으로 자주 사용하는 연산이 바로 문자열 더하기 입니
다. 숫자를 더하는 것처럼 문자열도 + 연산을 통해서 더할 수 있습니다. 문자열 간의 + 는 문자열을
덧붙이는 concat(concatenate) 연산을 지원합니다. 다음의 예시를 보겠습니다.

```
crawling = "Data crawling is fun"
parsing = 'Data parsing is also fun'

print(crawling + " " + parsing)
```

결과

```
Data crawling is fun Data parsing is also fun
```

crawling, parsing의 두 문자열의 덧셈 중간에 띄어쓰기인 " " 문자열을 생성해서 집어넣었습니다. 결
과를 보면 세 문자열이 쭉 이어서 나오는 것을 확인할 수 있습니다.

문자열이 아닌 데이터를 함께 잇고 싶다면 어떻게 해야 될까요
가령, 우리는 어떤 값에 대한 설명으로 문자열을 사용하기도 합니다. 다음의 예를 볼까요?

```
r = 10
pie = 3.141592
area = (r ** 2) * pie

print("원의 넓이 :  " + str(area))
```

원의 넓이 : **314.1592**

원의 넓이를 구하는 프로그램입니다. r은 반지름이고, pie는 원주율을 어림한 값입니다. 넓이인 area 는 r을 제곱한 값에 원주율을 곱해서 얻을 수 있죠. 여기서 중요한 것은 마지막 줄의 출력문입니다. 원의 넓이를 구했다고 해도, 그 값만 출력한다면 그 값이 무엇인지 바로 알기 어렵습니다. 그래서 "원 의 넓이 : " 라는 문자열을 만들어서 함께 출력하려고 합니다. 만약 문자열에 바로 area 값을 + 하면 어떤 일이 발생할까요? 서로 데이터 형이 달라서 + 연산을 할 수 없다고 나오게 됩니다. 이때 간편하 게 사용할 수 있는 것이 str( ) 함수입니다. str( ) 함수는 괄호 안의 값을 문자열로 만들어줘서 문자 열 간 + 연산을 가능하게 해줍니다.

3.7.2 문자열 인덱싱

인덱스(Index)라는 말을 들어보셨나요? 영어 사전에서 영어 단어를 찾을 때나 사용하던 이 단어, 프 로그래밍에서도 마찬가지로 자료의 위치를 가리킬 때 사용한답니다.

그럼 인덱싱은 뭘까요? 인덱스를 붙이는 것일까요? 아닙니다. 인덱싱이란 인덱스를 통해서 자료를 다 루는 것을 의미합니다. 그럼 문자열과 인덱스는 어떤 관계일까요? 신비롭게도 문자열 데이터는 문자 의 나열이기 때문에 그 자체로 인덱스를 가지는 데이터입니다. 만약 문자열에 들어 있는 특정 문자나 문자열을 추출할 때 간편하게 문자열 뒤에 인덱스를 표시하여 빼낼 수 있습니다. 이와 같이 문자열 인덱싱은 문자열에서 원하는 특정 문자 혹은 문자열 데이터를 추출할 때 주로 사용됩니다.

그렇다면 문자열 인덱싱을 어떻게 해야 할까요? 문자열 변수의 바로 뒤에 대괄호를 붙이고 시작 인덱 스와 끝 인덱스로 범위를 지정하면 됩니다.

s1, s2, s3라는 3개의 문자열이 있습니다.

```
s1 = 'abcde'
s2 = 'cdabe'
s3 = 'qwertabcd'
```

s1 문자열에 있는 a라는 문자를 접근하려면 이렇게 접근할 수 있습니다. s1[0] s2 문자열에 있는 ab라 는 문자열을 추출하려면 이렇게 할 수 있습니다. s2[2:4] s3 문자열에 있는 c라는 문자를 접근하려면 이렇게 할 수 있습니다. s3[7:8], s3[7]

시작 인덱스에 있는 문자는 포함, 끝 인덱스에 있는 문자는 미포함하고 바로 그 앞까지를 범위로 합니다. 따라서 7:8 이라는 인덱스는 사실 7 인덱스에 있는 문자 하나만 접근한 것과 같습니다.

```python
crawling = "Data crawling is fun"
parsing = 'Data parsing is also fun'

data = crawling[0:4]
data_crawling = crawling[0:13]
fun = crawling[17:]
n = crawling[19]
n_range = crawling[-1:]
also = parsing[16:16 + 4]

print(data)
print(data_crawling)
print(fun)
print(n)
print(n_range)
print(also)
```

결과

```
Data
Data crawling
fun
n
n
also
```

각 변수명과 일치하는 데이터를 추출하는 코드입니다. 인덱스는 0번 째부터 시작하며 0:4는 0부터 4 전까지의 문자열을 의미합니다. 만약 범위(:) 표시에서 숫자를 명시하지 않는 경우 끝까지를 의미합니다. fun의 경우, [17:] 로 인덱싱하였는 데 이는 17번 인덱스부터 문자열 끝까지를 의미합니다. [-1:]와 같이 음수의 값이 들어갈 경우 -1은 문자열의 마지막 인덱스에 대한 상대적인 거리로 생각하시면 됩니다. [-1:]은 마지막 인덱스에서 하나 전이므로, 'n'을 출력하게 되며 [: 1]이 경우는 문자열의 시작부터 n전까지를 출력하게 됩니다.

3.7.3 자주 사용하는 문자열 함수

• 3.7.3.1 find( )

find( )는 특정 문자열이 문자열 안에 존재하는지, 존재한다면 어디에 존재하는지 알려주는 함수입니다. 많은 데이터를 다루기 때문에 문자열 중 필요한 문자열만 추출할 수 있도록 필터링하거나, 검사할 때 주로 사용합니다.

```python
crawling = "Data crawling is fun"
parsing = 'Data parsing is also fun'

print(crawling.find("Data"))
print(crawling.find("fun"))
print(parsing.find("Data"))
print(parsing.find("fun"))
print(crawling.find("parsing"))
print(parsing.find("crawling"))
```

결과

```
0
17
0
21
-1
-1
```

find( )를 사용하는 예시입니다. 만들어 둔 crawling, parsing 문자열에서 Data, fun, parsing, crawling 문자열을 find하였습니다. 만약 find한 문자열이 해당 문자열에 존재할 경우 그 문자열이 존재하는 첫 번째 인덱스를 반환합니다. 예를 들어서, crawling에서 Data를 찾으면 바로 첫 번째 인덱스인 0번 인덱스에 "Data" 문자열이 존재하므로 0이 출력됩니다.

하지만, crawling에서 "parsing" 문자열을 찾는 것처럼 존재하지 않는 문자열을 찾는다면 -1을 출력합니다.

실제로 find를 사용할 때 문자열의 포함 여부만을 확인하려면 어떻게 할까요?

```
if(문자열.find("찾는 문자열") != -1) :
        실행시킬 코드 블록
```

위와 같이 문자열에서 찾는 문자열을 find한 후 그 반환값이 -1 인지 아닌지를 검사하면 찾을 수 있을 것입니다.

· 3.7.3.2 split( )

split( )도 문자열 파싱에서 자주 사용하는 함수입니다. split은 실제 그 뜻처럼 문자열을 나눌 때 사용합니다. split은 인자로 구분자(Delimeter)를 받는 데요, 예를 들어 split(':') 라면, 문자열을 :을 기준으로 자르는 것입니다. 다음 예제를 보면 금방 이해하실 수 있습니다.

```python
str_data = "random:data:choice:sampling:mini-batch:unpooling:training"
split_str_data = str_data.split(":")
print(str_data)
print(split_str_data)

for i in range(0, len(split_str_data)):
    print(split_str_data[i])
```

결과
```
random:data:choice:sampling:mini-batch:unpooling:training
['random', 'data', 'choice', 'sampling', 'mini-batch', 'unpooling', 'training']
random
data
choice
sampling
mini-batch
unpooling
training
```

str_data는 :로 구분된 여러 가지 단어로 이뤄진 문자열입니다. 해당 문자열에서 split(":") 함수를 호출한 결과를 split_str_data에 담은 후 각각 출력했습니다.

str_data는 정의한 대로 쭉 이어진 문자열로 출력이되었지만, split_str_data의 형태는 일반 문자열과 다르죠? 이 형태를 리스트라고 합니다. split_str_data 는 str_data를 :로 잘라낸 각각의 단어들을 담는 리스트 형태로 얻어집니다. 아래의 for문은 split_str_data 리스트의 각 요소들을 출력합니다.

Tip 리스트에 대한 자세한 설명은 바로 다음 절 <3.8. 리스트>에서 다룰 예정이니 이해하기가 어렵다면 참고해주세요.

· 3.7.3.3 replace( )

replace는 '대체하다'라는 뜻이죠. 문자열에서 특정 문자열을 찾아서 만약 있다면, 해당 문자열을 원하는 문자열로 바꿔주는 함수입니다. replace 함수는 전체 문자열에서 타겟 문자열을 원하는 문자열로 변경할 때 주로 사용합니다.

예를 들어 문자열.replace("ABC", "DEF") 라면, 문자열에서 ABC를 찾아서 DEF로 바꾸라는 뜻이 됩니다.

replace 함수는 그 결과로 replace를 수행한 문자열을 그대로 반환합니다. 다음의 예시를 보겠습니다.

```
crawling = "Data crawling is fun"

print(crawling.replace("search", "analyze"))
print(crawling.replace("Data", "Web"))
```

결과

```
Data crawling is fun
Web crawling is fun
```

만약, 없는 문자열을 치환하는 경우 변경된 내용이 없기 때문에 원래의 문자열이 반환되며 존재하는 문자열을 변환하는 경우 변환이 완료된 전체 문자열을 출력하게 됩니다.

· 3.7.3.4 count( )

count( )는 전체 문자열에서 특정 문자열이 몇 번 출현하는지 그 수를 리턴하는 함수입니다.

```
introduction = "Project Gutenberg never charges a fee, for anything. Everything from
Project Gutenberg is gratis, libre, and completely without cost to readers. Free to
read and free to redistribute. Project Gutenberg eBooks require no special apps to
read, just the regular Web browsers or eBook readers that are included with computers
and mobile devices. There have been reports of sites that charge fees for custom
apps, or for the same eBooks that are freely available from Project Gutenberg. Some
```

of the apps might have worthwhile features, but none are required to enjoy Project
Gutenberg eBooks."

```
print(introduction.count("Project"))
```

```
5
```

위 문자열은 무료 eBook 프로젝트의 어느 소개글입니다. 해당 글에서 "Project"라는 문자열이 몇 번
사용됐는지 알고싶다면 count 함수를 사용하면 됩니다.

일반적인 상황에서는 크게 쓸일이 없을 수 있지만 글을 분석해서 통계를 추출하거나 판단할 때 사용
할 수 있습니다. 예를 들어, 대통령 신년사에서 "북한", "경제" 등의 문자열이 몇 번 나왔는지를 세어보
는 것은 정부가 현재 국정 운영 중 어디에 집중하고 있는지, 관심을 두고 있는 분석할 수 있는 지표가
될 수 있습니다.

3.7.4 간단한 데이터 파싱 실습

웹 속에는 정말 많은 정보가 있지요. 그 중 우리가 원하는 정보, 필요한 정보는 전체에 비해 매우 제
한적일 겁니다. 따라 커다란 데이터 구름 속에서 우리가 실제로 사용하고자 하는 필요한 데이터를
뽑아 내고, 뽑아 낸 데이터를 가공하는 과정이 필요하게 됩니다.

데이터 파싱이란 데이터 중 필요한 데이터 만을 추출하는 분석 과정이라고 할 수 있습니다. 크롤러
를 통해 웹상의 데이터를 가져오는 과정을 크롤링이라고 하고, 크롤링된 데이터 중 실제 필요한 중요
데이터를 분석 과정을 통해서 자르고 추출하는 과정을 파싱이라고 합니다.

다음은 숫자 데이터를 담은 문자열 데이터입니다. 앞에서 배운 문자열 관련 함수 등을 이용해서 이
데이터에서 숫자 데이터를 뽑아 총합을 구해봅시다.

```
str_data = "{ a1 : 20 }, { a2 : 30 }, { a3 : 15 }, { a4 : 50 }, { a5 : -15 }, { a6 : 80 },
{ a7 : 0 }, { a8 : -110 }"

total = 0
split_str_data = str_data.split(",")
for i in range(0, len(split_str_data)):
```

```
str_tmp = split_str_data[i].split(":")[1].split("}")[0]
num_tmp = int(str_tmp)
total += num_tmp
```

```
print(total)
```

결과

```
70
```

구현에는 여러 방법이 있으니 예제의 풀이는 참고하시면 됩니다.

str_data에서 숫자 데이터를 둘러싸고 있는 { } 자료들 각각은 ','로 구분될 수 있습니다. , 로 구분한 결과를 split_str_data에 저장하고 해당 데이터 리스트를 for문으로 돌려서 하나씩 추출하였습니다.

하나씩 추출한 데이터의 형태가 { a# : number } 이므로, number를 추출하기 위해서는 ':' 기준으로 우측 데이터를 추출해야 됩니다. 하지만 우측 데이터는 '}' 를 포함하므로 '}로 다시 한번 split하여 그 바로 앞의 데이터를 추출해 내면 "20"이 됩니다. 숫자의 앞뒤로 " "라는 스페이스 공란이 있지만 그와 상관없이 int( )를 통해서 정수화시킬 수 있습니다.

결과적으로 num_tmp에 추출한 데이터들이 하나씩 들어갑니다. 그 후 total에 더하여 최종적으로 70이 출력됩니다.

+ + + + + + + + + + + + + + + + + **3.8 리스트** + + + + + + + + + + + + + + + + +

리스트(List)는 배열과 같이 원소의 집합 형태로 표현될 수 있으며, 매우 흔하게 사용되는 데이터 타입입니다. 리스트의 원소로 숫자, 문자, 문자열, 심지어 또 다른 리스트 등 모든 데이터 타입을 넣을 수 있다는 장점이 있습니다. 쉽게 여러 데이터를 묶어서 관리할 수 있겠지요?

리스트의 또 다른 장점은 리스트 안 원소를 추가하거나 삭제할 수 있다는 점입니다. 또한, 리스트의 특정 인덱스 원소를 뽑아서 새로운 리스트를 받을 수 있습니다.

```
name = [ ]
print(name)
print(type(name))
```

결과

```
[ ]
```

```
<class 'list '>
```

```
name = ["kyeongrok"]

print(name)
```

결과

```
['kyeongrok']
```

3.8.1 리스트 만들기

리스트는 데이터를 대괄호 [ ] 로 묶어서 만들 수 있습니다. 리스트에는 어떤 데이터든 넣을 수 있습니다. 숫자도 넣을 수 있고, 문자, 문자열도 넣을 수 있고 심지어는 리스트에 리스트를 담을 수도 있습니다. 리스트에 리스트를 담는다는 것이 바로 잘 이해가 되지는 않을겁니다.

대괄호에 숫자를 담으면 숫자 리스트입니다. 점수라든지 측정된 정확도 등의 데이터 항목을 리스트에 삽입하고 이후 분석에 사용하거나 할 수 있겠지요. 문자열을 담으면 문자열 리스트입니다. 만약 어떤 책 정보 사이트에서 추출한 추천 도서 100선의 이름이라면 문자열에 책 이름을 넣어서 관리할 수 있겠지요.
이렇게 숫자든 문자열이든 대괄호에 넣으면 넣고 관리할 수 있는겁니다. 심지어 그 리스트들까지도요.

만약, 어떤 서점이 있다고 합시다. 서점에는 책들도 있고, 문구도 있고, 일하는 직원도 있습니다. 서점에 있는 데이터를 리스트로 관리한다면, 책 이름을 담은 책 이름 리스트도 있을 겁니다. 그럼 그런 리스트들을 한꺼번에 관리하고 싶다면 어떻게 할까요? 그 역시 리스트를 사용하면 된다는 겁니다. '서점 리스트'를 선언하고, 서점 리스트 안에서 도서, 문구, 직원 손님, 일일 매출 등의 리스트를 관리할 수 있을 것입니다. 이렇게 여러 개의 리스트를 담는 큰 리스트를 두면 그 리스트 하나만으로 여러 리스트에 접근할 수 있기 때문에 더 간결하고 효율적입니다.

어느 정도 이해가 되셨다면 이제 예제 코드를 보겠습니다.

```
int_list = [1, 2, 3, 4, 5]
float_list = [1.1, 2.2, 3.3, 4.4, 5.5]
string_list = ["crawling", "parsing", "data", "extract", "pre-processing"]
```

```
all_list = [int_list, float_list, string_list]

print(int_list)
print(float_list)
print(string_list)
print(all_list)
```

```
[1, 2, 3, 4, 5]
[1.1, 2.2, 3.3, 4.4, 5.5]
['crawling', 'parsing', 'data', 'extract', 'pre-processing']
[[1, 2, 3, 4, 5], [1.1, 2.2, 3.3, 4.4, 5.5], ['crawling', 'parsing', 'data', 'extract', 'pre-processing']]
```

앞에서 배운 숫자형 데이터, 문자열 데이터 그리고 현재 배우는 리스트까지 모두 리스트로 만들어 보았습니다. int_list는 1부터 5까지의 정수 데이터를 가진 리스트입니다. float_list는 1.1부터 5.5까지의 실수 데이터를 가진 리스트입니다. string_list는 crawling부터 pre-processing까지의 문자열을 요소로 가진 리스트입니다. 마지막으로 all_list는 int_list, float_list, string_list 즉, 각 리스트 자체를 원소로 가지는 리스트입니다. 리스트를 그대로 출력해보면 위와 같이 대괄호 안에 정리된 리스트 그대로 출력이 됩니다.

3.8.2 리스트에서 데이터 순서로 접근하기

리스트에 데이터를 넣었다면 이번에는 데이터를 뽑아서 사용해봐야겠지요? 문자열 인덱싱이 특정 인덱스의 문자, 문자열을 추출하는 것과 같이 리스트의 특정 원소를 접근하고자 할 때 사용됩니다. 다음 예제를 보겠습니다.

```
int_list = [1, 2, 3, 4, 5]
float_list = [1.1, 2.2, 3.3, 4.4, 5.5]
string_list = ["crawling", "parsing", "data", "extract", "pre-processing"]
all_list = [int_list, float_list, string_list]

print(int_list[2:4])
print(float_list[-1:])
print(string_list[1])
print(all_list[0][4])
```

```
[3, 4]
```

```
[5.5]
parsing
5
```

문자열에서 사용했던 인덱싱 방법과 똑같이 인덱스를 통해서 특정 원소에 접근하거나, 리스트의 특정 범위를 리스트 형태로 추출할 수 있습니다. int_list[2:4]는 int_list의 2번째 원소부터 4번 전까지의 원소를 리스트 형태로 추출하는 명령입니다. float_list[-1:]에서 -1은 마지막 원소에 대한 상대적 길이이므로 [4:]와 같은 5.5가 출력됩니다. 5.5 역시 리스트 형태입니다. 범위로 구해진 값이기 때문입니다. 만약 float_list[4]를 출력한다면 리스트 형태가 아닌 실수값 5.5가 출력되는 것을 알 수 있습니다. all_list는 리스트를 담는 리스트이므로 마치 2차원 배열처럼 두 번 인덱싱할 수 있습니다. 첫 번째 리스트인 int_list의 4번 인덱스 요소이므로 5가 출력됩니다.

리스트의 특정 원소를 접근할 수 있음을 배웠습니다만, 일반적인 프로그램 구현에서는 전체 리스트 요소를 처음부터 끝까지 순회하는 경우가 많습니다. 이러한 경우에는 for문 등 반복문을 사용하면 쉽게 리스트의 원소를 빼서 이용하거나 출력할 수 있습니다. 다음 예제를 보겠습니다.

```
int_list = [1, 2, 3, 4, 5]
float_list = [1.1, 2.2, 3.3, 4.4, 5.5]
string_list = ["crawling", "parsing", "data", "extract", "pre-processing"]
all_list = [int_list, float_list, string_list]

for i in range(0, len(int_list)):
    print(int_list[i])
for i in range(0, len(float_list)):
    print(float_list[i])
for i in range(0, len(string_list)):
    print(string_list[i])
for i in range(0, len(all_list)):
    print(all_list[i])
```

결과

```
1
2
3
4
5
```

```
1.1
2.2
3.3
4.4
5.5
crawling
parsing
data
extract
pre-processing
[1, 2, 3, 4, 5]
[1.1, 2.2, 3.3, 4.4, 5.5]
['crawling', 'parsing', 'data', 'extract', 'pre-processing']
```

for문 인덱스의 범위로 0부터 리스트의 길이를 주면, 리스트에서 이용가능한 전체 인덱스를 for문이 돌면서 'i'에 넘겨주게 됩니다. 'i' 인덱스를 통해서 리스트의 전체 요소들을 한 번씩 방문할 수 있습니다. 예제는 전체 리스트의 요소를 하나씩 출력하는 모습입니다.

3.8.3 자주 사용하는 리스트 함수

• 3.8.3.1 append( ), insert( )

append는 '더하다, 덧붙이다'라는 뜻이고, insert는 '삽입하다'라는 뜻으로 둘 다 리스트에 원소를 추가할 때 사용합니다. 둘에 차이가 있다면 append는 리스트의 가장 마지막에 붙이려는 원소를 추가하며 insert의 경우 특정 인덱스에 원소를 추가하는 함수입니다.

예를 들어, 리스트.insert(1, 4)라 하면, 1번 인덱스에 4를 삽입하는 함수로 원래 있던 1번부터의 데이터가 뒤로 한 칸 밀리게 됩니다.

```
int_list = [1, 2, 3, 4, 5]

int_list.append(6)
print(int_list)
int_list.insert(0, -1)
print(int_list)
```

결과

```
[1, 2, 3, 4, 5, 6]
```

```
[-1, 1, 2, 3, 4, 5, 6]
```

append를 통해서 최초 리스트의 가장 마지막에 6을 추가하고, insert( )를 통해서 0번 째 인덱스에 -1을 넣었습니다.

• 3.8.3.2 remove( ), del

데이터를 삽입했다면, 데이터를 삭제하는 함수도 있어야겠죠. remove 함수는 인자로 받은 데이터를 앞의 인덱스부터 검색하여 처음 나오는 해당 데이터를 삭제합니다. 예제를 보겠습니다.

```
int_list = [1, 2, 3, 4, 5, 4]

int_list.remove(4)
print(int_list)

del int_list[3:]
print(int_list)
```

결과
```
[1, 2, 3, 5, 4]
[1, 2, 3]
```

예제의 int_list에 보시면 4가 두 번 나옵니다. 여기서 remove(4) 함수를 호출할 경우, 리스트에 있는 4를 모두 삭제하는 것이 아니라, 리스트에서 처음 나오는 4를 리스트에서 제거합니다.

del은 함수가 아닌 키워드입니다. 마치 우리가 앞에서 함수를 선언할 때 def 라는 키워드를 사용한 것처럼 del 역시 자료의 삭제를 위해 사용되는 약속된 키워드라고 생각하시면 됩니다. del 리스트[인덱스 범위] 형태로 사용했는 데, 이는 인덱스 범위에 해당되는 부분을 제거한다는 말입니다. remove를 한 결과 [1, 2, 3, 5, 4]에서 3부터 나머지 부분에 해당되는 [5, 4] 부분을 삭제하면 위와 같이 [1, 2, 3]이라는 결과를 얻을 수 있습니다.

• 3.8.3.3 sort( )

리스트 정렬은 상당히 자주 사용되는 기능입니다. sort( ) 함수를 지원하기 때문에 구태여 sort 알고리즘을 따로 구현할 필요가 없습니다. sort( ) 함수는 데이터형이 숫자 혹은 문자형으로 통일된 데이터셋에 대해 정렬을 지원합니다. 다음의 예제를 보겠습니다.

```
int_list = [3, 1, 5, 4, 2]
float_list = [4.4, 2.2, 3.3, 5.5, 1.1]
string_list = ["crawling", "parsing", "data", "extract", "pre-processing"]

int_list.sort( )
float_list.sort( )
string_list.sort( )

print(int_list)
print(float_list)
print(string_list)
```

결과

```
[1, 2, 3, 4, 5]
[1.1, 2.2, 3.3, 4.4, 5.5]
['crawling', 'data', 'extract', 'parsing', 'pre-processing']
```

각각 정수, 실수, 문자열로 이루어진 리스트를 정렬한 결과입니다. 정수는 실수와 함께 사용해도 대소 비교가 가능합니다. 대소 비교 시 정수가 실수형으로 변환되어 비교가 가능하기 때문이죠. 문자열의 경우는 사전식 정렬이 기본입니다. 문자열의 첫 글자를 통해서 a-z 순으로 정렬하고, 만약 첫 글자가 같다면 그 다음 글자를 비교하는 식입니다.

하지만, 만약 숫자형과 문자형 둘을 함께 가진 리스트가 있다면 정렬할 수 있을까요? 정렬할 수 없습니다. 숫자와 문자의 대소를 비교할 수 있는 기준이 없기 때문입니다.

• 3.8.3.4 count( )

문자열 count 함수와 마찬가지로 리스트에서의 count 함수 역시 리스트에서 특정 원소가 몇 번 출현하는지를 세어주는 함수입니다.

```
int_list = [1, 5, 4, 3, 7, 5, 4, 2, 4]
string_list = ["car", "cat", "can", "cut", "cat", "cnn", "cure", "cat"]

print(int_list.count(4))
print(string_list.count("cat"))
```

```
3
3
```

숫자형 데이터뿐 아니라, 문자열 데이터 역시 몇 번 출현하는지 세어줄 수 있습니다.

+++++++++++++++++ 3.9 딕셔너리 +++++++++++++++++

딕셔너리(Dictionary)는 이름과 같이 사전처럼 되어 있는 자료구조입니다. 자료구조라는 말이 어렵기도 한데 자료구조는 데이터를 컴퓨터가 처리할 수 있게끔 표현하는 방식입니다.

사전은 내가 특정 단어, 예를 들면 'list'라는 단어를 사전에 찾으면 'list'라는 단어가 나오고 그 아래에 설명이 나옵니다. 사전이 특정 단어를 찾으면 설명이 나오듯이 딕셔너리도 특정 단어에 해당하는 키(key)를 이용해 값을 넣기도 하고 불러오기도 할 수 있습니다.

+++++++++++++ 3.10 딕셔너리 만들기 +++++++++++++

```
user = { }
print(user)
print(type(user))
```

결과

```
{ }
<class 'dict'>
```

```
user = { }
```

딕셔너리는 { }로 만들 수 있습니다.

결과의 두 번째 줄에 type( )함수를 이용해 형태를 출력 해보면 'dict'가 출력이 됩니다.

이제 딕셔너리에 값을 한번 넣어볼까요?

```
user = {"name":"kyeongrok"}
print(user)
```

결과

```
{'name': 'kyeongrok'}
```

{ } 중괄호 안에 name과 kyeongrok을 넣었습니다. 여기에서 "name"이 key(키)이고 "Kyeongrok" 이 value(밸류)입니다. 키, 밸류가 나오면 딕셔너리라고 생각하시면 됩니다.

리스트나 문자열과 구별되는 딕셔너리의 특징은 순서가 없다는 것입니다. 문자열과 리스트와는 달리 딕셔너리는 숫자 인덱스로 접근할 수가 없습니다. 예시에 나온 것처럼 저장한 "kyeongrok" 이라는 값(Value)을 부르기 위해서는 "name" 이라는 키(Key)를 통해서 접근해야만 합니다. 키는 문자 또는 숫자가 될 수 있습니다.

```
class1 = {0:"kyeongrok", 1:"victoria"}
print(class1)
print(class1[0])
print(class1[1])
```

결과

```
{0: 'kyeongrok', 1: 'victoria'}
kyeongrok
victoria
```

위 예제에서는 키(key)가 "name"이라는 문자였습니다. 이 예제에서는 키가 문자도 되지만 숫자도 될 수 있다는 것을 보여줍니다.

1반에 학생이 두 명 있는 데 0번 학생은 "Kyeongrok"이고 1번 학생은 "victoria"입니다.
각각 class1[0] 1반에 0번을 선택하면 "kyeongrok"이 나오고 class1[1] 1반에 1번을 선택하면 "victoria"가 나옵니다.

• 3.10.1.1 딕셔너리에 여러 개의 값 넣기

딕셔너리는 중괄호 { } 로 묶어서 만들 수 있습니다. { } 안에 키와 값을 : 로 쌍을 만들어서 넣어주면 완성입니다.

68

```
naver = {
    "name": "naver",
    "url": "www.naver.com",
    "userid": "nv",
    "passwd": "1234"
}

google = {
    "name": "google",
    "url": "www.naver.com",
    "userid": "gg",
    "passwd": "1234"
}

print(naver)
print(google)
print(type(naver))
print(type(google))
```

결과

```
{'name': 'naver', 'url': 'www.naver.com', 'userid': 'nv', 'passwd': '1234'}
{'name': 'google', 'url': 'www.naver.com', 'userid': 'gg', 'passwd': '1234'}
<class 'dict'>
<class 'dict'>
```

naver와 google이라는 딕셔너리를 만들어보았습니다. 각 딕셔너리 안에는 name, url, userid, passwd 라는 키 값과 그에 매칭되는 값들이 있습니다. 위 소스코드에서는 만든 딕셔너리 데이터와 그 타입을 출력합니다. 만든 데이터는 { }에 묶인 딕셔너리 데이터 형태로 나오고, 타입은 dictionary 의 앞부분인 dict를 출력합니다.

3.10.2 딕셔너리 사용하기

딕셔너리를 사용할 때는 딕셔너리가 모두 완성된 상태에서 안에 들어 있는 자료를 사용하는 경우도 있지만, 딕셔너리에 자료를 추가해서 넣거나 삭제할 때도 많습니다.

먼저 선언한 딕셔너리에 들어 있는 값을 어떻게 사용할 수 있을까요? 다음의 예제를 보겠습니다.

```
site = {
    "naver": "www.naver.com",
    "google": "www.google.com"
}

print(site["naver"])
print(site["google"])
```

결과

```
www.naver.com
www.google.com
```

site라는 딕셔너리 안에 naver, google이라는 키와 그 주소값으로 이루어진 쌍이 들어있습니다. 만약 사용자가 "naver"라는 키가 딕셔너리에 들어 있다는걸 알고있다면 어떻게 그 주소값을 출력할 수 있을까요? 소스코드의 6번 줄을 보시면 마치 문자열과 리스트 자료에서 인덱스로 자료를 가지고 왔던 것처럼 키 값을 통해서 그 키에 매칭되어있는 값을 빼올 수 있습니다.

그럼 위 소스코드에서 만약 새로운 사이트와 그 주소를 딕셔너리에 추가하고 싶다면 어떻게 해야될까요? 물론, 선언해놓은 딕셔너리안에 한 줄 더 넣을 수도 있겠지만, 보통 우리는 프로그램의 실행 중간에 자료를 추가하거나, 수정, 삭제하곤 하기 때문에 다른 방법이 필요합니다.

```
site = {
    "naver": "www.naver.com",
    "google": "www.google.com"
}

site["daum"] = "www.daum.net"
print(site)
print(site["daum"])

site["yahoo"] = "www.yahoo.com"
print(site)
print(site["yahoo"])
```

결과

```
{'naver': 'www.naver.com', 'google': 'www.google.com', 'daum': 'www.daum.net'}
www.daum.net
```

```
{'naver': 'www.naver.com', 'google': 'www.google.com', 'daum': 'www.daum.net', 'yahoo':
'www.yahoo.com'}
www.yahoo.com
```

위 코드처럼 딕셔너리["키"] = "값" 형태로 딕셔너리에 값을 추가할 수 있습니다. 소스코드에서 기존에 있던 사이트 목록에서 daum과 yahoo를 추가한 것을 확인할 수 있습니다.

그럼 수정이나 삭제는 어떻게 해야 될까요? 다음 예제를 보겠습니다.

```
site = {
    "naver": "www.naver.com",
    "google": "www.google.com",
    "daum": "nodata"
}

site["daum"] = "www.daum.net"
print(site["daum"])

del site["daum"]
print(site)
```

결과

```
www.daum.net
{'naver': 'www.naver.com', 'google': 'www.google.com'}
```

딕셔너리 데이터를 수정하기 위해서는 소스코드의 7번 라인처럼 딕셔너리["키"] = "변경할 데이터"와 같이 할 수 있습니다. 딕셔너리["키"] 를 통해서 키에 있는 값 자리에 접근해서 그 자리에 새 데이터를 넣는 것이죠.

데이터 삭제에는 앞 단원 리스트에서 다뤘던 del 키워드를 다시 사용했습니다. 리스트에서는 인덱싱을 사용해서 어떤 부분을 제거할 지 선택했지만, 딕셔너리에서는 숫자 인덱스 대신 키를 사용한다고 말씀드렸었죠? 그래서 del 딕셔너리["키"] 의 형태로 데이터를 삭제할 수 있습니다.

3.10.3 자주 사용하는 딕셔너리 함수

- **3.10.3.1 get( )**

get 함수는 딕셔너리.get("키") 형태로 사용되며 키에 대한 값을 가져오는 함수입니다. 위에 사용한 것처럼 딕셔너리["키"] 형태로 해도 동일한 결과를 가질 수 있지만, 만약 존재하지 않는 키를 검사한다면 꽤 유용한 기능입니다.

```
site = {
    "naver": "www.naver.com",
    "google": "www.google.com"
}

print(site.get("naver"))
print(site.get("daum"))

insert_key = "daum"
if (site.get(insert_key) == None):
    print(insert_key + " 에 대한 데이터가 없습니다 ")
```

결과

```
www.naver.com
None
daum 에 대한 데이터가 없습니다
```

위 소스코드의 딕셔너리에는 "daum" 키 값이 없지요. 만약 딕셔너리 안에 "daum"이라는 키-값 쌍이 존재하는지 확인하려면 어떻게 해야될까요? site["daum"] 과 같은 형태로 확인할 수 있을까요? 확인해본다면 'KeyError' 에러가 발생하는 것을 알 수 있습니다. 존재하지 않는 키에 접근했기 때문입니다. 자료가 한 개 밖에 없는 리스트에서 100번 째 자료를 접근하려고 하는 것과 동일한 현상입니다.

하지만 존재하지 않는 키에 대해서 get( )를 사용할 경우 에러가 발생하지 않고 None을 반환해줍니다. 그렇기에 소스코드의 10번 줄처럼 그 값이 None인지 아닌지 비교해볼 수 있습니다.

- **3.10.3.2 keys( ), values( ), items( )**

이번에 알아볼 함수는 딕셔너리에 들어 있는 데이터를 받아오는 함수입니다. keys( ), values( ), items( )는 이름에서 예상할 수 있듯이 각각 딕셔너리에 있는 키값들, value값들, 그리고 들어 있는 key-value 쌍인 item들을 가져오는 함수입니다.

리스트에 들어 있는 데이터들은 리스트의 길이를 통해서 앞에 인덱스부터 하나씩 가져올 수 있지만 딕셔너리는 기본적으로 순서가 없는 자료형이기 때문에 대신 이러한 기능을 제공합니다.

```python
site = {
    "naver": "www.naver.com",
    "google": "www.google.com",
    "daum": "www.daum.net"
}

print(site.keys( ))
print(site.values( ))
print(site.items( ))

for key in site.keys( ):
    print(key)
for value in site.values( ):
    print(value)
for item in site.items( ):
    print(item)
```

결과

```
dict_keys(['naver', 'google', 'daum'])
dict_values(['www.naver.com', 'www.google.com', 'www.daum.net'])
dict_items([('naver', 'www.naver.com'), ('google', 'www.google.com'), ('daum', 'www.daum.
net')])
naver
google
daum
www.naver.com
www.google.com
www.daum.net
('naver', 'www.naver.com')
('google', 'www.google.com')
('daum', 'www.daum.net')
```

site에 있는 key값들, value값들 그리고 key-value값을 쌍으로 나타내는 튜플(Tuple)이라는 데이터의 리스트 형태로 가져올 수 있습니다. 튜플은 뒤의 뒤의 크롤링 실습에서 자주 다루지 않기 때문에 간단하게 여기서 설명해보겠습니다. 리스트가 대괄호 [ ], 딕셔너리가 중괄호 { }로 묶인 데이터라면 튜플은 소괄호 ( )로 묶인 데이터입니다. 특이한 점은 리스트나 딕셔너리는 그 안에 있는 값을 수정하거나, 삭제할 수 있지만 튜플은 튜플 안에 있는 자료를 수정하거나 삭제할 수 없습니다. 그렇기에 고정되거나 변하지 않는 값을 다룰 때 주로 튜플을 사용합니다.

dict_keys, dict_values, dict_items은 리스트와 비슷한 자료형이라고 생각하시면 됩니다. 만약에 리스트로 사용하고 싶다면 list(site.keys( ))와 같이 list( ) 로 묶어서 바꿔줄 수 있습니다.

내부에 있는 자료들을 출력하고 싶다면 for문을 통해서 위와 같이 리스트로 얻어진 키, 값 또는 그 쌍을 하나씩 빼서 출력할 수 있습니다.

++++++++++++++++ 3.11 라이브러리 +++++++++++++++++

라이브러리(Library)는 다른 사람들이 만들어 놓은 코드입니다. 프로그램은 소스코드로 되어 있고 소스코드도 음악 파일 처럼 잘 만든 음악을 전 세계 많은 사람들이 공유하듯이 잘 만든 코드를 묶어서 음악 파일 처럼 전 세계 사람들이 공유해서 사용할 수 있습니다. 패키지(Package)라고도 합니다.

파이썬에서 많이 사용하는 라이브러리는 beautifulsoup(뷰티풀숍), numpy(넘파이), pandas(판다스), matplot(맷플롯) 등 여러 가지가 있습니다.

이 책에서 제가 파이참(PyCharm)을 사용하는 가장 큰 이유는 다른 라이브러리에 비해 설치하기가 쉽기 때문입니다.

3.11.1 라이브러리 설치하기

1. 메뉴로 이동하기 : 맥은 상단 메뉴에서 Preferences에 들어갑니다. 윈도우(window)는 [File → Settings]입니다.

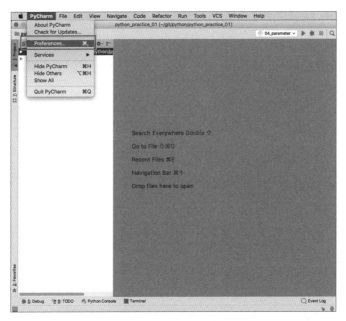

[그림 3-4] 설정 들어가기

2. 인터프리터 검색하기 : 왼쪽 위 검색 창에서 interpreter를 검색합니다. interpre 정도만 입력해도
검색이 됩니다. Project Interpreter를 선택하면 됩니다. 검색이 잘 되었으면 자동 선택됩니다.

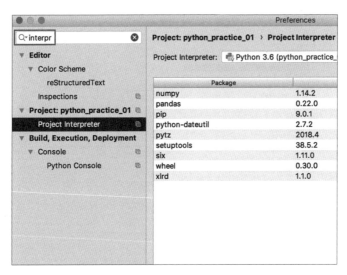

[그림 3-5] 프로젝트 인터프리터

3. 인터프리터에서 라이브러리 추가하기 : 아래 쪽에 + 버튼을 누릅니다.

[그림 3-6] 인터프리터에서 라이브러리 추가하기

4. 라이브러리 검색하여 설치하기 : 설치하려는 라이브러리를 검색합니다. 앞으로 사용할 urllib를 검색해보겠습니다. 그러면 [그림 3-7]과 같이 여러 가지가 나옵니다. 클릭하여 설치를 완료합니다.

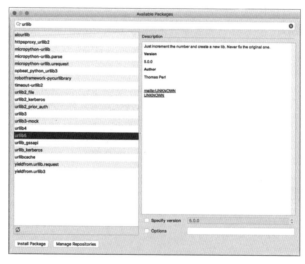

[그림 3-7] 라이브러리 선택하기

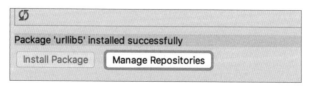

[그림 3-8] 라이브러리 설치 완료

4장

웹 기초

웹 기초

4.1 HTTP

HTTP는 우리가 따로 공부한 적은 없지만 일상에서 많이 보아서 익숙합니다. 어떤 사이트에 접속할 때 이를테면 http://www.naver.com 네이버나, http://www.google.com 구글 등에 접속할 때 앞에 꼭 붙어 있죠.

HTTP는 Hyper Text Transfer Protocol(하이퍼 텍스트 트렌스퍼 프로토콜)의 약자입니다. 여기에서 '하이퍼 텍스트'는 마우스로 클릭하면 다른 페이지로 이동하는 기능을 말합니다. HTTP는 다음에 나올 HTML로 작성되어 있는 하이퍼 텍스트를 전송하기 위한 프로토콜입니다.

프로토콜은 '약속, 규칙, 규약'이라는 뜻입니다. A라는 지점에서 B라는 지점으로 데이터를 보낼 때 어떻게 보낼 것인지에 대한 규칙입니다. 예를 들어 택배를 보낼 때 이름, 주소, 전화번호를 적어서 보내듯이 우리가 어딘가로 데이터를 보내거나 받을 때 주소에 해당하는 ip주소, 이름에 해당하는 전화번호 등을 적어서 보낸다는 규칙입니다.

이러한 규칙들이 HTTP라는 규칙입니다. 그래서 인터넷 주소를 쓸 때 앞에 http://www.google.com 처럼 http를 붙입니다. http를 안 붙이고 www.google.com만 써도 웹 브라우저가 기본값으로 http를 붙여줍니다.

+ + + + + + + + + + + + + + + + + **4.2 URL** + + + + + + + + + + + + + + + + + +

URL(Uniform Resource Locator)은 쉽게 말해 인터넷 주소입니다. 보통 웹 브라우저에서 주소 표시줄에 나오는 주소를 의미하는 데요, 정확히는 네트워크상에서 자원의 위치를 알려주는 주소입니다. URL이 https://www.naver.com일 때를 예로 들면, https 라는 규약(프로토콜)으로 www.naver.com라는 주소의 실제 위치에 접속해서 정보를 가져오겠다는 의미입니다. 만약 규약이 http 또는 https가 아닌 ftp, mailto 등의 다른 규약이라면 그 동작이 요청하는 서비스가 다를 수 있지만, 이 책에서는 다루지 않을 것이기 때문에 URL은 인터넷 주소라고 생각하시면 됩니다.

[그림 4-1] URL

+ + + + + + + + + + + + + + + + + **4.3 HTML** + + + + + + + + + + + + + + + + + +

Hyper Text Markup Language(하이퍼 텍스트 마크업 랭귀지)의 약자가 HTML입니다. 마크업 언어라는 것은 일종의 문법이라고 생각하시면 이해하기 편합니다. 우리가 항상 검색하고 방문하는 웹 페이지들은 웹 페이지를 작성하기 위한 어떤 문법에 의해서 작성되는 데 HTML은 그런 문법들 중 한 종류입니다.

그럼 HTML이 무엇인지 한 번 직접 확인해볼까요?
www.python.org 페이지에 접속합니다.

[그림 4-2] www.python.org 웹 페이지

홈페이지에 접속하면 잘 꾸며진 웹 페이지가 나오죠. 이런 웹 페이지들 역시 앞서 말했던 마크업 언어를 통해서 만들어지는 것입니다.

화면에서 빈 공간을 마우스 오른쪽 버튼을 클릭하여 '페이지 소스 보기'를 눌러볼까요?

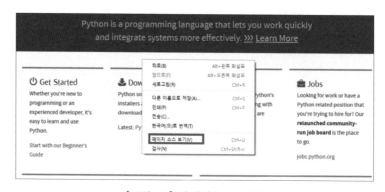

[그림 4-3] 웹 페이지 소스보기

[그림 4-4]와 같은 화면이 나옵니다.

```
view-source:https://www.python.org

<!doctype html>
<!--[if lt IE 7]>   <html class="no-js ie6 lt-ie7 lt-ie8 lt-ie9">   <![endif]-->
<!--[if IE 7]>      <html class="no-js ie7 lt-ie8 lt-ie9">          <![endif]-->
<!--[if IE 8]>      <html class="no-js ie8 lt-ie9">                 <![endif]-->
<!--[if gt IE 8]><!--><html class="no-js" lang="en" dir="ltr">  <!--<![endif]-->

<head>
    <meta charset="utf-8">
    <meta http-equiv="X-UA-Compatible" content="IE=edge">

    <link rel="prefetch" href="//ajax.googleapis.com/ajax/libs/jquery/1.8.2/jquery.min.js">

    <meta name="application-name" content="Python.org">
    <meta name="msapplication-tooltip" content="The official home of the Python Programming Language">
    <meta name="apple-mobile-web-app-title" content="Python.org">
    <meta name="apple-mobile-web-app-capable" content="yes">
    <meta name="apple-mobile-web-app-status-bar-style" content="black">

    <meta name="viewport" content="width=device-width, initial-scale=1.0">
    <meta name="HandheldFriendly" content="True">
    <meta name="format-detection" content="telephone=no">
    <meta http-equiv="cleartype" content="on">
    <meta http-equiv="imagetoolbar" content="false">

    <script src="/static/js/libs/modernizr.js"></script>

    <link href="/static/stylesheets/style.css" rel="stylesheet" type="text/css" title="default" />
    <link href="/static/stylesheets/mq.css" rel="stylesheet" type="text/css" media="not print, braille, embossed, speech, tty" />


    <!--[if (lte IE 8)&(!IEMobile)]>
    <link href="/static/stylesheets/no-mq.css" rel="stylesheet" type="text/css" media="screen" />


    <![endif]-->


    <link rel="icon" type="image/x-icon" href="/static/favicon.ico">
    <link rel="apple-touch-icon-precomposed" sizes="144x144" href="/static/apple-touch-icon-144x144-precomposed.png">
    <link rel="apple-touch-icon-precomposed" sizes="114x114" href="/static/apple-touch-icon-114x114-precomposed.png">
    <link rel="apple-touch-icon-precomposed" sizes="72x72" href="/static/apple-touch-icon-72x72-precomposed.png">
    <link rel="apple-touch-icon-precomposed" href="/static/apple-touch-icon-precomposed.png">
    <link rel="apple-touch-icon" href="/static/apple-touch-icon-precomposed.png">


    <meta name="msapplication-TileImage" content="/static/metro-icon-144x144-precomposed.png"><!-- white shape -->
    <meta name="msapplication-TileColor" content="#3673a5"><!-- python blue -->
    <meta name="msapplication-navbutton-color" content="#3673a5">

    <title>Welcome to Python.org</title>

    <meta name="description" content="The official home of the Python Programming Language">
    <meta name="keywords" content="Python programming language object oriented web free open source software license documentation download community">
```

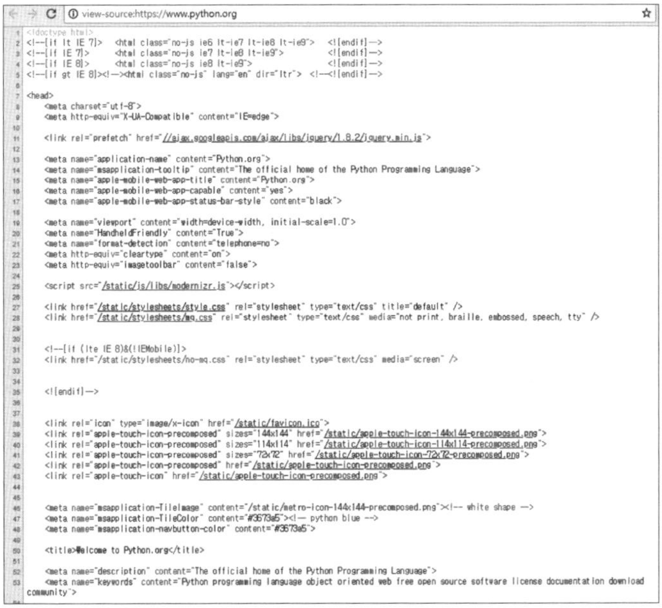

[그림 4-4] 웹 페이지 소스코드

앞서 배우던 파이썬과는 조금 다르게 보이지만 이 HTML 역시 웹 프로그램을 만들기 위한 프로그래밍 언어입니다. 글씨, 이미지, 웹 페이지에서 연결하려는 특정 주소 등 다양한 정보를 담으며 태그(tag)와 함께 사용됩니다. 태그는 [그림 4-4]에서 보이는 <head> <link> <html>와 같이 사용하는 일종의 약속된 키워드라고 할 수 있습니다. 이후 태그에 대해 더 자세히 알아보겠습니다.

5장

크롤러 만들기

크롤러 만들기

이제 본격적으로 크롤러를 만들어봅니다. 인터넷에서 데이터를 수집하여 받아오는 것을 크롤링 또는 스크래핑이라고 합니다. 크롤링을 하는 프로그램을 크롤러라고 하죠. 이제 계속 크롤러를 쉬운 것부터 조금 복잡한 것까지 단계별로 만들어 볼 예정입니다. 따라오실 준비가 되었나요?

++++++++++++++ **5.1 크롬 설치하기** ++++++++++++++

크롬(Chrome)을 쓰는 이유는 크롬에 있는 개발자 도구가 크롤러를 만들 때 필요한 도구이기 때문입니다. 파이어폭스 등 다른 웹 브라우저를 사용한다면 파이어버그 등을 사용하면 됩니다. 이 책에서는 구글 크롬에 있는 개발자 도구를 이용합니다.

1. 설치 페이지로 이동하기 : 구글이나 네이버에 '크롬'이라고 검색하면 바로 설치 페이지로 들어갈 수 있습니다. 또는 www.google.com/chrome 이라고 주소를 직접 쳐서 들어가도 됩니다.

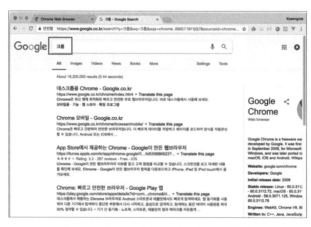

[그림 5-1] 구글에서 '크롬'이라고 검색하기

2. 크롬 다운로드하기 : 웹 페이지에 들어가면 이렇게 다운로드 버튼이 있습니다. 버튼을 눌러 설치합니다. 〈NEXT〉 버튼을 누르면 설치됩니다.

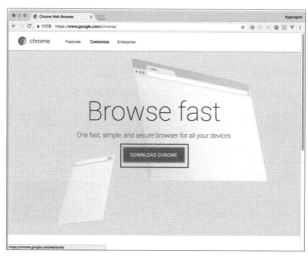

[그림 5-2] 크롬 다운로드 페이지

+++++++++++++++++ **5.2 urllib 패키지** +++++++++++++++++

urllib는 파이썬에서 인터넷에서 데이터를 받아 오는 기능들이 들어 있는 패키지입니다. urllib에 인터넷 주소(URL)를 넣고 실행하면 데이터를 텍스트 형태로 받아옵니다. 데이터를 받아오는 것을 '크롤링'이라고 합니다. urllib는 크롤링을 하는 라이브러리입니다.

5.2.1 Urllib 설치하기

urllib는 기본적으로 내장되어 있기 때문에 파이썬이 설치되어 있다면 바로 임포트(import)할 수 있습니다. 기본으로 제공하는 urllib 패키지 이외에 urllib2 urllib3 등 다른 urllib 버전을 사용하고자 하는 경우 앞에 있는 '3.11.1 라이브러리 설치하기'를 참고하여 Project Interpreter에서 Package를 검색하여 설치합니다.

5.2.2 네이버 첫 페이지 받아오기

우리가 가장 처음 크롤링 해볼 페이지는 포털 사이트 네이버입니다.

네이버를 크롤링해야 하기 때문에 네이버로 들어가보겠습니다.

먼저, 크롬을 켜고 주소창에 www.naver.com을 입력해서 네이버로 들어갑니다.

[그림 5-3] 크롬으로 네이버 접속하기

네이버에 접속하고 마우스 오른쪽 버튼을 클릭해서 '페이지 소스보기'를 선택합니다.

[그림 5-4] 네이버 첫 화면

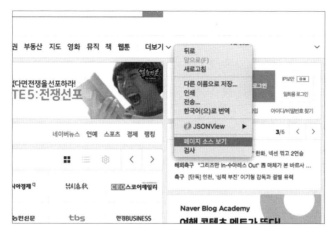

[그림 5-5] 페이지 소스보기

그러면 [그림 5-6]과 같은 화면이 나옵니다.

[그림 5-6] 네이버 첫 웹 페이지 소스코드

[그림 5-6]은 네이버 첫 페이지의 소스코드입니다. HTML 형식으로 되어 있습니다. HTML이라는 것을 어떻게 안 수 있냐면 〈html ~~~ 〉이 태그가 들어 있으면 HTML 형식이라고 볼 수 있습니다. HTML 형식으로 작성한 페이지를 'HTML문서'라고도 합니다.

웹 브라우저는 텍스트 형태로 되어 있는 HTML문서를 읽어서 우리가 보기 좋게 그려 주는 렌더링

(rendering) 기능을 하는 프로그램입니다.

웹 페이지는, 우리 눈에는 네이버의 초록색으로 잘 배치된 화면이지만 실제로 우리가 다운로드한 데이터는 위와 같이 소스코드 형태로 '사람'보다는 '컴퓨터(웹 브라우저)'가 읽기 편하게 작성되어 있습니다.

크롤링을 한다는 것은 이 텍스트 형태의 데이터를 받아오는 것을 말합니다. 받아온 데이터에서 내가 필요한 것을 뽑아내는 것을 '파싱'이라고 합니다.

이렇게 구분을 지어 놓았지만 요즘에는 크롤링, 파싱, 스크래핑이 '인터넷에서 무언가 데이터를 받아서 필요한 정보만 뽑아 내는 것'이라는 뜻으로 같이 사용됩니다. 이 책에서는 편의상 크롤링과 파싱을 나누어서 설명합니다. 데이터를 받아오는 것까지를 '크롤링'이라고 하고, 받아온 데이터에서 필요한 정보를 뽑아내는 것을 '파싱'이라고 하겠습니다.

5.2.3 네이버 크롤링하기

그러면 네이버 첫 페이지의 데이터를 받아오는 크롤링을 한 번 해보겠습니다. 크롤링을 하는 프로그램을 '크롤러'라고 합니다. 아래 예제를 해보시면 여러분들의 첫 번째 크롤러가 되겠네요.

파이참을 실행해봅니다.

```
from urllib.request import urlopen

url = "https://www.naver.com/"
html = urlopen(url)

print(html.read( ))
```

위 코드를 넣고 실행해봅니다.

결과

```
b'<!doctype html>\n\n\n\n\n\n\n\n\n\n\n\n\n\n\n\n\n\n\n\n\n\n<html lang="ko" class="svgless">\n<head>\n<meta charset="utf-8">\n<meta name="Referrer" content="origin">\n<meta http-equiv="Content-Script-Type" content="text/javascript">\n<meta http-equiv="Content-Style-Type"
---중략---
{\n\t\t\twindow.onload = loadJS;\n\t\t}\n\t\t\n\t</script>\n</body>\n</html>\n'
```

콘솔창에 ‘b’<!doctype html >₩n₩n₩n₩n₩n₩n₩n₩n₩n₩n₩n₩n₩n₩n₩n₩n₩n₩n₩n₩n ···· 생략·····’이렇게 한 줄로 길게 나옵니다. 이 한 줄을 복사해서 메모장 등 텍스트 편집기에 붙여넣기 해보면 2,000줄 정도 됩니다. 이 것이 네이버에서 실제로 우리에게 보내준 내용입니다.

```
untitled
untitled
1 b'<!doctype html>\n\n\n\n\n\n\n\n\n\n\n\n\n\n\n\n\n\n\n\n\n\n<html lang="ko"
class="svgless">\n<head>\n<meta charset="utf-8">\n<meta name="Referrer"
content="origin">\n<meta http-equiv="Content-Script-Type" content="text/
javascript">\n<meta http-equiv="Content-Style-Type" content="text/css">\n<meta
http-equiv="X-UA-Compatible" content="IE=edge">\n<meta name="viewport"
content="width=1100">\n<meta name="apple-mobile-web-app-title" content="NAVER" />\n<
meta name="robots" content="index,nofollow"/>\n<meta name="description"
content="\xeb\x84\xa4\xec\x9d\xb4\xeb\xb2\x84
\xeb\xa9\x94\xec\x9d\xb8\xec\x97\x90\xec\x84\x9c
\xeb\x8b\xa4\xec\x96\x91\xed\x95\x9c \xec\xa0\x95\xeb\xb3\xb4\xec\x99\x80
\xec\x9c\xa0\xec\x9a\xa9\xed\x95\x9c
\xec\xbb\xa8\xed\x85\x90\xec\xb8\xa0\xeb\xa5\xbc \xeb\xa7\x8c\xeb\x82\x98
\xeb\xb3\xb4\xec\x84\xb8\xec\x9a\x94"/>\n<meta property="og:title"
content="\xeb\x84\xa4\xec\x9d\xb4\xeb\xb2\x84">\n<meta property="og:url"
content="http://www.naver.com/">\n<meta property="og:image" content="https://
s.pstatic.net/static/www/mobile/edit/2016/0705/mobile_212852414260.png">\n<meta
property="og:description" content="\xeb\x84\xa4\xec\x9d\xb4\xeb\xb2\x84
\xeb\xa9\x94\xec\x9d\xb8\xec\x97\x90\xec\x84\x9c
\xeb\x8b\xa4\xec\x96\x91\xed\x95\x9c \xec\xa0\x95\xeb\xb3\xb4\xec\x99\x80
\xec\x9c\xa0\xec\x9a\xa9\xed\x95\x9c
\xec\xbb\xa8\xed\x85\x90\xec\xb8\xa0\xeb\xa5\xbc \xeb\xa7\x8c\xeb\x82\x98
\xeb\xb3\xb4\xec\x84\xb8\xec\x9a\x94"/>\n<meta name="twitter:card"
content="summary">\n<meta name="twitter:title" content="">\n<meta name="twitter:url"
content="http://www.naver.com/">\n<meta name="twitter:image" content="https://
s.pstatic.net/static/www/mobile/edit/2016/0705/mobile_212852414260.png">\n<meta
name="twitter:description" content="\xeb\x84\xa4\xec\x9d\xb4\xeb\xb2\x84
\xeb\xa9\x94\xec\x9d\xb8\xec\x97\x90\xec\x84\x9c
\xeb\x8b\xa4\xec\x96\x91\xed\x95\x9c \xec\xa0\x95\xeb\xb3\xb4\xec\x99\x80
\xec\x9c\xa0\xec\x9a\xa9\xed\x95\x9c
\xec\xbb\xa8\xed\x85\x90\xec\xb8\xa0\xeb\xa5\xbc \xeb\xa7\x8c\xeb\x82\x98
\xeb\xb3\xb4\xec\x84\xb8\xec\x9a\x94"/>\n\n\n<link rel="shortcut icon" type="image/
x-icon" href="/favicon.ico" />\n\n<link rel="stylesheet" type="text/css"
Line 1, Column 219007                                   Tab Size: 4     HTML
```

[그림 5-7] HTML 파일

[그림 5-7]의 맨 첫 번째 줄을 보면 b’<!doctype html>로 시작합니다. 앞에서 네이버 첫 페이지에서 ‘페이지 소스코드 보기’를 했던 코드도 맨 위에 보면 <!doctype html>로 시작합니다. 그리고 나오는 게 ₩n ₩n인데요 이건 ‘엔터’입니다.

이 텍스트를 웹 브라우저에서 해석해서 초록색으로 배치가 잘 된 네이버의 화면을 우리에게 보여줍니다.

웹은 대부분 HTML 형태로 되어 있어서 이 HTML 텍스트를 받아온 다음에 여기에서 우리가 필요한 정보들을 파싱할 수 있습니다. 이 책에서는 텍스트를 받아 오는 것을 '크롤링'이라고 하고 받아온 데이터에서 필요한 정보를 뽑아 내는 것을 '파싱'이라고 하겠습니다.

++++++++++++ 5.3 뷰티풀솝 사용 방법 ++++++++++++

BeautifulSoup(뷰티풀솝)은 데이터를 추출하는 데 필요한 기능이 들어 있는 라이브러리입니다. 파싱(parsing) 라이브러리라고도 합니다. 위에서 했던 '네이버 첫 페이지 받아오기'에서 데이터를 받아온 건 '크롤링'입니다. 그리고 받아온 데이터에서 필요한 내용만 추출하는 것을 '파싱'이라고 합니다.

뷰티풀솝은 파싱을 하는 라이브러리입니다.

반도체의 원료가 되는 규소는 모래에서 뽑아냅니다. 모래는 규소 말고도 많은 불순물이 들어있습니다. 파싱은 모래에서 '규소'를 뽑듯이 불순물을 빼고 필요한 내용만 뽑아내는 것입니다.

```html
24  <html lang="ko" class="svgless">
25  <head>
26  <meta charset="utf-8">
27  <meta name="Referrer" content="origin">
28  <meta http-equiv="Content-Script-Type" content="text/javascript">
29  <meta http-equiv="Content-Style-Type" content="text/css">
30  <meta http-equiv="X-UA-Compatible" content="IE=edge">
31  <meta name="viewport" content="width=1100">
32  <meta name="apple-mobile-web-app-title" content="NAVER" />
33  <meta name="robots" content="index,nofollow"/>
34  <meta name="description" content="네이버 메인에서 다양한 정보와 유용한 컨텐츠를 만나 보세요"/>
35  <meta property="og:title" content="네이버">
36  <meta property="og:url" content="http://www.naver.com/">
37  <meta property="og:image" content="https://s.pstatic.net/static/www/mobile/edit/2016/0705/mobile_212852414260.png">
38  <meta property="og:description" content="네이버 메인에서 다양한 정보와 유용한 컨텐츠를 만나 보세요"/>
39  <meta name="twitter:card" content="summary">
40  <meta name="twitter:title" content="">
41  <meta name="twitter:url" content="http://www.naver.com/">
42  <meta name="twitter:image" content="https://s.pstatic.net/static/www/mobile/edit/2016/0705/mobile_212852414260.png">
43  <meta name="twitter:description" content="네이버 메인에서 다양한 정보와 유용한 컨텐츠를 만나 보세요"/>
44
45
46  <link rel="shortcut icon" type="image/x-icon" href="/favicon.ico" />
47
48  <link rel="stylesheet" type="text/css" href="https://pm.pstatic.net/css/main_v180412.css"/>
49  <link rel="stylesheet" type="text/css" href="https://pm.pstatic.net/css/webfont_v170623.css"/>
50  <link rel="stylesheet" type="text/css" href="https://ssl.pstatic.net/sstatic/search/pc/css/api_atcmp_170914.css" />
51
53  <script type="text/javascript" src="https://pm.pstatic.net/js/c/nlog_v180212.js"></script>
54
55  <script type="text/javascript">
56  var nsc = "navertop.v3";
57  document.domain = "naver.com";
58  var jindoAll = "";
59
60  if (!!!window.console) {window.console={};window.console["log"]=function(){}}
61  var isLogin = false;
62  function refreshLcs(etc) {etc = etc ? etc : {};if(document.cookie.indexOf("nrefreshx=1") != -1) {etc["mrf"]="1";} else
    {etc["pan"]="bsn";}return etc;}
63
64  lcs_do(refreshLcs());
```

[그림 5-8] HTML 소스코드

위 그림처럼 HTML 소스코드(문서)는 웹 브라우저가 화면을 그리기 위한 내용들이 많이 들어가 있습니다. 이 중에서 우리가 필요한 단어나 내용은 아주 조금입니다. 파싱은 html 소스코드에서 필요한 내용만 뽑아내는 것입니다.

파이썬에서 파싱을 할 때 사용하는 라이브러리는 BeautifulSoup(뷰티풀숍)입니다.

5.3.1 뷰티풀숍 설치하기

BeautifulSoup(뷰티풀숍)은 외부 라이브러리입니다. 라이브러리는 앞에서 언급했지만 특정 기능이 들어 있는 소스코드의 묶음입니다. 뷰티풀숍은 파싱하는 데 필요한 기능이 들어 있습니다. 외부라이브러리는 파이썬만 설치한다고 설치되는 게 아니기 때문에 따로 설치를 해야 합니다.

뷰티풀숍을 설치해보겠습니다. 상단 메뉴에서 [PyCharm → Preferences]로 들어갑니다. 윈도우라면 [File → Settings]입니다.

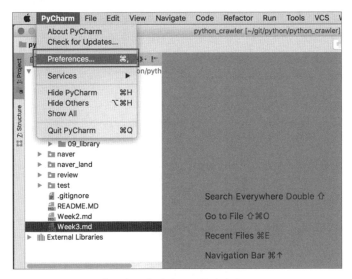

[그림 5-9] 설정으로 들어가기

[그림 5-10]처럼 왼쪽의 검색창에 'interpr'이라고 검색어를 입력하면 'Project Interpreter' 메뉴로 이동합니다. 이 화면이 나오면 아래쪽 또는 오른쪽에 + 버튼을 누릅니다.

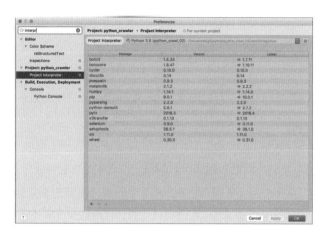

[그림 5-10] 프로젝트 인터프리터

그러면 [그림 5-11]과 같이 라이브러리를 검색하는 기능이 나옵니다. 검색어로 bs4를 입력한 후에 아래에 있는 〈Install Package〉 버튼을 눌러서 설치합니다. 조금 기다리면 패키지 설치가 끝납니다.

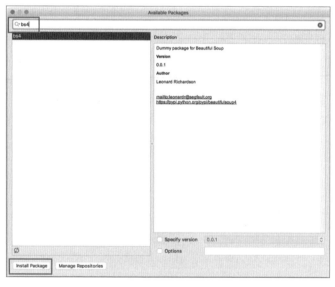

[그림 5-11] 라이브러리 검색하기

Packages installed successfully: Installed packages: 'bs4' (moments ago)

[그림 5-12] 패키지 설치 완료

5.3.2 트리 구조

'트리 구조'라고 하면 뭔가 전문 용어 같아서 어렵게 느껴질 수 있지만 우리에게 가장 익숙한 자료구조입니다.

책으로 따지면 장과 절이 트리 구조입니다. 나뭇가지가 한 개에서 두 개로 각각의 가지는 또 다른 나뭇가지로 늘어나면서 뻗어나가는 구조인데 이게 나무와 비슷해서 트리 구조라는 이름으로 지었습니다.

```
여행 가는 책
              책시작
              1장 비행기 타는 법
                      1절 한국에서 가능법
                      2절 외국에서 오는법
              2장 숙소로 이동하는 법
                      1절 자동차로 이동하기
                      2절 지하철로 이동하기

              맺음말
  책끝
```

이런 식으로 1장 아래에 1절과 2절, 2장 아래에도 1절과 2절이 있는 구조를 트리라고 합니다.

5.3.3 뷰티풀숍 사용 방법

임포트한 후에 HTML형식의 문자열(string)을 BeautifulSoup( )에 넣어주면 .find( )를 이용해 내가 필요한 부분만 뽑아낼 수 있습니다.

```python
import bs4
html_str = "<html><div>hello</div></html>"
bs_obj = bs4.BeautifulSoup(html_str, "html.parser")

print(type(bs_obj))
print(bs_obj)
print(bs_obj.find("div"))
```

결과

```
<class 'bs4.BeautifulSoup'>
<html><div>hello</div></html>
<div></div>
```

위 결과를 보면 맨 윗줄에는 bs_obj 변수의 타입이 <class 'bs4.BeautifulSoup'> 뷰티풀숩4라는 뜻입니다. 그 내용은 두 번째 줄에 있는 <html><div>hello</div></html>이고 여기에서 .find("div")를 했을 때 세 번째 줄에 있는 <div></div> 가 나온다는 뜻입니다.

그러면 조금 더 HTML다운 예제로 .find( ) 기능을 사용해보겠습니다.

```
import bs4

html_str = """
<html>
    <body>
        <ul>
            <li>hello</li>
            <li>bye</li>
            <li>welcome</li>
        </ul>
    </body>
</html>
"""
bs_obj = bs4.BeautifulSoup(html_str, "html.parser")

ul = bs_obj.find("ul")
print(ul)
```

결과

```
<ul>
<li>hello</li>
<li>bye</li>
<li>welcome</li>
</ul>
```

위 코드는 html_str이 길어서 위 코드와 달라 보이지만 위 코드의 "div"대신 "ul"을 넣은 코드입니다. ul이라는 태그만 뽑아내는 예제입니다.

""" 따옴표 3개로 시작해서 """ 따옴표 3개로 끝나는 부분은 소스코드에 텍스트를 여러 줄 넣기 위해서 """라는 표시를 사용한 것입니다.

94

그러면 여기에서 'hello'만 뽑아내려면 어떻게 해야 할까요? ul에서 li를 한 번 더 찾아주면 됩니다.
한 번 해보겠습니다.

```
import bs4

html_str = """
<html>
    <body>
        <ul>
            <li>hello</li>
            <li>bye</li>
            <li>welcome</li>
        </ul>
    </body>
</html>
"""

bs_obj = bs4.BeautifulSoup(html_str, "html.parser")

ul = bs_obj.find("ul")
li = ul.find("li")
print(li)
```

결과

```
<li>hello</li>
```

```
li = ul.find("li")
```

이 부분입니다. ul에서 li태그를 찾아 주었습니다.

여기에서 〈li〉〈/li〉태그 안에 있는 'hello'만 뽑으려면 어떻게 해야 할까요?
.text 속성을 출력하면 됩니다.

```
··· 생략 ···
bs_obj = bs4.BeautifulSoup(html_str, "html.parser")

ul = bs_obj.find("ul")
li = ul.find("li")
print(li.text)
```

결과

```
hello
```

li.text를 이용하면 태그 안에 들어 있는 텍스트를 뽑을 수 있습니다.

5.3.4 findAll( ) 사용하기

이번에는 .findAll( )을 사용하는 방법을 알아보겠습니다. .findAll( )은 조건에 해당하는 모든 요소를 리스트 [ ] 형태로 추출해주는 기능입니다.

.find( )는 만나는 첫 번째 태그를 리턴해주는 함수지만 .findAll( )은 조건에 해당하는 모든 요소를 [ ]로 리턴해줍니다.

```
<ul>
    <li>hello</li>
    <li>bye</li>
    <li>welcome</li>
</ul>
```

크롤링을 할 때 많이 나오는 경우입니다. 위 문서에서 hello말고 bye를 뽑으려면 어떻게 하는 것이 좋을까요?

앞에서는 ul.find("li")를 이용해서 <li>hello</li>를 뽑을 수 있었습니다만 .find( )만으로는 <li>bye</li>를 뽑을 수 없습니다.

그래서 한 단계를 더 거쳐서 뽑을 수밖에 없습니다.

먼저 li에 해당하는 모든 것들을 뽑습니다. 그러면 총 3개가 뽑히겠지요?
<li>hello</li>, <li>bye</li>, <li>welcome</li>이렇게 3개를 먼저 뽑은 후에 2번째 li를 뽑는 방법을 이용해야 합니다.

먼저 .findAll("li")를 이용해서 <li>hello</li>, <li>bye</li>, <li>welcome</li> 이렇게 3개를 뽑아보겠습니다.

```
import bs4

html_str = """
<html>
    <body>
        <ul>
            <li>hello</li>
            <li>bye</li>
            <li>welcome</li>
        </ul>
    </body>
</html>
"""
bs_obj = bs4.BeautifulSoup(html_str, "html.parser")

ul = bs_obj.find("ul")
lis = ul.findAll("li")
print(lis)
```

결과

```
[<li>hello</li>, <li>bye</li>, <li>welcome</li>]
```

결과를 자세히 보면 맨 앞, 맨 뒤에 [ ] 대괄호가 보입니다. .findAll( )은 리스트 형태로 리턴을 해줍니다. 결과가 1개이거나, 0개이거나, 3개이든지 모두 리스트 [ ]로 리턴을 해줍니다.

```
<ul>
    <li>hello</li>
</ul>
```

결과

```
[<li>hello</li>]
```

이렇게 <ul>안에 <li>가 한 개만 있어도 [ ] 리스트 안에 1개가 들어 있는 형태로 리턴을 해줍니다.

```
<ul>
</ul>
```

결과

```
[ ]
```

아무 것도 들어 있지 않을 때도 리턴은 [ ]로 됩니다.

[<li>hello</li>, <li>bye</li>, <li>welcome</li>] 결과가 이렇게 리스트 형태로 출력이 되었습니다. 리스트 형태로 되어 있으면 데이터를 다룰 때 여러 방법들을 사용할 수 있습니다.

5.3.5 인덱스로 데이터 접근하기

그 중에 하나가 인덱스(index)로 리스트 안에 있는 데이터에 접근할 수 있습니다. 인덱스는 0번부터 시작합니다. 우리는 숫자를 셀 때 1번부터 세는 게 보통이지만 컴퓨터는 0번부터 세는 경우가 더 많습니다.

hello 다음에 있는 bye를 뽑기 위해 인덱스를 사용해서 접근해보겠습니다.

```python
import bs4

html_str = """
<html>
    <body>
        <ul>
            <li>hello</li>
            <li>bye</li>
            <li>welcome</li>
        </ul>
    </body>
</html>
"""
bs_obj = bs4.BeautifulSoup(html_str, "html.parser")

ul = bs_obj.find("ul")
lis = ul.findAll("li")
print(lis[1])
```

결과

```
<li>bye</li>
```

소스코드의 맨 마지막 줄의 print( )안에 있는 lis[1] 입니다. lis[0]을 쓰면 <li>hello</li>가 나옵니다. 첫 번째 있는 요소를 뽑으려면 0번을 쓰고 두 번째 요소를 뽑으려면 1번을 사용합니다.

맨 마지막 줄을 print(lis[1].text) 이렇게 바꾸면 'bye'만 출력됩니다. .

··· 생략 ···
print(lis[1].text)

결과

bye

5.3.6 태그와 속성 그리고 속성값

뷰티풀솝을 사용하려면 tag(태그)와 property(속성)에 대해 알아야 합니다. 또한, 뷰티풀솝을 사용하려면 HTML에 대한 지식이 있어야 합니다.

HTML은 <html>로 시작해서 </html>로 끝나는 문서입니다. HTML은 태그(tag)와 속성(property)으로 구성되어 있습니다.

먼저 태그에 대해서 간략히 알아보겠습니다. <ul></ul> <li></li> <div></div> <a></a>등 <>로 감 싸져 있는 것을 태그라고 합니다. <ul>로 시작했으면 </ul>로 끝나는 게 태그입니다. 많이 사용하는 태그로는 <ul></ul>, <li></li>, <div></div> <a>등이 있습니다.

속성(property)은 <ul class="greet"> 여기에서 class가 속성입니다. "greet"이 속성이 아닙니다. "greet"은 속성값 입니다. '속성'과 '속성값' 이 둘을 잘 구분할 필요가 있습니다.

<a href="https://www.google.com/">구글</a> 이 a태그를 한번 볼까요? 여기에서 href는 속성일까요, 속성값일까요? 한번 생각을 해보시기 바랍니다. 정답은 '속성'입니다.
그러면 이 a태그의 속성은 총 몇 개일까요? 이것도 꼭 위에 a태그를 보면서 꼭 생각해보시기 바랍니다. 정답은 1개입니다. href 속성 하나뿐입니다.
자주 사용하는 속성은 class, id, href, title등이 있습니다.

그러면 이 a태그의 속성은 총 몇 개일까요? 이것도 꼭 위에 a태그를 보면서 꼭 생각해보시기 바랍니다. 정답은 1개 입니다. href 속성 하나뿐입니다.

5.3.7 데이터 뽑을 때 class 속성 이용하기

.find( )함수는 지정한 태그중 가장 먼저 만나는 태그를 뽑는 함수입니다. 예를 들어 ul.find("li")라고 하는 ul에서 li를 찾는 명령을 내린다고 해봅시다.

```
<li>hello</li>
<li>bye</li>
<li>welcome</li>
```

앞에서는 이렇게 되어 있는 경우 두 번째에 있는 li를 .find("li")만 써서는 뽑아낼 수 없습니다. 그래서 .findAll( )을 이용해서 다 뽑은 후 인덱스로 몇 번째 항목을 지정해서 뽑았습니다.

.findAll( )과 인덱스를 사용하는 방법 말고 조건을 한 가지 더 줄 수 있습니다.

소스코드를 먼저 보겠습니다.

```python
import bs4

html_str = """
<html>
    <body>
        <ul class="greet">
            <li>hello</li>
            <li>bye</li>
            <li>welcome</li>
        </ul>
        <ul class="reply">
            <li>ok</li>
            <li>no</li>
            <li>sure</li>
        </ul>
    </body>
</html>
"""

bs_obj = bs4.BeautifulSoup(html_str, "html.parser")

ul = bs_obj.find("ul")
print(ul)
```

```
<ul class="greet">
<li>hello</li>
<li>bye</li>
<li>welcome</li>
</ul>
```

예제에 있는 HTML 코드에는 ul이 두 개 있는 데요, 편의상 위의 ul은 ⓐul, 아래의 ul은 ⓑul 이렇게 불러 보겠습니다.

ⓐul은 hello, bye, welcome이 들어 있고 ⓑul은 ok, no, sure가 들어 있습니다. 여기에서 sure을 뽑으려면 혹은 ok, no, sure을 뽑으려면 어떻게 해야 할까요?

앞의 .findAll( )을 쓴 예제는 .findAll( ) 말고는 방법이 없었습니다. 하지만 이 경우에는 <ul class="greet">, <ul class="reply"> 이렇게 class라는 속성이 있습니다. 여기에서 속성은 태그 이름 말고 다른 것들 이를테면 소스코드에 보이는 class, id 이런 것들이 속성입니다. a태그에서 주소가 들어가는 href도 속성입니다. 하지만 주소는 대체로 각각 다르기 때문에 필터링 조건으로는 좋지가 않습니다.

그래서 많이 쓰는 것이 class와 id입니다. id보다 class 속성을 더 많이 쓰기 때문에 class를 가장 많이 사용합니다.

ⓐul은 class가 'greet'이고 ⓑul은 class가 'reply'입니다. 그러면 이 class 속성을 필터링 조건에 추가해서 ⓑul을 뽑아보겠습니다.

```
import bs4

html_str = """
<html>
    <body>
        <ul class="greet">
            <li>hello</li>
            <li>bye</li>
            <li>welcome</li>
        </ul>
```

```
        <ul class="reply">
            <li>ok</li>
            <li>no</li>
            <li>sure</li>
        </ul>
    </body>
</html>
"""

bs_obj = bs4.BeautifulSoup(html_str, "html.parser")

ul = bs_obj.find("ul", {"class":"reply"})
print(ul)
```

결과

```
<ul class="reply">
<li>ok</li>
<li>no</li>
<li>sure</li>
</ul>
```

```
ul = bs_obj.find("ul", {"class":"reply"})
```

위 예제와 다른 부분은 .find( )를 사용할 때 "ul"말고 {"class":"reply"} 이걸 하나 더 넣어준 것입니다.

조건을 하나 더 추가해주면 우리가 뽑고 싶은 요소에 조금 더 정확하게 접근할 수 있습니다.

5.3.8 속성값 뽑아내기

a태그에서 링크를 뽑아낼 때는 href라는 속성의 속성값을 뽑아내야 합니다. 태그, 속성, 속성값에 대해서는 위에서 다루었으니 정확하게 모르신다면 한번 더 읽어보는 것을 추천합니다.

```
<html>
    <body>
        <ul class="ko">
            <li>
                <a href="https://www.naver.com/">네이버</a>
            </li>
            <li>
```

```
                <a href="https://www.daum.net/">다음</a>
            </li>
        </ul>
        <ul class="sns">
            <li>
                <a href="https://www.google.com/">구글</a>
            </li>
            <li>
                <a href="https://www.facebook.com/">페이스북</a>
            </li>
        </ul>
    </body>
</html>
```

이런 모양의 HTML이 있다고 합시다. 여기에서 네이버의 주소 https://www.naver.com/을 뽑아내려면 어떻게 해야 할까요?

파이썬 예제 코드를 바로 보겠습니다.

```
import bs4

html_str = """
<html>
    <body>
        <ul class="ko">
            <li>
                <a href="https://www.naver.com/">네이버</a>
            </li>
            <li>
                <a href="https://www.daum.net/">다음</a>
            </li>
        </ul>
        <ul class="sns">
            <li>
                <a href="https://www.google.com/">구글</a>
            </li>
            <li>
                <a href="https://www.facebook.com/">페이스북</a>
            </li>
        </ul>
    </body>
</html>
"""
```

```
bs_obj = bs4.BeautifulSoup(html_str, "html.parser")
atag = bs_obj.find("a")
print(atag)
```

결과

```
<a href="https://www.naver.com/">네이버</a>
```

HTML에서 a태그를 뽑아내는 예제 입니다. bs_obj.find('a') 를 이용하면 a태그를 뽑아낼 수 있겠지요?

그런데 네이버의 주소인 https://www.naver.com/은 어떻게 뽑아야 할까요? 일단은 href라는 속성의 속성값이 네이버의 주소입니다.

그러면 '속성값'을 뽑아야겠지요? '속성값'은 어떻게 뽑아야 할까요?

그렇게 어렵지 않습니다.

```
··· 생략 ···
bs_obj = bs4.BeautifulSoup(html_str, "html.parser")
atag = bs_obj.find("a")
print(atag['href'])
```

결과

```
https://www.naver.com/
```

atag['href'] 이 부분이 href속성의 속성 값을 뽑는 코드입니다.

a태그에 들어 있는 텍스트인 '네이버'를 뽑으려면 atag.text를 사용했었지만 '속성값'을 뽑으려면 atag['href'] 이렇게 대괄호 안에 앞뒤에 '를 붙인 속성을 넣어주면 '속성값'을 뽑아낼 수 있습니다.

++++++++5.4 네이버에서 특정 글자 추출하기 ++++++++

네이버 첫 페이지에서 맨 오른쪽 위를 보시면 '네이버를 시작페이지로'라는 버튼이 있습니다. 이 버튼을 누르면 네이버가 시작 페이지로 지정이 됩니다.

[그림 5-13]네이버 시작페이지로 버튼

처음부터 '뉴스 기사 제목'같이 어려운 난이도의 프로그램을 만들면 시작부터 지치기 때문에 비교적 쉬운 특정 위치에 있는 단어 두 개만 뽑아보겠습니다.

5.4.1 urllib로 네이버 첫 페이지 데이터 받아오기

웹에서 데이터를 받아오려면 http request라는 요청을 보내서 받아와야 합니다. 파이썬에서 웹의 특정 주소로 요청을 보내는 기능이 urllib.request입니다.

urllib.request의 urlopen( )이라는 함수로 네이버의 첫 페이지를 불러와보겠습니다.

```
import urllib.request

url = "https://www.naver.com/"
html = urllib.request.urlopen(url)

print(html.read( ))
```

결과

```
b'<!doctype html>\n\n\n\n\n\n\n\n\n\n\n\n\n\n\n\n\n\n\n\n<html lang="ko"
class="svgless">\n<head>\n<meta charset="utf-8">\n<meta name="Referrer"
content="origin">\n<meta http-
--- 생략 ---
```

네이버 첫 페이지를 받아 오면 b'<!doctype html> 이렇게 시작해서 </html>로 끝나는 데이터가 받아와집니다. 소스코드로 치면 2000줄이 넘습니다.

html = urllib.request.urlopen(url) 이 부분에서 html이라는 변수 안에 텍스트 형식으로 네이버 첫 페이지를 호출한 데이터가 문자열 형태로 들어갑니다.

5.4.2 뷰티풀솝에 데이터 넣기

앞에서 urlopen( )이라는 함수를 이용해 URL을 호출한 데이터를 받아왔습니다. 이 데이터를 파싱하기 위해서는 뷰티풀솝에 데이터를 넣어서 파이썬에서 가공할 수 있는 형태로 만들어 주어야 합니다.

```python
import urllib.request
import bs4

url = "https://www.naver.com/"
html = urllib.request.urlopen(url)

bs_obj = bs4.BeautifulSoup(html, "html.parser")

print(bs_obj)
```

결과

```
<!DOCTYPE doctype html>

<html class="svgless" lang="ko">
<head>
<meta charset="utf-8"/>
---- 중략 -----
</html>
```

bs4.BeautifulSoup( ) 여기에 웹에서 받은 텍스트를 넣습니다. 텍스트는 html 변수에 들어 있습니다.

```python
bs_obj = bs4.BeautifulSoup(html, "html.parser")
```

.BeautifulSoup(⟨받은텍스트⟩, ⟨텍스트를 파싱할 파서⟩)에는 총 2가지 값이 들어갑니다.
첫 번째 들어가는 값이 웹에서 받은 텍스트입니다. 텍스트는 html 변수에 들어 있습니다.

그리고 두 번째 들어가는 값은 "html.parser"입니다. 웹 문서의 대부분은 HTML로 되어 있기 때문에 "html.parser"를 사용하면 크게 무리가 없습니다. parser(파서)는 데이터를 뽑아내는(파싱) 프로그램입니다. 파싱에 대해서는 앞으로 계속 나옵니다.
파이썬이 HTML 안에 들어 있는 텍스트를 인식할 때 HTML 형식으로 인식하라는 뜻입니다.
"html.parser", "lxml", "xml"등의 다른 파서들도 있지만 "html.parser"를 가장 많이 사용합니다.

106

5.4.3 뷰티풀숩으로 필요한 부분 뽑아내기

뷰티풀숩으로 필요한 부분만 뽑아내려면 내가 원하는 데이터가 HTML상에 어디에 있는지 먼저 찾아야 합니다. 구글 크롬의 '개발자 도구'를 이용하면 데이터가 있는 위치를 찾을 수 있습니다.

크롬을 켜고 우측 상단에 …버튼을 눌러서 [도구 더보기 → 개발자 도구]를 열어봅니다.

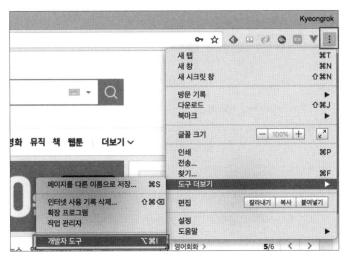

[그림 5-14] 개발자 도구 열기

개발자 도구에서 왼쪽 위에 보면 화살표 아이콘이 있습니다. 이 화살표 버튼을 누르면 색이 파란색으로 바뀝니다. 그리고 마우스를 움직여 보면 마우스를 올린 영역이 색이 변합니다. 원하는 위치로 이동해서 클릭하면 소스코드에서 마우스로 클릭한 부분이 어떤 부분인지를 알려줍니다.

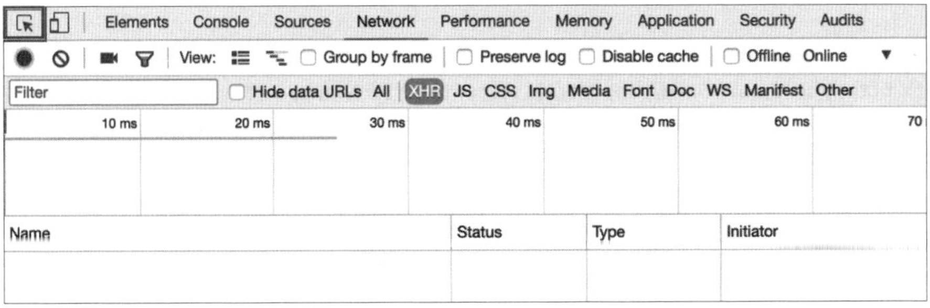

[그림 5-15] 개발자 도구의 영역 선택해주는 기능

잘못 눌렀다면 다시 개발자 도구의 왼쪽 위에 있는 화살표를 눌러서 다시 선택해주면 됩니다.

가장 먼저 추출해 볼 데이터는 첫 페이지의 맨 오른쪽에 있는 '네이버를 시작페이지로' 버튼입니다.
화면을 오른쪽으로 움직여야 보입니다. 그래도 안 보인다면 화면을 키워봅니다.

[그림 5-16] 원하는 영역 확인하기

개발자 도구를 켠 상태에서 '네이버를 시작페이지로'버튼을 마우스로 찾은 후에 클릭하면 앞의 화면
처럼 HTML 소스코드에서 어떤 부분인지 표시를 해줍니다.

[그림 5-17] a 태그

```
<a data-clk="top.mkhome"
href="http://help.naver.com/support/alias/contents2/naverhome/naverhome_1.naver"
class="al_favorite">네이버를 시작페이지로<span class="al_ico_link"></span></a>
```

〈a〉라는 태그 안에 텍스트가 들어 있는 형태입니다. '네이버를 시작 페이지로' 옆에 있는 〈span〉〈/
span〉은 여기에서는 중요하지 않습니다.

```
<a>네이버를 시작페이지로<span></span></a>
```

크롬 개발자 도구로 가서 위에 선택 되어있는 줄(<a href로 시작함)에서 앞에 있는 ▶버튼을 누릅니다. 그러면 ▼기호로 바뀌면서 아래 내용이 열립니다. "네이버를 시작페이지로"라는 글자가 보입니다. 우리의 목표는 저 글자를 뽑아내는 것입니다.

[그림 5-18] area_links

[그림 5-18]의 HTML코드를 분석해보겠습니다.

```
<div class="area_links">

</div>
```

이렇게 생긴 <div>라는 태그 안에 <a></a>가 들어 있는 구조입니다.

```
<div class="area_links">
        <a data-clk="~생략~" href="http://~생략~>
        </a>
</div>
```

div 태그 안에 class="area_links" 이렇게 되어 있는 부분을 속성이라고 합니다. class=하고 시작하므로 '클래스(class) 속성' 또는 그냥 '클래스' 라고 부릅니다. class="area_links"라고 되어 있는 부분이 중요합니다. 이 클래스를 가지고 파이썬의 뷰티풀숩 라이브러리를 이용해 데이터를 뽑아낼 수 있기 때문입니다.

이제 파이썬으로 가서 위에 <div class="area_links"></div>이 영역만 추출해보도록 하겠습니다.

```
import urllib.request
import bs4

url = "https://www.naver.com/"
html = urllib.request.urlopen(url)

bs_obj = bs4.BeautifulSoup(html, "html.parser")

top_right = bs_obj.find("div", {"class":"area_links"})
print(top_right)
```

결과

```
<div class="area_links">
<a class="al_favorite" data-clk="top.mkhome" href="http://help.naver.com/support/
alias/contents2/naverhome/naverhome_1.naver">네이버를 시작페이지로<span class="al_ico_
link"></span></a>
<span class="al_bar"></span>
<a class="al_jr" data-clk="top.jrnaver" href="http://jr.naver.com"><span class="blind">
쥬니어네이버</span><span class="al_ico"></span></a>
<a class="al_happybean" data-clk="top.happybean" href="http://happybean.naver.com/
main/SectionMain.nhn"><span class="blind">해피빈</span><span class="al_ico"></span></a>
</div>
```

2,000줄이 넘는 코드 중에서 딱 위의 결과만큼만 뽑혔습니다. 소스코드 사이에 우리가 뽑고 싶은 텍스트인 '네이버를 시작페이지로'도 들어 있습니다.

이만큼만 뽑을 수 있었던 것은 아래 코드 덕분입니다.

```
top_right = bs_obj.find("div", {"class":"area_links"})
```

.find( )라는 명령어를 이용했습니다. bs_obj에는 전체 소스코드가 들어 있었습니다. 이 바로 앞 예제에서 아주 길게 콘솔에 출력이 된 것을 보았을 것입니다.

bs_obj.find("div") 명령어는 전체에서 가장 처음 나타나는 <div>태그를 뽑으라는 명령입니다. 하지만 우리가 뽑고 싶은 '네이버를 시작페이지로'가 들어 있는 div는 맨 처음에 있지 않습니다.

110

그렇기 때문에 .find( )를 쓸 때 div 말고도 한 가지 옵션을 더 주어야 합니다.

```
top_right = bs_obj.find("div", {"class":"area_links"})
```

"div"옆에 ,(콤마)를 찍고 {"class":"area_links"}를 추가로 넣어줍니다.

위에서 보았던 class="area_links"에 들어있던 "area_links"를 넣어주었습니다.

```
▼<div class="area_links">
   ▼<a data-clk="top.mkhome" href="http://
   help.naver.com/support/alias/contents2/
   naverhome/naverhome_1.naver" class=
   "al_favorite">
         "네이버를 시작페이지로" == $0
      <span class="al_ico_link"></span>
   </a>
   <span class="al_bar"></span>
```

[그림 5-19] a에 들어 있는 '네이버를 시작페이지로'

div 태그 중에서 class가 "area_links"로 되어있는 div를 찾으라는 명령입니다.

그러면 이제 우리가 필요한 '네이버를 시작페이지로' 글자만 뽑아보겠습니다.

```
import urllib.request
import bs4

url = "https://www.naver.com/"
html = urllib.request.urlopen(url)

bs_obj = bs4.BeautifulSoup(html, "html.parser")

top_right = bs_obj.find("div", {"class":"area_links"})
first_a = top_right.find("a")
print(first_a.text)
```

결과

네이버를 시작페이지로

우리가 원하는 결과가 나왔습니다.

위에 div안에는 <a> 태그가 들어 있습니다.

```
<a class="al_favorite" data-clk="top.mkhome"
href="http://help.naver.com/support/alias/contents2/naverhome/naverhome_1.naver">네이버
를 시작페이지로
        <span class="al_ico_link"></span>
</a>
```

first_a = top_right.find("a") 이 명령어를 이용해 첫 번째 나오는 a태그를 찾은 뒤에 first_a.text로 a
태그 안에 있는 text만 뽑아낼 수 있습니다.

++++++++ **5.5 네이버 메뉴 이름 뽑아내기** +++++++++

네이버 첫 페이지에서 메뉴에 있는 '메일', '카페', '블로그' 등의 글자를 뽑아 보도록 하겠습니다.

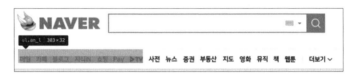

[그림 5-20] 네이버 메뉴

메뉴를 뽑아 보는 것은 꽤 의미가 있습니다. 우리가 들어가는 친숙한 사이트에서 어떤 '목록'으로 되
어 있는 것이 이 '메뉴'입니다.

네이버 첫 페이지에서 메뉴 이름을 뽑는 방법과 뉴스 페이지에서 뉴스 제목을 뽑는 방법은 아주 비
슷하기 때문에 메뉴를 뽑아 보면서 크롤링을 익힐 수 있습니다.

이번 예제를 실행하면 아래와 같은 결과가 나옵니다.

결과

메일
카페
블로그
지식인
쇼핑
네이버페이
네이버TV

5.5.1 추출할 범위의 class 알아내기

크롬을 켜고 네이버에 접속한 후 우측 상단에 점이 세 개가 세로로 찍혀 있는 버튼[…]을 눌러 메뉴를 엽니다. 거기에서 [도구 더보기 → 개발자 도구]를 누릅니다.

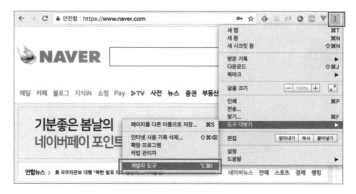

[그림 5-21] 개발자 도구 켜기

개발자 도구에서 오른쪽 위에 […] 버튼을 눌러서 개발자 도구가 나오는 위치를 바꿀 수 있습니다.

[그림 5-22] 개발자 도구 위치 조정하기

이번에는 네이버에 들어가면 첫 화면에 있는 메일, 카페, 블로그 등 메뉴 이름을 추출해봅니다..

[그림 5-23] 네이버 메뉴

5.5.2 개발자 도구로 추출하고 싶은 부분 주소 알아내기

데이터를 뽑기를 원하는 부분의 위치를 알아내기 위해 개발자 도구의 좌측 위에 있는 화살표 모양의
버튼을 누릅니다. 화살표 모양의 버튼을 누르면 버튼의 색이 파란색으로 바뀝니다.

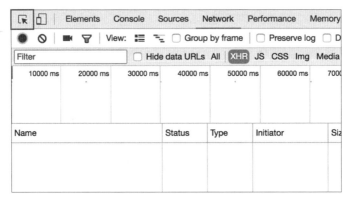

[그림 5-24] 개발자 도구에서 선택 도구 선택하기

데이터를 뽑으려는 부분으로 마우스를 옮기면 마우스를 올린 곳에 해당하는 영역의 색이 바뀝니다.
원하는 영역이 선택되면 마우스를 클릭합니다.

[그림 5-25] 원하는 부분 선택하기

```
<ul class="an_l">...</ul>
```

이 부분이 우리가 원하는 메뉴 이름이 들어 있는 부분입니다. 이 태그는 <ul></ul>이라는 태그 입
니다. 그리고 class는 an_l입니다. l은 영문 소문자 엘(l)입니다. 숫자1, 영문대문자 I와 비슷해서 많이
헷갈리지만 영문 소문자 l입니다.

114

[그림 5-26] 원하는 영역 선택하기

파이썬에서 이 〈ul〉 태그와 클래스(class)로 추출할 것입니다.

[그림 5-25]에 선택되어 있는 줄에서 앞에 있는 ▶버튼을 눌러서 안에 무엇이 있는지 열어봅니다.

〈ul〉…〈/ul〉안에는 여러 개의 〈li〉〈/li〉태그가 들어 있습니다. 이 각각의 li안에 들어 있는 내용을 뽑아낼 예정입니다. 끝까지 열어보겠습니다.

[그림 5-27] ul 안에 들어 있는 li 여러 개

▶기호가 안 나올때까지 계속 열면 다음과 같이 우리가 뽑고 싶은 메뉴 이름 중 하나인 '메일'이라는 글자가 들어있습니다.

```
▼<ul class="an_l"> == $0
  ▼<li class="an_item">
    ▼<a href="http://mail.naver.com/" class="an_a mn_mail" data-clk="svc.mail">
        <span class="an_icon"></span>
        <span class="an_txt">메일</span>
      </a>
  </li>
  ▶<li class="an_item">…</li>
  ▶<li class="an_item">…</li>
  ▶<li class="an_item">…</li>
  ▶<li class="an_item">…</li>
  ▶<li class="an_item">…</li>
  ▶<li class="an_item">…</li>
    ::after
</ul>
```

[그림 5-28] ul안에 li, li안에 a, a안에 span

메일, 카페, 블로그 등의 다른 글자들도 〈li class="an_item"〉…〈/li〉안에 같은 구조로 들어 있습니다.

```
<li class="an_item">
        <a href="http://mail.naver.com/" class="an_a mn_mail" data-clk="svc.mail">
                <span class="an_icon"></span><span class="an_txt">메일</span>
        </a>
</li>
```

위와 같이 되어 있습니다.

위 코드를 조금 더 간략하게 표현을 하면 다음처럼 되어 있습니다.

```
<li>
        <a>
                <span></span>
                <span class="an_txt">메일</span>
        </a>
</li>
```

파이썬의 BeautifulSoup 라이브러리를 이용해서 단계적으로 접근해서 내가 필요한 글자들만 뽑아낼 수 있습니다.

이제 파이썬으로 직접 데이터를 뽑아보겠습니다.

```
import urllib.request
import bs4
```

```
url = "https://www.naver.com/"
html = urllib.request.urlopen(url)

bs_obj = bs4.BeautifulSoup(html, "html.parser")

ul = bs_obj.find("ul", {"class":"an_l"})
print(ul)
```

결과

```
<ul class="an_l">
<li class="an_item">
<a class="an_a mn_mail" data-clk="svc.mail" href="http://mail.naver.com/">
<span class="an_icon"></span><span class="an_txt">메일</span>
</a>
</li>
<li class="an_item">
··· 중략 ···
</a>
</li>
</ul>
```

결과를 보면 첫줄이 〈ul class="an_l"〉로 시작합니다. 우리가 원하는 ul이 잘 뽑혔습니다. 이 줄이 핵심입니다. ul태그인데 class가 an_l인 ul을 전체 문서에서 찾으라는 명령입니다.

```
ul = bs_obj.find("ul", {"class":"an_l"})
```

ul만 뽑아 보았으니 ul안에 들어 있는 각각의 li만 뽑아 보겠습니다.

```
import urllib.request
import bs4

url = "https://www.naver.com/"
html = urllib.request.urlopen(url)

bs_obj = bs4.BeautifulSoup(html, "html.parser")

ul = bs_obj.find("ul", {"class":"an_l"})
```

```
for li in ul:
    print(li)
```

결과

```
<li class="an_item">
<a class="an_a mn_mail" data-clk="svc.mail" href="http://mail.naver.com/">
<span class="an_icon"></span><span class="an_txt">메일</span>
</a>
</li>

<li class="an_item">
<a class="an_a mn_cafe" data-clk="svc.cafe" href="http://section.cafe.naver.com/">
<span class="an_icon"></span><span class="an_txt">카페</span>
</a>
</li>
… 생략 …
```

소스코드와 결과가 바로 위에 있는 소스코드 및 결과와 별로 다른 것이 없어보이지만 차이가 많이
나는 부분입니다.

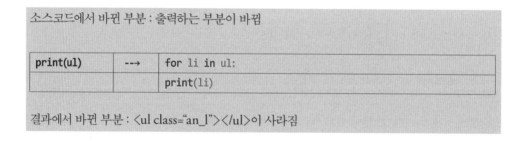

소스코드에서 바뀐 부분 : 출력하는 부분이 바뀜		
print(ul)	--→	for li in ul:
		print(li)

결과에서 바뀐 부분 : ⟨ul class="an_l"⟩⟨/ul⟩이 사라짐

출력하는 소스코드는 ul안에 있는 li들을 하나씩 꺼내서 출력하기 때문에 결과에 li들을 감싸고 있
던 ⟨ul⟩이 사라졌습니다. 이렇게 사용하는 방식을 앞으로 계속 사용 하기 때문에 이 부분은 중요한
부분입니다.

5.5.3 .findAll( )로 li만 뽑아내기

.findAll( )는 조건에 해당하는 모든 것들을 [ ]리스트 안으로 추출해주는 함수입니다.
[ ]대괄호로 감싸져 있는 것이 리스트입니다.

반복문 for를 이용해서 출력해도 되지만 중간에 빈 칸이 뽑히는 경우가 있어서 조금 더 세밀하게 필
요한 것들만 뽑아 내려면 .findAll( )을 써서 한 번 더 뽑아 주는 게 좋습니다.

```
bs_obj = bs4.BeautifulSoup(html, "html.parser")

ul = bs_obj.find("ul", {"class":"an_l"})

lis = ul.findAll("li")
print(lis)
```

결과

```
[<li class="an_item">
<a class="an_a mn_mail" data-clk="svc.mail" href="http://mail.naver.com/">
<span class="an_icon"></span><span class="an_txt">메일</span>
</a>
</li>, <li class="an_item">
<a class="an_a mn_cafe" data-clk="svc.cafe" href="http://section.cafe.naver.com/">
<span class="an_icon"></span><span class="an_txt">카페</span>
</a>
</li>,
 … 중략 …
 <li class="an_item">
<a class="an_a mn_tvcast" data-clk="svc.tvcast" href="http://tv.naver.com/">
<span class="an_icon"></span><span class="an_txt">네이버TV</span>
</a>
</li>]
```

결과에 대괄호로 시작하고 <li class="an_item">이 여러 개 들어 있는 형태로 출력이 되었습니다.

```
lis = ul.findAll("li")
```

이 코드가 핵심입니다. ul을 뽑을 때는 .find("ul")을 사용했는 데 여기에서는 .findAll("li")를 사용했습니다. 조건은 "li"만 넣어 놓아서 ul 안에 있는 모든 li를 찾으라는 명령입니다.

결과에 맨 첫 줄을 보시면 [여는 대괄호가 있고 </li>뒤에는 ,콤마가 찍혀 있습니다. 그리고 결과의 맨 뒤에는] 닫는 대괄호가 있습니다.

이 형태를 간략하게 해보면

```
[<li></li>, <li></li>, <li></li>, <li></li>]
```

이런 형태입니다. [ ]리스트 안에 <li></li>가 여러 개 들어 있는 형태입니다. 실제로는 7개지만 4개만 썼습니다.

이 형태는 [1, 2, 3, 4] 이렇게 숫자가 들어 있는 형태와 같습니다. 물론 숫자는 한글자이고 <li>생략 </li>는 다르게 보이시겠지만 1과 <li></li>는 한 개인 것은 같습니다.

5.5.4 li 하나씩 꺼내서 출력하기

위 예제에서는 lis라는 리스트([ ])를 출력할 때 print(lis)를 이용해 바로 출력을 했습니다. 그래서 출력도 리스트 형태로 되었습니다.

```
[<li class="an_item">
…중략…
</li>]
```

맨 앞, 맨 뒤에 각각 [여는 대괄호와]닫는 대괄호가 있습니다. 그리고 중간중간에 ,콤마가 있습니다. 이번에는 이 대괄호가 나오지 않게 하나씩 뽑아보는 예제 입니다.

```
… 생략 …
bs_obj = bs4.BeautifulSoup(html, "html.parser")

ul = bs_obj.find("ul", {"class":"an_l"})

lis = ul.findAll("li")

for li in lis:
    print(li)
```

결과

```
<li class="an_item">
<a class="an_a mn_mail" data-clk="svc.mail" href="http://mail.naver.com/">
<span class="an_icon"></span><span class="an_txt">메일</span>
</a>
</li>
··· 중략···
</li>
```

결과를 보면 〈li class="an_item"〉로 시작합니다. 앞에 결과와 다른 것은 [가 빠진 것입니다.
이전 소스코드를 실행했을 때와 가장 크게 달라진 점은 대괄호[ ]가 빠진 것입니다.
결과만 봐서는 크게 차이가 나는 것 같지 않지만 이 예제는 근본적으로 다릅니다.

이전 예제는 print( )가 한 번만 실행되었는 데 이번 예제는 for문을 사용해서 print( )가 총 7번 실행
되었습니다. 이렇게 하는 이유는 각각 li마다 그 안에 있는 내용들을 꺼내주는 기능을 실행해야 하기
때문입니다.

5.5.5 a태그 뽑아내기
한 단계 더 들어가서 〈li〉태그 안에 있는 〈a〉태그를 뽑아보겠습니다.

```
··· 생략 ···
bs_obj = bs4.BeautifulSoup(html, "html.parser")

ul = bs_obj.find("ul", {"class":"an_l"})

lis = ul.findAll("li")

for li in lis:
    a_tag = li.find("a")
    print(a_tag)
```

결과

```
<a class="an_a mn_mail" data-clk="svc.mail" href="http://mail.naver.com/">
<span class="an_icon"></span><span class="an_txt">메일</span>
</a>
<a class="an_a mn_cafe" data-clk="svc.cafe" href="http://section.cafe.naver.com/">
```

```
<span class="an_icon"></span><span class="an_txt">카페</span>
</a>
… 중략 …
<a class="an_a mn_tvcast" data-clk="svc.tvcast" href="http://tv.naver.com/">
<span class="an_icon"></span><span class="an_txt">네이버TV</span>
</a>
```

결과가 〈a class="an_a mn_mail" 로 시작합니다. a태그가 잘 뽑혔습니다.

이 부분이 핵심입니다. a_tag라는 변수에 li태그에서 a를 뽑은 것을 넣으라는 명령입니다.

```
a_tag = li.find("a")
```

.find("a")는 li안에 있는 a태그를 뽑겠다는 뜻입니다. 결과를 보면 이전 소스코드의 결과는 〈li class="an_item"〉 로 시작하지만 위 소스코드를 실행하면

```
<a class="an_a mn_mail" data-clk="svc.mail" href="http://mail.naver.com/">
```

이렇게 〈a〉태그로 시작합니다.

이제 점점 세밀하게 우리가 필요한 내용에 접근하고 있습니다.

5.5.6 span인 것 중에 an_txt인 class 뽑아내기

이제 한 단계 더 들어가서 〈a〉태그 안쪽에 있는 〈span〉을 뽑아보겠습니다.

```
<a class="an_a mn_mail" data-clk="svc.mail" href="http://mail.naver.com/">
        <span class="an_icon"></span>
        <span class="an_txt">메일</span>
</a>
```

위 태그의 구조를 보시면 〈a〉태그 안쪽에 〈span〉이 두 개가 있습니다.

우리가 필요한 것은 '메일'이라는 글자이므로 두번째에 있는 〈span class="an_txt"〉메일〈/span〉 이걸 뽑아야 합니다.

그런데 그냥 .find("span")을 하면 처음 만나는 〈span class="an_icon"〉〈/span〉이 뽑히게 됩니다.

```
<span class="an_txt">메일</span>
<span class="an_icon"></span>
```

차이점이 보이시나요? 위에 있는 span은 class가 an_icon이고 아래 있는 span은 class가 an_txt입니다.

그래서 태그인 span과 클래스인 an_txt 두 가지 조건으로 추출해야 합니다.

```
bs_obj = bs4.BeautifulSoup(html, "html.parser")

ul = bs_obj.find("ul", {"class":"an_l"})

lis = ul.findAll("li")

for li in lis:
    a_tag = li.find("a")
    span = a_tag.find("span", {"class":"an_txt"})
    print(span)
```

결과

```
<span class="an_txt">메일</span>
<span class="an_txt">카페</span>
<span class="an_txt">블로그</span>
<span class="an_txt">지식인</span>
<span class="an_txt">쇼핑</span>
<span class="an_txt">네이버페이</span>
<span class="an_txt">네이버TV</span>
```

결과에 <span>이 잘 뽑혀서 나왔습니다.

```
span = a_tag.find("span", {"class":"an_txt"})
```

이 코드가 span 태그 중에서 an_txt 클래스를 가진 것만 뽑으라는 명령입니다.
결과가 이제 제법 우리가 원하는 메뉴들이 한눈에 보이게끔 나왔습니다.

5.5.7 Text 뽑아내기

2,000줄이 넘는 HTML 코드에서 〈span class="an_txt"〉메일〈/span〉 여기까지 왔습니다. 우리가 원하는 것은 〈span〉같은 태그가 섞인 결과가 아니고 '메일' 이렇게 순수한 텍스트만 들어 있는 형태입니다.

```python
import urllib.request
import bs4

url = "https://www.naver.com/"
html = urllib.request.urlopen(url)

bs_obj = bs4.BeautifulSoup(html, "html.parser")

ul = bs_obj.find("ul", {"class":"an_l"})

lis = ul.findAll("li")

for li in lis:
    a_tag = li.find("a")
    span = a_tag.find("span", {"class":"an_txt"})
    print(span.text)
```

결과
```
메일
카페
블로그
지식인
쇼핑
네이버페이
네이버TV
```

결과에 메일, 카페 등 메뉴 이름이 출력되었습니다. print(span.text) 이 부분이 span태그에서 text만 뽑아내는 부분입니다. 다 뽑아 놓고 .text만 하면 우리가 원하던 메뉴 이름만 뽑힌 것을 볼 수 있습니다.

124

5.6 타입

Type(타입)을 한글로 번역을 하면 '형'입니다. 형태를 말할 때 '형'이죠. 타입, 형 등으로 사용하는 데, 같은 말입니다.

사람은 종이에 l + l 이라고 씨있는 것을 보면 2라고 답을 낼 수 있습니다. 하지만 실제로 앞에 씨있는 l은 숫자 1이 아니고 영문 소문자 l입니다. 사람은 그때의 주변 상황과 주변 문맥으로 l이 숫자 1인지 알파벳 소문자 l인지를 구분합니다. 위에서는 +라는 기호가 있기 때문에 l이 영문 소문자인 것 같아도 두 개를 더해서 2라는 결과를 생각을 해냅니다.

하지만 컴퓨터는 그렇지 않습니다. 컴퓨터는 들어오는 입력에 대해서 현재 사람이 영문 알파벳 l을 입력하는 순간이 업무 중에 숫자를 계산하는 순간인지, 알파벳 l 두 개를 출력하고 싶은 순간인지를 알 수가 없습니다.

그리고 컴퓨터가 봤을 때 숫자1은 0001이고 영문 알파벳 l은 1101100입니다. 이를 설명하려면 ascii(아스키) 코드에 대해서도 논해야 하기 때문에 자세히는 살피지 않겠습니다만 우리가 한 획으로 표현할 수 있는 문자에 대해서 컴퓨터가 봤을 때는 그저 01010이 섞여 있는 형태일 뿐입니다.

그래서 기본값이라는 게 있어서 숫자 1을 넣으면 컴퓨터는 '숫자'형 이라고 인식하고 영문 알파벳 l을 넣으면 '문자형'이라고 인식합니다.

5.7 네이버 뉴스 제목 가져오기

네이버 뉴스의 오늘의 기사 제목을 가지고 와보겠습니다. 뉴스 기사나 게시판 글제목 등은 우리가 수집 해보고 싶은 데이터들입니다.

그럼 한번 해볼까요? 네이버에 들어가서 상단 메뉴 중에 '뉴스'를 누릅니다.

[그림 5-29] 네이버 뉴스로가기

네이버 뉴스 페이지로 이동했습니다. 주소가 'news.naver.com' 이네요. 이걸 복사해서 파이참에 붙여 넣으면 http://news.naver.com/ 이렇게 붙여넣기가 됩니다.

[그림 5-30] 네이버 뉴스 페이지

이 페이지에서 '이 시각 주요 뉴스'의 제목을 가져와 보도록 하겠습니다.

결과

北, 고위급회담 무기 연기 이유…'韓美에 끌려가지 않겠다'
문무일 '수사외압 의혹' 정면대응…논란 진화 나선 법무장관
"갈급 예산" vs "편법 편성·졸속 심사"…국회 추경 심사 진통
편법 상속·증여한 50개 대기업·대재산가 '현미경' 세무조사
벼락 동반 국지 호우…모레까지 120mm

이번 장의 목표는 위와 같이 네이버 뉴스에서 뉴스 제목을 가지고 오는 것입니다. 뉴스 기사는 매일 매일 바뀌겠지만 이렇게 제목을 가지고 올 수 있습니다.

5.7.1 페이지 불러오기

뉴스 제목을 가지고 오기 위해서 한단계씩 해보겠습니다. 파이참을 켜고 아래 코드를 입력하고 실행해보겠습니다. 일단은 네이버 뉴스 페이지가 파이썬에서 잘 호출이 되는지 그리고 데이터가 잘 오는지 보아야 합니다.

```
import urllib.request
import bs4
```

```
url = "http://news.naver.com/"
html = urllib.request.urlopen(url)

bs_obj = bs4.BeautifulSoup(html, "html.parser")

print(bs_obj)
```

결과

```
<!DOCTYPE HTML>

<html lang="ko">
<head>
<meta charset="utf-8"/>
<meta content="IE=edge" http-equiv="X-UA-Compatible"/>
<meta content="600" http-equiv="refresh">
<meta content="width=1106" name="viewport">
<meta content="네이버 뉴스" property="og:title"/>
 ... 생략 ...
```

페이지 호출이 잘 됩니다. 이제 단계별로 뉴스 제목에 접근해보겠습니다.

5.7.2 뉴스 제목 위치 찾기

페이지는 잘 불러와집니다. 그러면 이제 필요한 데이터가 있는 위치를 찾아보겠습니다.

다시 네이버 뉴스로 이동합니다.

크롬에서 [⋯]버튼을 누르고 [도구 더보기 → 개발자 도구]를 선택해서 개발자 도구를 엽니다.

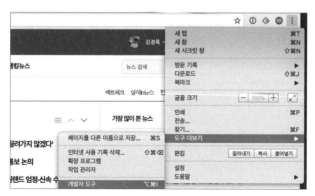

[그림 5-31] 개발자 도구 열기

개발자 도구 왼쪽 위에 있는 화살표 버튼을 눌러서 데이터가 들어 있는 부분을 선택합니다. 화살표를 클릭하면 아이콘이 파란색으로 바뀝니다.

[그림 5-32] 범위 선택하기

기사 제목이 있는 범위가 선택되었을 때 클릭하면 기사 제목이 〈strong〉 태그에 들어 있는 것을 볼 수 있습니다.

[그림 5-33] 개발자 도구에서 필요한 부분 찾기

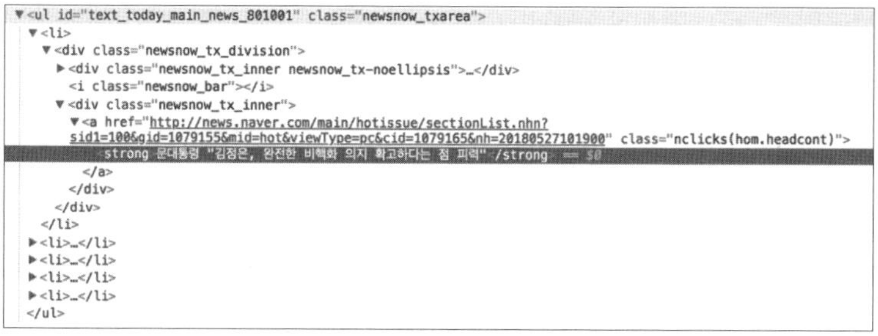

[그림 5-34] strong tag

5.7.3 HTML 구조 분석하기

기사 제목 자체는 〈strong〉태그 안에 있지만 〈strong〉태그는 class가 없어서 바로 접근할 수는 없습니다. 그래서 strong을 감싸고 있는 HTML 구조를 파악해볼 필요가 있습니다.

선택할 때 내가 출력하고 싶은 부분의 구조를 잘 보고 선택하는 게 좋습니다. strong을 감싸고 있는 HTML구조를 파악해보아야 합니다.

```
<li>
    <div class="newsnow_tx_inner">
        <a class="nclicks(hom.headcont)" href="http://news.naver.com/main/ …생략··">
            <strong>트럼프 "6·12 북미정상회담 검토 바뀌지 않았다… "</strong>
        </a>
    </div>
</li>
```

〈li〉안에 〈div〉안에 〈a〉안에 〈strong〉이 있는 형태입니다.

구조를 조금 단순화시켜 보면, 다음과 같이 li안에 div가 들어 있고, div 안에 a가 들어 있고, a안에 strong이 들어 있는 형태입니다.

```
<li>
    <div>
        <a>
            <strong>내용</strong>
        </a>
    </div>
</li>
```

크롬 개발자 도구에서 〈div class="newsnow_tx_inner"〉 앞에 있는 ▶버튼을 눌러서 접어 보겠습니다.

[그림 5-35] 뉴스가 들어 있는 div찾기

그러면 li안에 div가 들어 있는 형태가 보입니다. 그리고 아래

```
<li>..</li>
<li>..</li>
<li>..</li>
```

이렇게 되어 있습니다.

〈li〉..〈/li〉안에 위 구조가 반복 되어서 들어 있고 각각 li안에 가장 안쪽에 〈strong〉이 있고 거기에 기사 제목이 들어 있는 구조 입니다.

개발자 도구에서 선택된 부분의 HTML 소스코드가 보입니다. 마우스를 왔다갔다 하면서 맞게 선택을 했는지 확인을 해봅니다.

```
▼<div id="pan_today_main_news">
  ▼<div class="newsnow" style="position:relative;">
    ▶<div class="newsnow_imgarea">…</div>
    ▶<ul id="text_today_main_news_801001" class="newsnow_txarea">…</ul> == $0
      ::after
  </div>
  ▶<div class="newsnow" style="position:relative;display:block;">…</div>
  </div>
▶<div class="btn_move">…</div>
```

[그림 5-36] 소스코드에서 class 확인하기

[그림 5-36]화면에서 선택한 범위는 ul이고 class는 'newsnow_txarea'입니다. ▶버튼을 눌러서 한번 열어보도록 하겠습니다.

열어보면 ul태그 안에 여러 개의 li들이 들어 있는 것을 볼 수 있습니다.

```
▼<div class="newsnow" style="position:relative;">
  ▶<div class="newsnow_imgarea">…</div>
  ▼<ul id="text_today_main_news_801001" class="newsnow_txarea"> == $0
    ▶<li>…</li>
    ▶<li>…</li>
    ▶<li>…</li>
    ▶<li>…</li>
    ▶<li>…</li>
    </ul>
    ::after
  </div>
▶<div class="newsnow" style="position:relative;display:block;">…</div>
```

[그림 5-37] ul 안에 들어 있는 li들

```
··· 생략 ···
bs_obj = bs4.BeautifulSoup(html, "html.parser")

newsnow_txarea = bs_obj.find("ul", {"class":"newsnow_txarea"})
print(newsnow_txarea)

newsnow_txarea = bs_obj.find("ul", {"class":"newsnow_txarea"})
```

이 부분이 핵심 코드입니다.

전체 내용이 들어 있는 bs_obj에서 class가 위에서 찾은 newsnow_txarea인 ul태그를 찾으라는 뜻입니다.

결과

```
<ul class="newsnow_txarea" id="text_today_main_news_801001">
<li>
<div class="newsnow_tx_inner">
<a class="nclicks(hom.headcont)" href="http://news.naver.com/main/hotissue/
sectionList.nhn?sid1=100&amp;gid=1079155&amp;mid=hot&amp;viewType=pc&amp;cid=1079165
&amp;nh=20180516134511"><strong>北, 고위급회남 무기 연기 이유…'韓美에 끌려가시 않겠나'</strong></
a>
</div>
</li>
```

```
… 중략 …
</ul>
```

결과의 맨 윗줄에 〈ul class="newsnow_txarea" … 가 있는 것을 확인할 수 있습니다.

ul까지 뽑았으니 그 다음 단계로 ul안에 들어 있는 li들을 뽑아보도록 하겠습니다.

[그림 5-38] li 태그

```
….생략…
bs_obj = bs4.BeautifulSoup(html, "html.parser")

newsnow_txarea = bs_obj.find("ul", {"class":"newsnow_txarea"})
lis = newsnow_txarea.findAll("li")

for li in lis:
    print(li)
```

결과

```
<li>
<div class="newsnow_tx_inner">
<a class="nclicks(hom.headcont)" href="http://news.naver.com/main/hotissue/
sectionList.nhn?sid1=100&amp;gid=1079155&amp;mid=hot&amp;viewType=pc&amp;cid=1079165
&amp;nh=20180516134511"><strong>北, 고위급회담 무기 연기 이유…'韓美에 끌려가지 않겠다'</strong></a>
</div>
```

132

```
</li>
··· 생략 ···
```

lis라는 변수를 선언하고 newsnow_txarea에서 li태그를 모두 뽑으라는 명령입니다. .findAll( )을 사용하였습니다.

```
lis = newsnow_txarea.findAll("li")
```

.findAll( )을 사용하면 데이터가 리스트 [ ]에 담겨서 나옵니다.

lis를 print(lis)로 출력하면 맨 앞 맨 뒤에 [ ] 대괄호가 붙어 있을 것입니다.

위 예제에서는 for문을 이용해 lis에 있는 li들을 하나씩 꺼내서 출력합니다. 그래서 맨앞과 맨뒤에 [ ]대괄호가 없습니다.

이 점은 아주 중요한 차이점입니다.

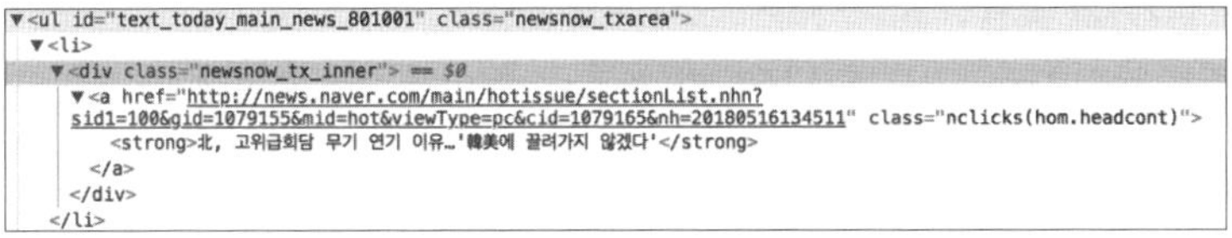

[그림 5-39] li 안에 있는 데이터

```
newsnow_txarea = bs_obj.find("ul", {"class":"newsnow_txarea"})
lis = newsnow_txarea.findAll("li")

for li in lis:
    strong = li.find("strong")
    print(strong)
```

결과

```
<strong>北, 고위급회담 무기 연기 이유…'韓美에 끌려가지 않겠다'</strong>

<strong>문무일 '수사외압 의혹' 정면대응…논란 진화 나선 법무장관</strong>

<strong>"갈급 예산" vs "편법 편성·졸속 심사"…국회 추경 심사 진통</strong>

<strong>편법 상속·증여한 50개 대기업·대재산가 '현미경' 세무조사</strong>

<strong>벼락 동반 국지 호우…모레까지 120mm</strong>
```

결과에 strong 태그와 그 안에 있는 기사 제목이 들어 있습니다.

5.7.4 Text 뽑아내기

strong 태그까지 뽑았으니 이제는 그 안에 있는 기사 제목만 뽑아보겠습니다.

```
for li in lis:
    strong = li.find("strong")
    print(strong.text)
```

결과

北, 고위급회담 무기 연기 이유…'韓美에 끌려가지 않겠다'

문무일 '수사외압 의혹' 정면대응…논란 진화 나선 법무장관

"갈급 예산" vs "편법 편성·졸속 심사"…국회 추경 심사 진통

편법 상속·증여한 50개 대기업·대재산가 '현미경' 세무조사

벼락 동반 국지 호우…모레까지 120mm

결과에 〈strong〉태그가 빠진 뉴스 제목이 출력 되었습니다.

strong.text를 이용하면 strong 태그에 들어 있는 text만 뽑아낼 수 있습니다.

6장

링크 수집하고 링크에 있는 내용 수집하기

링크 수집하고 링크에 있는 내용 수집하기

웹에서 데이터를 수집할 때 한 페이지에 모든 데이터가 있을 때도 있지만 링크를 눌러서 상세 페이지로 들어가야 데이터가 있는 경우도 많습니다. 이럴 때는 먼저 첫 번째 페이지에 있는 상세 페이지 링크를 수집한 다음에 각각 상세 페이지로 들어가서 데이터를 수집해 오는 방법을 사용해야 합니다.

이번 장에서는 상세 페이지로 들어가서 데이터를 수집하는 방법에 대해 배워봅니다. 대상으로 할 사이트는 EOS Go BP라는 사이트입니다. 블록체인 기술을 이용해 만든 코인인 EOS(이오스)의 블록을 만들어내는 블록 프로듀서(Block Producer)들을 소개하는 페이지입니다.

++++++++ 6.1 대상 사이트 구조 파악하기 ++++++++

사이트 구조를 파악하려면 먼저 해당 사이트에 접속해야 합니다. 해당 페이지를 접속하는 방법은 https://bp.eosgo.io/로 접속을 하거나 구글에서 'eos go bp'라고 검색해서 들어갈 수 있습니다.

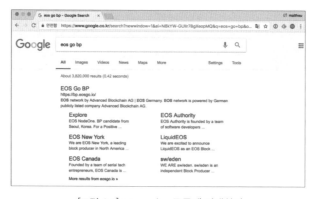

[그림 6-1] eos go bp 구글에 검색하기

이 사이트입니다. 아래로 스크롤을 내려봅니다.

[그림 6-2] bp.eosgo.io 접속

그러면 여기에 bp리스트가 나옵니다. 각각이 BP입니다. 아무 BP를 하나 클릭해봅니다.

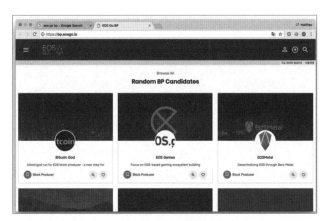

[그림 6-3] bp 목록보기

그러면 이렇게 상세 페이지로 들어옵니다.

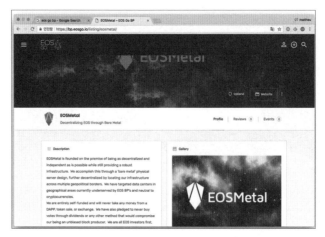

[그림 6-4] 상세 페이지

오른쪽 상단에 'Website' 버튼을 누르면 해당 bp의 사이트에 들어갈 수 있는 데요, 눌러 봅니다.

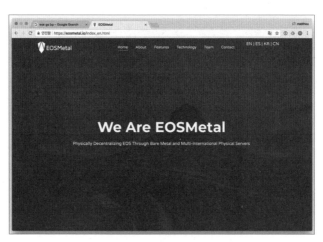

[그림 6-5] 해당 bp 사이트

링크를 타고 해당 bp의 사이트에 들어갈 수 있습니다.
그러면 이제 파이썬을 켜고 본격적으로 데이터를 수집해보도록 하겠습니다.

BP 목록이 나오는 첫 페이지를 불러오기 위해 파이썬을 켜고 다음의 소스코드를 입력합니다.

```
import requests
from bs4 import BeautifulSoup

url = "https://bp.eosgo.io/"

result = requests.get(url =url)

bs_obj = BeautifulSoup(result.content, "html.parser")
print(bs_obj)
```

실행을 해보면 실행이 안 되고 에러가 날 수 있습니다. requests가 설치가 되어 있다면 에러가 나지 않을 것이고 설치가 아직 안 되어 있으면 해당 모듈이 없다는 에러가 나올 것입니다.

✛✛✛✛✛✛✛✛ 6.2 requests package 설치하기 ✛✛✛✛✛✛✛✛

requests는 http 요청(request)을 조금 더 편하게 할 수 있는 기능이 들어 있는 패키지입니다. 외부 라이브러리이기 때문에 따로 설치해주어야 합니다.

```
import requests
from bs4 import BeautifulSoup

url = "https://bp.eosgo.io/"

result = requests.get(url =url)

bs_obj = BeautifulSoup(result.content, "html.parser")
print(bs_obj)
```

[그림 6-6] 설치되지 않은 requests

위 소스코드를 입력하면 [그림 6-6]과 같이 requests에 빨간 줄이 나옵니다. 해당 패키지가 설치되지 않았거나 이름을 잘못 입력한 경우에 빨간 줄이 나옵니다.

import requests

[그림 6-7] requests에 생긴 빨간 줄

requests뒤에 커서를 누고 〈alt〉 + 〈enter〉를 누르면 [그림 6-8]과 같이 'Install package requests'가 나옵니다. 맥은 〈option〉 + 〈enter〉입니다.

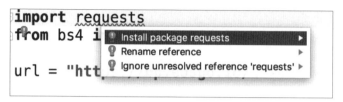

[그림 6-8] Install package requests

선택해주면 'requests' 패키지가 설치됩니다. 설치가 완료되면 오른쪽 아래에 'Packages installed successfully'가 나옵니다.

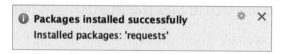

[그림 6-9] requests 패키지 설치 완료

++++++++++++++ **6.3 페이지 불러오기** ++++++++++++++

패키지가 설치되었으면 빨간 줄이 없어졌을 것입니다. 그러면 다시 한번 실행을 해서 첫 번째 페이지를 받아 오겠습니다.

```python
import requests
from bs4 import BeautifulSoup

url = "https://bp.eosgo.io/"

result = requests.get(url =url)

bs_obj = BeautifulSoup(result.content, "html.parser")
print(bs_obj)
```

다시 위 소스코드를 실행하면 아래와 같은 결과가 나옵니다.

결과

```
<!DOCTYPE html>

<html lang="en-US" prefix="" xmlns="http://www.w3.org/1999/xhtml">
<head>
<meta charset="utf-8"/><script type="text/javascript">window.NREUM||(NREUM={ }),__nr_
require=function(e,t,n){function r(n){if(!t[n]){var o=t[n]={exports:{ }};e[n][0].call(o.
exports,function(t){var o=e[n][1][t];return r(o||t)},o,o.exports)}return t[n].exports}
if("function"==typeof __nr_require)return
··· 생략 ···
```

<!DOCTYPE html>로 시작하는 HTML데이터가 불러와졌습니다.

제대로 불러와졌는지 확인해보기 위해서 특정 BP 이름을 검색해보겠습니다.

[그림 6-10] 키워드로 검색해서 페이지가 잘 받아와졌는지 확인하기

여기에서는 eosmetal이라는 키워드로 검색했는 데 검색이 되는 걸로 봐서는 우리가 원하는 첫 페이
지가 잘 불러와졌다고 볼 수 있습니다.

++++++++ 6.4 상세 페이지 링크 뽑아내기 ++++++++

상세 페이지에 들어가서 특정 정보들을 뽑아오려면 먼저 상세 페이지의 링크를 알아야 합니다.

메인 페이지에는 bp목록이 쭉 나옵니다. 각 목록 안 쪽에는 상세 페이지 주소가 들어 있습니다.

bp 목록이 나오는 페이지로 이동해봅니다. https://bp.eosgo.io/ 입니다.

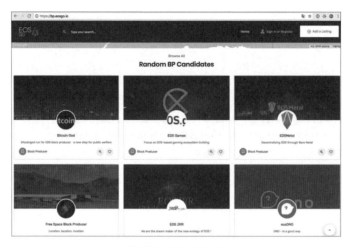

[그림 6-11] bp리스트

EOSMetal이라는 bp를 선택해보면 상세 페이지로 이동합니다. EOSMetal 말고 다른 것을 선택해도 무관합니다.

상단 주소 표시줄을 보시면 상세 페이지의 주소가 https://bp.eosgo.io/listing/eosmetal/ 이렇게 되어 있습니다.

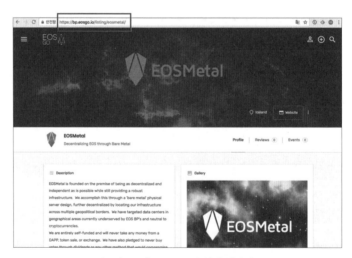

[그림 6-12] EOSMetal 상세 페이지

상세 페이지로 이동할 수 있다는 것은 리스트 페이지에 링크가 있다는 뜻입니다. 그래서 리스트페이지에서 모든 상세 페이지의 링크를 수집해보겠습니다.

Bp 리스트 페이지로 이동해서 개발자 도구를 켭니다.
개발자 도구의 왼쪽 위에 있는 화살표 모양의 아이콘을 선택하고 우리가 전에 상세 페이지로 이동하기 위해 눌렀던 곳을 선택합니다.

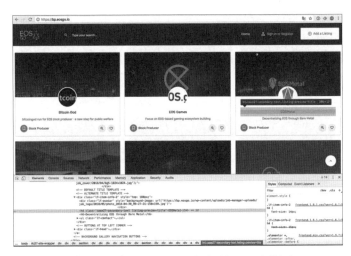

[그림 6-13] 개발자 도구에서 필요한 부분 선택하기

h4태그의 case27-secondary-text listing-preview-title 클래스에 'EOSMetal'이라는 텍스트가 들어가 있습니다.

```
▼<div class="lf-item">
  ▼<a href="https://bp.eosgo.io/listing/eosmetal/">
      <div class="overlay" style="
                  background-color: #242429;
                  opacity: 0.5;
                  "></div>
      <!-- BACKGROUND GALLERY -->
      <!-- BACKGROUND IMAGE -->
      <div class="lf-background" style="background-image: url('https://bp.eosgo.io/wp-content/upload
      job-manager-uploads/job_cover/2018/04/bg5-1024x1024.jpg');">
      </div>
      <!-- DEFAULT TITLE TEMPLATE -->
      <!-- ALTERNATE TITLE TEMPLATE -->
    ▼<div class="lf-item-info-2" style="top: 180px;">
        <div class="lf-avatar" style="background-image: url('https://bp.eosgo.io/wp-content/uploads/
        job-manager-uploads/job_logo/2018/05/photo_2018-04-30_09-27-31-150x150.jpg')">
        </div>
        <h4 class="case27-secondary-text listing-preview-title">EOSMetal</h4>  == $0
        <h6>Decentralizing EOS through Bare Metal</h6>
      ▶<ul class="lf-contact">...</ul>
    </div>
  </a>
</div>
```

[그림 6-14] 텍스트 찾기

링크는 ⟨a⟩태그에 들어 있는데 bp 이름이 들어 있는 h4 태그에는 a태그가 들어 있지 않네요. 조금 위로 올려보겠습니다.

<div class="lf-item">안쪽에 a태그가 들어있습니다. 더 아래 쪽에는 앞에서 bp 이름이 들어 있던 <h4>태그가 보입니다.

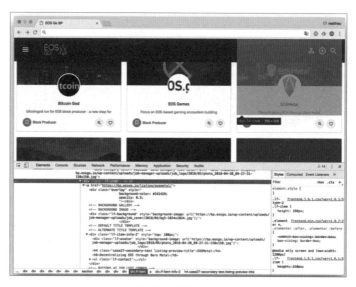

[그림 6-15] lf-item

```
▼<div class="lf-item"> == $0
  ▼<a href="https://bp.eosgo.io/listing/eosmetal/">
      <div class="overlay" style="
                  background-color: #242429;
                  opacity: 0.5;
                  "></div>
      <!-- BACKGROUND GALLERY -->
      <!-- BACKGROUND IMAGE -->
      <div class="lf-background" style="background-image: url('https://bp.eosgo.io/wp-content/up
      job-manager-uploads/job_cover/2018/04/bg5-1024x1024.jpg');">
                  </div>
      <!-- DEFAULT TITLE TEMPLATE -->
      <!-- ALTERNATE TITLE TEMPLATE -->
    ▼<div class="lf-item-info-2" style="top: 180px;">
        <div class="lf-avatar" style="background-image: url('https://bp.eosgo.io/wp-content/uplo
        job-manager-uploads/job_logo/2018/05/photo_2018-04-30_09-27-31-150x150.jpg')">
                    </div>
        <h4 class="case27-secondary-text listing-preview-title">EOSMetal</h4>
        <h6>Decentralizing EOS through Bare Metal</h6>
      ▶<ul class="lf-contact">…</ul>
      </div>
```

[그림 6-16] h4 태그 안에 들어 있는 bp이름

h4 태그 안에는 EOSMetal이라는 이름이 들어 있습니다.

위 그림에서 두 번째 줄에 있는 〈a〉태그에는 앞에서 들어 갔던 서브 페이지의 링크가 들어 있습니다. 서브 페이지의 주소는 https://bp.eosgo.io/listing/eosmetal/ 이었습니다.

그러면 https://bp.eosgo.io/여기에 들어가서 페이지를 불러온 후에 〈div class="lf-item"〉를 추출해서 서브 페이지 주소를 뽑아 보겠습니다. 파이썬으로 가서 아래 코드를 입력하고 실행해봅니다.

```python
import requests
from bs4 import BeautifulSoup

url = "https://bp.eosgo.io/"

result = requests.get(url =url)

bs_obj = BeautifulSoup(result.content, "html.parser")

lf_items = bs_obj.findAll("div", {"class":"lf-item"})
print(lf_items)
```

결과

```
[<div class="lf-item">
<a href="https://bp.eosgo.io/listing/eos-jrr/">
<div class="overlay" style="
            background-color: #242429;
            opacity: 0.5;
            "></div>
··· 생략 ···
```

url = "https://bp.eosgo.io/"이 코드는 웹 브라우저에서 url이 https://bp.eosgo.io/인 곳의 데이터를 불러오기 위해 주소를 입력했습니다.

그 다음 줄 result에 위 주소로 호출한 데이터를 받아오고 그 다음 줄에서 뷰티풀숩을 이용해 구조화시킵니다.

lf_items 변수에 클래스 이름이 lf-item인 div 태그를 뽑은 결과를 넣었습니다.
그리고 print( )를 이용해 출력하니 결과에 〈div class="lf-item"〉으로 시작하는 결과가 나왔습니다.

.findAll( )을 이용했기 때문에 https://bp.eosgo.io/ 이 페이지에 접속했을 때 나오는 모든 bp의
<div class="lf-item">가 추출됩니다.

이제 <div class="lf-item">안에서 링크를 뽑아보겠습니다.

```
import requests
from bs4 import BeautifulSoup

url = "https://bp.eosgo.io/"

result = requests.get(url =url)
bs_obj = BeautifulSoup(result.content, "html.parser")

lf_items = bs_obj.findAll("div", {"class":"lf-item"})

hrefs = [div.find("a")['href'] for div in lf_items ]
print(hrefs)
```

결과

```
['https://bp.eosgo.io/listing/eos-jrr/',    'https://bp.eosgo.io/listing/eos-authority/',
'https://bp.eosgo.io/listing/eos-detroit/',    'https://bp.eosgo.io/listing/eos-bepal-3/',
'https://bp.eosgo.io/listing/infinity-stones-2/',
  ⋯ 생략 ⋯
```

hrefs = [div.find("a")['href'] for div in lf_items] 이 부분이 바뀐 부분입니다.
여기에는 두 가지 기능이 들어있습니다.
lf_items는 .findAll( )로 찾은 모든 <div class="lf_item">이 들어 있기 때문에 변수명도 lf_items로
뒤에 s가 붙어 있습니다.

.findAll( )을 이용하면 결과가 [ ] 이런 리스트 형태로 리턴됩니다. 이 리스트를 반복문을 이용해 하
나씩 뽑아서 새로운 리스트로 가공할 수도 있지만 위 소스코드에서는 [ ]안에 for문을 넣어서 한 줄
로 처리했습니다.

[div.find("a")['href'] for div in lf_items] 이 코드는 lf_items에 있는 것을 div로 뽑아서 div 안에 있
는 a태그를 찾아서 거기에 있는 href 속성을 뽑아내서 다시 list로 만들라는 뜻입니다.

146

그래서 hrefs에는 href가 여러 개 들어 있습니다. href는 링크입니다. 그래서 결과에 각 bp들의 서브 페이지 링크가 보이는 것입니다.

++++++ 6.5 링크별로 들어가서 페이지 불러오기 ++++++

bp가 몇 개인지 한 번 개수를 세어보겠습니다. 개수를 세는 명령은 len( )을 사용합니다.

```
... 생략 ...
result = requests.get(url =url)
bs_obj = BeautifulSoup(result.content, "html.parser")

lf_items = bs_obj.findAll("div", {"class":"lf-item"})

hrefs = [div.find("a")['href'] for div in lf_items ]

print(len(hrefs))
```

결과

```
202
```

print(len(hrefs))을 이용해 hrefs 변수에 들어 있는 링크들의 개수를 세보았습니다.
링크의 개수가 202개라고 출력됩니다. 개수가 호출하는 시점에서는 조금 다를 수 있습니다. bp가 점점 늘어나고 있기 때문이 아마 책보다 더 많을 것입니다. 202개가 아니어도 틀린 게 아닙니다. len( )은 개수를 세는 함수입니다. len(hrefs)는 hrefs에 들어 있는 element(엘리멘트) 개수를 세줍니다. 그래서 202개가 나온 것입니다.

링크가 있으므로, 이 링크들을 이용해서 각 서브 페이지에 들어가서 데이터를 뽑아 올 수 있습니다.

+++++++++ 6.6 리스트에서 부분만 선택하기 +++++++++

위에서 뽑은 링크는 202개입니다. 그런데 개발을 하는 중에 한 군데 고치고 202번씩 실행을 하면 202개를 모두 가지고 오는 동안 기다리거나 중지를 매번 눌러주어야 하기 때문에 불편합니다.
또한 리스트에서 특정 구간만 가지고 오고 싶을 때가 있습니다. 그때 이 부분만 선택하는 기능을 사용하면 좋습니다.

```
··· 생략 ···
result = requests.get(url =url)
bs_obj = BeautifulSoup(result.content, "html.parser")

lf_items = bs_obj.findAll("div", {"class":"lf-item"})

hrefs = [div.find("a")['href'] for div in lf_items ]

print(hrefs[0:5])
print(len(hrefs[0:5]))
```

결과

['https://bp.eosgo.io/listing/eos-canada/', 'https://bp.eosgo.io/listing/chainpool-2/',
'https://bp.eosgo.io/listing/attic-lab-becomes-eos-block-producer-candidate/',
'https://bp.eosgo.io/listing/eos-dublin-2/', 'https://bp.eosgo.io/listing/eos-blocksmith/']
5

hrefs[0:5]를 이용하면 0번부터 4번까지 링크만 선택할 수 있습니다.

위에서 추출한 링크는 202개인데 모두 돌리면서 코드를 개발하면 개발하는 데 시간이 많이 걸리기 때문에 이렇게 일부 범위만 선택해서 프로그램을 개발하고 나중에 전체에 모두 적용하는 게 좋습니다.

++++++++++++ 6.7 서브 페이지 호출하기 +++++++++++

위 결과에서 5개만 선택한 url 중에 하나의 페이지에 들어가보겠습니다.

https://bp.eosgo.io/listing/eos-canada/ 여기네요. 여기로 한 번 들어가볼까요?

[그림 6-17] 서브 페이지

148

한 개의 페이지에서 필요한 부분의 데이터를 추출하는 로직을 만들어 놓으면 다른 202개의 페이지에도 똑같이 데이터를 뽑아올 수 있습니다.

이 페이지에서 총 3가지 데이터를 뽑아낼 예정입니다. 첫 번째 이 bp의 이름인 EOS Canada 두 번째 이 bp의 위치인 '481 Avenue Viger O' 세 번째 웹 사이트인 'https://www.eoscanada.com/' 이렇게 3가지 정보입니다.

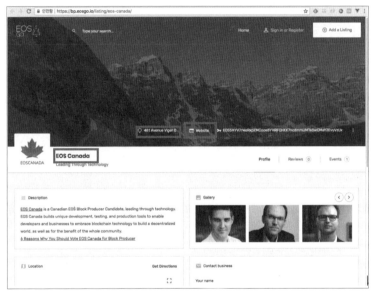

[그림 6-18] 서브 페이지에서 추출할 부분

[그림 6-18]의 세 가지 위치에 있는 데이터를 뽑을 예정입니다.

이 데이터를 뽑으려면 태그(tag)와 클래스(class) 이름을 찾아야 합니다.
하나씩 찾으면서 뽑아보겠습니다. 개발자 도구를 열어서 찾아보겠습니다.
[그림 6-19]를 볼까요? EOS Canada라는 이름이 들어있네요.

[그림 6-19] 개발자 도구에서 선택하기

구조를 살펴보면 [그림 6-20]과 같습니다.

[그림 6-20] <h1> 태그

```
<div class="profile-name">
        <h1>EOS Canada</h1>
</div>
```

h1태그를 직접 뽑아도 되지만 div의 클래스 이름이 좀 더 짧고 간결하기 때문에 클래스가 'profile-name'인 div를 파이썬에서 뽑아보겠습니다.

먼저 페이지를 호출해서 bs4에 넣습니다.

```
import requests
from bs4 import BeautifulSoup
```

```
url = "https://bp.eosgo.io/listing/eos-canada/"

result = requests.get(url)
bs_obj = BeautifulSoup(result.content, "html.parser")
print(bs_obj)
```

결과

```
<!DOCTYPE html>


<html lang="en-US" prefix="" xmlns="http://www.w3.org/1999/xhtml">
<head>
<meta charset="utf-8"/><script
type="text/javascript">window.NREUM||(NREUM={ }),__nr_require=function(e,t,n){function
... 생략 ...
```

++++++++6.8 서브 페이지에서 이름 추출하기 ++++++++

앞에서 서브 페이지인 https://bp.eosgo.io/listing/eos-canada/를 불러와 보았습니다. 그러면 이 서브 페이지에서 필요한 정보들을 하나씩 추출해보겠습니다.

먼저 이름부터 추출해보겠습니다.

개발자 도구를 켜고 앞에서 했던 것과 똑같이 이름이 있는 부분을 찾아봅니다.

'EOS Canada'라고 단풍잎 아이콘 오른쪽이 있는 이름 부분을 선택해봅니다.

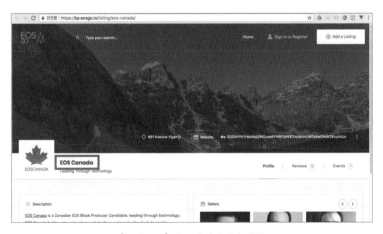

[그림 6-21] 서브 페이지에서 제목

그러면 개발자 도구에서 이렇게 선택이 됩니다. ⟨div class="profile-name"⟩안에 있는 ⟨h1⟩태그
안에 이름이 있습니다.

[그림 6-22] EOS Canada

⟨h1⟩ 태그로 바로 가면 좋지만 ⟨h1⟩을 식별할 고유의 값이 마땅치 않습니다. "case27-primary-
text"가 클래스명으로 쓰긴 했지만 문서의 다른 부분에도 있을만한 코드이기 때문에 상위 객체인
⟨div class="profile-name"⟩을 먼저 뽑아서 접근하는 방식이 좋습니다.

그러면 다시 파이썬으로 가서 ⟨div class="profile-name"⟩을 뽑아보겠습니다.

```python
import requests
from bs4 import BeautifulSoup

url = "https://bp.eosgo.io/listing/eos-canada/"

result = requests.get(url)
bs_obj = BeautifulSoup(result.content, "html.parser")

profile_name = bs_obj.find("div", {"class":"profile-name"})

print(profile_name)
```

결과
```
<div class="profile-name" v-pre="">
<h1 class="case27-primary-text">EOS Canada</h1>
<h2 class="profile-tagline listing-tagline-field">Leading Through Technology</h2>
</div>
```

결과에 ⟨div class="profile-name" v-pre=""⟩로 시작하는 부분이 보이는 걸로 봐서는 잘 추출된 것
같습니다.

소스코드에서 다음 부분입니다.

```
profile_name = bs_obj.find("div", {"class":"profile-name"})
```

bp 이름이 들어 있는 div가 잘 추출되었습니다. 이제 이름만 한 번 뽑아보겠습니다.

```
… 생략 …
result = requests.get(url)
bs_obj = BeautifulSoup(result.content, "html.parser")

profile_name = bs_obj.find("div", {"class":"profile-name"})

h1_bp_name = profile_name.find("h1")
print(h1_bp_name)
```

결과
```
<h1 class="case27-primary-text">EOS Canada</h1>
```

div안에 <h1></h1>과 <h2></h2>이렇게 두 개만 들어 있습니다.

조금 더 복잡하게 들어 있다면 조건을 조금 더 주어야 하지만 필요한 만큼만 코드를 써서 h1만 뽑아 냈습니다.

```
h1_bp_name = profile_name.find("h1")
```

이제 <h1>태그를 걷어내고 이름만 뽑아보겠습니다.

```
… 생략 …
profile_name = bs_obj.find("div", {"class":"profile-name"})

h1_bp_name = profile_name.find("h1")
bp_name = h1_bp_name.text
print(bp_name)
```

결과
```
EOS Canada
```

bp_name은 뒤에서도 계속 사용할 것이므로 변수에 넣었습니다.

＋＋＋＋＋＋＋＋＋＋＋＋＋ 6.9 위치 추출하기 ＋＋＋＋＋＋＋＋＋＋＋＋＋

이름을 뽑았으니 location(위치)을 뽑아 보겠습니다.

[그림 6-23] 위치

[그림 6-23]에서 네모 상자로 표시된 부분을 함께 뽑아 보겠습니다.

개발자 도구를 열고 왼쪽 위 파란색 마우스 커서 아이콘을 눌러서 해당 위치를 찾아봅니다.

class가 button-label인 span 태그 안에 '481 Avenue Viger 0'이라는 location(위치)이 있습니다. button-label은 이 페이지 같은 경우는 한 개만 있지만 다른 사이트를 크롤링 할 때 꽤 흔한 이름 이므로 만약 앞에 같은 이름의 다른 span태그가 있다면 원하는 결과를 얻지 못할 수 있습니다.

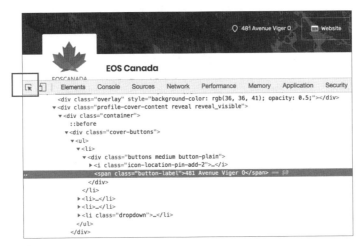

[그림 6-24] 개발자 도구에서 위치

그래서 먼저 cover-buttons를 뽑은 후에 그 안에 있는 button-label을 뽑는 게 좀더 정확합니다.

```python
import requests
from bs4 import BeautifulSoup

url = "https://bp.eosgo.io/listing/eos-canada/"

result = requests.get(url)
bs_obj = BeautifulSoup(result.content, "html.parser")

profile_name = bs_obj.find("div", {"class":"profile-name"})

h1_bp_name = profile_name.find("h1")

cover_buttons = bs_obj.find("div", {"class":"cover-buttons"})
print(cover_buttons)
```

결과

```
<div class="cover-buttons">
<ul v-pre="">
<li>
<div class="buttons medium button-plain">
<i class="icon-location-pin-add-2"></i><span class="button-label">481 Avenue Viger O</
span> </div>
```

```
</li>
<li>
<div class="buttons medium button-outlined">
··· 생략 ···
```

이 부분입니다. 변수명 중간에 - (하이픈)이 들어가면 안 되기 때문에 cover_button이라고 변수명을 주었습니다. cover-button클래스인 div가 잘 뽑혔습니다.

```
cover_buttons = bs_obj.find("div", {"class":"cover-buttons"})
print(cover_buttons)
```

그러면 button-label인 span을 뽑아보겠습니다.
```
··· 생략 ···
cover_buttons = bs_obj.find("div", {"class":"cover-buttons"})

button_label = bs_obj.find("span", {"class":"button-label"})
print(button_label)
```
결과
```
<span class="button-label">481 Avenue Viger O</span>
```

이제 태그 안에서 문자열만 뽑아보겠습니다.

```
··· 생략 ···
cover_buttons = bs_obj.find("div", {"class":"cover-buttons"})

button_label = bs_obj.find("span", {"class":"button-label"})
location = button_label.text
print(location)
```
결과
```
481 Avenue Viger O
```

.text를 이용해 text만 뽑아냅니다.

156

+++++++++++++6.10 링크 추출하기 +++++++++++++

이제 링크를 뽑아보겠습니다. 링크는 <a>태그 안에 들어 있습니다.

이 화면에서 <Website> 버튼을 누르면 다른 사이트가 뜹니다. 그 사이트의 URL을 뽑아보겠습니다.

[그림 6-25] Website가 들어 있는 부분

링크는 <a>태그의 href라는 속성(attribute)에 들어 있지만 a태그에는 클래스가 없기 때문에 그 상위에 있는 태그를 먼저 뽑아보겠습니다. Span 태그이고 class가 button-label인 태그를 뽑아보면 좋을 것 같지만 문제가 하나 있습니다.

[그림 6-26] a태그 찾기

앞에서 location을 뽑을 때도 button-label을 사용했습니다. .find( )를 사용했는데요 .find( )는 지정한 조건 span, button-label에 맞는 가장 처음 나오는 태그를 추출하는 함수입니다.

```
▼<div class="cover-buttons">
  ▼<ul>
    ▼<li>
      ▼<div class="buttons medium button-plain">
        ▶<i class="icon-location-pin-add-2">…</i>
          <span class="button-label">481 Avenue Viger O</span>
        </div>
      </li>
    ▼<li>
      ▼<div class="buttons medium button-outlined">
        ▶<i class="mi web">…</i>
        ▼<span class="button-label">
            <a href="https://www.eoscanada.com">Website</a> == $0
          </span>
        </div>
      </li>
    ▶<li>…</li>
```

[그림 6-27] a href 안에 있는 주소

그래서 〈a〉태그 안에 URL이 들어 있어서 그 상위 오브젝트인 button-label을 뽑으려고 아래 명령
어를 사용한다면 링크 대신 위에서 뽑았던 location이 뽑힐 것입니다.

```
bs_obj.find("span", {"class":"button-label"})
```

그래서 이번에는 .findAll( )과 그 안에 들어 있는 n번째 요소를 뽑아내는 기능을 사용합니다.
.findAll( )은 해당 조건에 맞는 모든 태그를 찾아서 list [ ]에 넣어줍니다.
.findAll( )의 조건을 찾기 위해 페이지 구조를 한번 분석해볼 필요가 있습니다.

```
<div class="cover-buttons">
    <ul>
        <li></li>
        <li></li>
        <li></li>
    </ul>
</div>
```

이런 구조로 되어 있습니다. 지난 번에 네이버 메인 페이지에서 메뉴 이름을 출력할 때 〈ul〉〈/ul〉,
〈li〉〈/li〉를 다루어 본 적이 있었지요? 여기에서도 ul, li구조로 되어 있습니다. li는 ul 태그의 항목
을 표현할 때 주로 사용합니다. 이 부분에서는 〈div class="cover-buttons"〉〈/div〉안에 〈ul〉이 들
어 있고 그 안에 〈li〉 3개가 들어 있습니다.

158

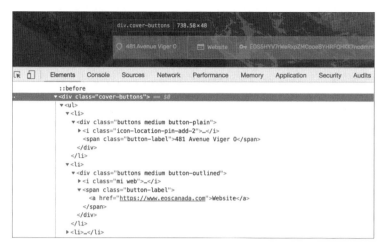

[그림 6-28] 필요한 데이터가 있는 영역

첫 번째 인덱스상으로는 0번째에는 위에서 뽑았던 location이 들어 있습니다. 이번에 뽑고 싶은 링크는 두 번째 인덱스상으로는 1번째에 들어 있습니다.

인덱스는 0, 1, 2 이렇게 [ ] 리스트 안에서 순서를 나타냅니다.

<div class="cover-buttons"></div>안에 있는 3개의 <li>를 뽑아보겠습니다. <div>안에 ul이 여러 개 들어 있다면 ul도 따로 지정을 해주어야겠지만, 하나만 있으므로 바로 li를 .findAll( )로 뽑아보겠습니다.

```
··· 생략 ···
cover_buttons = bs_obj.find("div", {"class":"cover-buttons"})

button_label = bs_obj.find("span", {"class":"button-label"})
location = button_label.text

lis = cover_buttons.findAll("li")
print(lis)
```

결과

```
[<li>
<div class="buttons medium button-plain">
```

```
<i class="icon-location-pin-add-2"></i><span class="button-label">481 Avenue Viger O</span> </div>
</li>, <li>
<div class="buttons medium button-outlined">
<i class="mi web"></i><span class="button-label"><a href="https://www.eoscanada.com">Website</a></span> </div>
</li>, <li>
… 생략 …
```

결과는 아래와 같은 구조로 되어 있습니다.

```
[<li></li>, <li></li>, <li></li>]
```

리스트 [ ]안에 3개의 li가 들어 있는 구조입니다.

첫 번째(인덱스는 0번) li에는 위에서 뽑았던 location이 들어 있고 두 번째(인덱스 1번) li에는 링크가 들어 있습니다.

```
… 생략 …
lis = cover_buttons.findAll("li")
li_tag = lis[1]
print(li_tag)
```

결과

```
<li>
<div class="buttons medium button-outlined">
<i class="mi web"></i><span class="button-label"><a href="https://www.eoscanada.com">Website</a></span> </div>
</li>
```

여기에서 a태그를 뽑으면 링크를 뽑을 수 있습니다. a태그를 뽑아보겠습니다.

```
… 생략 …
lis = cover_buttons.findAll("li")
li_tag = lis[1]
```

```
a_tag = li_tag.find("a")
print(a_tag)
```

결과

```
<a href="https://www.eoscanada.com">Website</a>
```

a 태그를 뽑았습니다. href 속성 안에 링크가 들어 있습니다.

```
a_tag = li_tag.find("a")
link = a_tag['href']
print(link)
```

결과

```
https://www.eoscanada.com
```

link = a_tag['href'] href 속성을 뽑을 때는 ['href']를 뒤에 붙여줍니다. 텍스트를 뽑을 때는 .text를 사용하였지만 href는 <a href=""> 이렇게 a태그 안에 들어 있기 때문에 ['href'] 이렇게 사용해서 뽑습니다.

++++++++++++++++ 6.11 함수로 묶기 ++++++++++++++++

위에서 뽑은 3가지 이름, 위치, 링크 3가지를 파이썬 딕셔너리에 넣어서 리턴해보겠습니다.

url을 받아서 딕셔너리를 리턴하는 함수를 만듭니다. def로 감싸줍니다.

```
import requests
from bs4 import BeautifulSoup

url = "https://bp.eosgo.io/listing/eos-canada/"

def get_bp_info(url):
    result = requests.get(url)
    bs_obj = BeautifulSoup(result.content, "html.parser")

    profile_name = bs_obj.find("div", {"class":"profile-name"})

    h1_bp_name = profile_name.find("h1")
    bp_name = h1_bp_name.text
```

```
        cover_buttons = bs_obj.find("div", {"class":"cover-buttons"})

        button_label = bs_obj.find("span", {"class":"button-label"})
        location = button_label.text

        lis = cover_buttons.findAll("li")
        li_tag = lis[1]

        a_tag = li_tag.find("a")
        link = a_tag['href']

        dictionary1 = { }
        dictionary1['name'] = bp_name
        dictionary1['location'] = location
        dictionary1['link'] = link

        return dictionary1

dic_result = get_bp_info(url)

print(dic_result)
```

결과

```
{'name': 'EOS Canada', 'location': '481 Avenue Viger O', 'link': 'https://www.eoscanada.
com'}
```

소스코드가 길어서 많아 보이지만 앞의 소스코드와 바뀐 부분은 총 세 군데입니다.

```
def get_bp_info(url):
```

함수 안쪽에 앞에서 만든 로직을 넣어준 것과, dictionary1을 선언해서 그 안 쪽에 3가지 값을 넣고
리턴해준 것입니다.

```
dictionary1 = { }
    dictionary1['name'] = bp_name
    dictionary1['location'] = location
    dictionary1['link'] = link

    return dictionary1
```

그리고 마지막에 함수를 호출해서 결과를 출력하는 부분이 추가되었습니다.

```
dic_result = get_bp_info(url)
print(dic_result)
```

여기에서 헷갈릴 만한 게 url이라는 변수 이름입니다.

```
url = "https://bp.eosgo.io/listing/eos-canada/"
```

맨 첫 번째 줄에서 주소를 넣을 때 url 안에 넣었고, 함수에서 파라메터도 url이라는 이름을 그대로 사용했습니다.

```
def get_bp_info(url):
```

이름은 같지만 이 두가지는 다른 것이므로 헷갈리지 않도록 합니다. 소스코드를 최소한으로 고치기 위해서 파라메터로 받은 url의 이름을 바꿔주지 않았습니다.

+++ 6.12 0부터 4번째까지 링크 상세 페이지 내용 추출하기 +++

이제 여러 개의 서브 페이지를 돌며 그 안에 있는 이름, 위치, 사이트 링크 3가지를 추출해봅니다.

다시 bp 링크를 추출하는 코드를 보겠습니다. bp 링크는 서브 페이지의 주소들입니다.

```
import requests
from bs4 import BeautifulSoup

url = "https://bp.eosgo.io/"

result = requests.get(url =url)
bs_obj = BeautifulSoup(result.content, "html.parser")

lf_items = bs_obj.findAll("div", {"class":"lf-item"})

hrefs = [div.find("a")['href'] for div in lf_items ]

print(hrefs[0:5])
print(len(hrefs[0:5]))
```

```
['https://bp.eosgo.io/listing/germaneos/', 'https://bp.eosgo.io/listing/eospalliums/',
 'https://bp.eosgo.io/listing/oraclechain/', 'https://bp.eosgo.io/listing/eos-anchor-
 chain-3/', 'https://bp.eosgo.io/listing/libertyblock/']
5
```

결과에 총 5개의 서브 페이지 링크가 들어 있습니다. hrefs[0:5]가 0보다는 크거나 같고 5보다는 작은 0~4번째를 선택해주었기 때문에 hrefs 안에 들어 있는 200여 개의 링크 중 총 5개의 링크가 뽑혔습니다.

여기에 위에서 만든 서브 페이지에서 데이터를 뽑아오는 코드와 연결해보겠습니다.

```python
import requests
from bs4 import BeautifulSoup

def get_bp_info(url):
    result = requests.get(url)
    bs_obj = BeautifulSoup(result.content, "html.parser")

    profile_name = bs_obj.find("div", {"class":"profile-name"})

    h1_bp_name = profile_name.find("h1")
    bp_name = h1_bp_name.text

    cover_buttons = bs_obj.find("div", {"class":"cover-buttons"})

    button_label = bs_obj.find("span", {"class":"button-label"})
    location = button_label.text

    lis = cover_buttons.findAll("li")
    li_tag = lis[1]

    a_tag = li_tag.find("a")
    link = a_tag['href']

    dictionary1 = { }
    dictionary1['name'] = bp_name
    dictionary1['location'] = location
    dictionary1['link'] = link

    return dictionary1

url = "https://bp.eosgo.io/"
```

164

```
result = requests.get(url =url)
bs_obj = BeautifulSoup(result.content, "html.parser")

lf_items = bs_obj.findAll("div", {"class":"lf-item"})

hrefs = [div.find("a")['href'] for div in lf_items ]


dic_result = get_bp_info(hrefs[0])
print(dic_result)
```

결과

```
{'name': 'GermanEOS', 'location': 'Bonn', 'link': 'http://www.germaneos.de'}
```

0번 째 인덱스에 있는 서브 페이지의 주소를 호출해서 데이터를 받아왔습니다.

이제 5개의 서브 페이지에 각각 방문을 해서 서브 페이지의 데이터를 가지고 와보겠습니다.

```
··· 생략 ···
url = "https://bp.eosgo.io/"

result = requests.get(url =url)
bs_obj = BeautifulSoup(result.content, "html.parser")

lf_items = bs_obj.findAll("div", {"class":"lf-item"})

hrefs = [div.find("a")['href'] for div in lf_items ]

for number in range(0, 5):
    dic_result = get_bp_info(hrefs[number])    print(dic_result)
```

결과

```
{'name': 'GermanEOS', 'location': 'Bonn', 'link': 'http://www.germaneos.de'}
{'name': 'EOSPalliums', 'location': 'Beijing', 'link': 'http://eospalliums.org'}
{'name': 'OracleChain', 'location': 'Beijing', 'link': 'https://oraclechain.io/'}
{'name': 'EOS Anchor Chain', 'location': 'Shenzhen', 'link': '#'}
{'name': 'LibertyBlock', 'location': 'Bhutan', 'link': 'http://libertyblock.io/'}
```

앞에서 만든 서브 페이지에서 이름, 위치, 사이트 주소를 리턴하는 get_bp_info( ) 함수를 불러와서
url을 바꾸면서 호출해주었습니다.

7장

쇼핑몰 크롤링

쇼핑몰 크롤링

이번 장에서는 쇼핑몰의 데이터를 수집해보겠습니다. 매일 1,000개의 상품 정보를 수집해서 가격의 변화, 품절이 되었는지 여부 등을 조사를 하려면 시간이 많이 걸립니다. 상품이 2~30개라면 손으로 할 수도 있지만 1,000개 정도 되는 것을 매일 해야 한다면 자동화하는 방법 밖에 없습니다.

쇼핑몰의 상품 정보는 여러 페이지에 걸쳐 있는 경우가 많습니다. 한 페이지에 모두 넣으면 아직 스크롤을 내리지 않은 페이지까지도 로딩이 되는 등 속도 문제가 있고 자원이 비효율적으로 사용되기 때문에 개발할 때 페이징 기능을 넣어서 속도와 효율성을 모두 잡을 수 있도록 페이지를 설계해놓는 경우가 많습니다.

그래서 한 페이지뿐만 아니고 모든 페이지에 있는 데이터를 수집하고 싶을 때가 있는 데 그 경우에 데이터를 어떻게 수집할 것인지 한번 알아보도록 하겠습니다.

+++++++ 7.1 데이터 수집할 웹사이트 접속하기 +++++++

1. 대상 사이트는 jolse.com이라는 화장품 쇼핑몰입니다. http://jolse.com/ 에 접속합니다.

[그림 7-1] jolse.com 첫 페이지

2. 메뉴에서 [SKINCARE → FACE → TONER/MIST]에 있는 모든 화장품의 데이터를 수집해볼 예정입니다. TONER/MIST를 선택해서 해당 위치로 이동합니다.

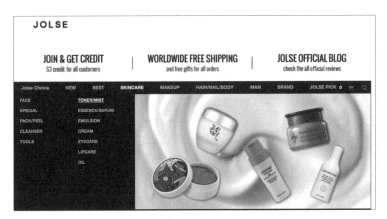

[그림 7-2] 상단 메뉴에서 SKINCARE 선택

3. 토너와 미스트 제품 페이지로 이동을 하였습니다.

이 페이지의 주소는 http://jolse.com/category/tonermist/43/ 이렇게 나옵니다. 이 주소가 중요하기 때문에 잘 기억을 해둡니다.

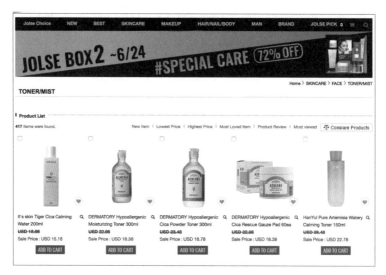

[그림 7-3] 상품 리스트 화면

스크롤을 한번 내려보겠습니다. 그러면 아래쪽에 1, 2, 3, 4, 5 이렇게 페이지를 이동할 수 있도록해 놓았습니다.

[그림 7-4] 페이징

1, 2, 3, 4, 5 이렇게 5개의 페이지 중 1번 페이지에 있는 모든 화장품의 이름과 가격을 수집해보겠습니다.

+++++++++++++ 7.2 페이지 불러오기 +++++++++++++

아까 접속했던 주소 http://jolse.com/category/tonermist/43/ 를 호출해서 bs4로 데이터를 추출하는 방법을 사용할 것입니다.

파이참을 열고 아래 코드를 실행해서 페이지에 있는 데이터를 불러옵니다.

```
import requests
from bs4 import BeautifulSoup

url = "http://jolse.com/category/tonermist/43/"
result = requests.get(url)

bs_obj = BeautifulSoup(result.content, "html.parser")
print(bs_obj)
```

결과

```
<!DOCTYPE html PUBLIC "-//W3C//DTD XHTML 1.0 Transitional//EN" "https://www.w3.org/TR/
xhtml1/DTD/xhtml1-transitional.dtd">

<html lang="en" xml:lang="en" xmlns="https://www.w3.org/1999/xhtml">
<head><meta content="text/html; charset=utf-8" http-equiv="Content-Type"/>
<!-- 구글 웹마스터 -→<meta content="KcOY7fH3cKxhQxFDQv07YmFNCuFPknn0jp7UFgSLCcE"
name="google-site-verification"/><meta content="width=device-width, initial-scale=1.0,
user-scalable=yes, target-densitydpi=device-dpi" name="viewport"/><script
... 생략 ...
```

페이지는 잘 호출이 됩니다.

```
from bs4 import BeautifulSoup
```

위 코드는 bs4라는 라이브러리에서 BeautifulSoup이라는 함수만 불러오겠다는 뜻입니다.

기존에는 import bs4 이렇게 사용했지만 bs4에서 BeautifulSoup만 사용하는 경우가 많기 때문에 조금 더 가독성이 좋게 from bs4 import BeautifulSoup 이렇게 사용하는 경우가 많습니다.

```
bs_obj = BeautifulSoup(result.content, "html.parser")
```

위에서 from을 이용해 BeautifulSoup이 함수만 불러왔기 때문에 함수를 사용할 때도 bs4.
BeautifulSoup( ) 이렇게 사용하지 않고 bs4.을 뺀 BeautifulSoup( )만 사용합니다.

기존에는

```
import bs4
bs_obj = bs4.BeautifulSoup(result.content, "html.parser")
```

이렇게 사용했지만, BeautifulSoup 클래스만 한 개 사용하기 때문에 임포트하는 부분에서 이 한 개
의 클래스를 바로 사용할 수 있는 모양으로 바꾸어 주었습니다. '클래스'는 처음 나왔는 데요 일단은
함수와 비슷한 기능이라고만 알아두시기 바랍니다.

한 페이지에 있는 모든 제품의 이름과 가격을 수집하기 위해 다시 웹 브라우저로 갑니다.
개발자 도구를 열어서 '화장품 이름'이 들어가 있는 부분이 어디인지 찾아보겠습니다.

개발자 도구를 열고 왼쪽 위에 있는 화살표 버튼을 눌러서 제품 이름이 있는 부분을 선택해봅니다.

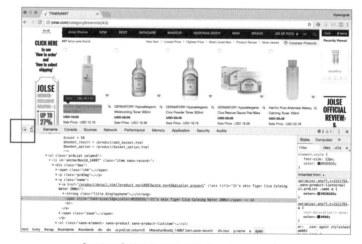

[그림 7-5] 화장품 이름이 들어가 있는 부분 찾기

'It's skin Tiger Cica Calming Water 200ml'가 제품의 이름입니다. 〈span〉태그에 들어 있습니다.

```
▼<ul class="prdList column5"> == $0
  ▼<li id="anchorBoxId_14997" class="item xans-record-">
    ▼<div class="box">
      ▶<span class="chk">…</span>
      ▶<p class="prdImg">…</p>
      ▼<p class="name">
        ▼<a href="/product/detail.html?product_no=14997&cate_no=43&display_group=1" class title="It's sk
        Water 200ml">
          ▶<strong class="title displaynone">…</strong>
          <span style="font-size:12px;color:#555555;">It's skin Tiger Cica Calming Water 200ml</span>
          <br>
        </a>
      ▶<span class="zoom">…</span>
      </p>
      ▶<ul class="xans-element- xans-product xans-product-listitem">…</ul>
      ▶<p class="button">…</p>
    </div>
  </li>
```

[그림 7-6] <ul>태그 안에 <span>이 들어 있는 형태

그리고 이 페이지 전체 화장품 정보는 [그림 7-7]의 맨 윗줄인 〈ul class="prdList column5"〉〈/ul〉 안에 들어 있는 구조입니다. 이 부분에 마우스를 대보면 넓은 영역이 선택된 것을 볼 수 있습니다. 그 러면 이 부분을 bs4로 추출해보겠습니다.

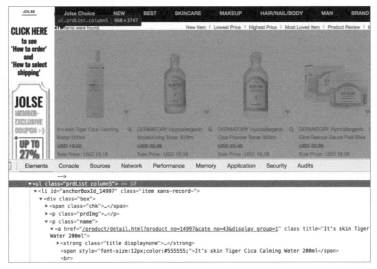

[그림 7-7] prdList column5

태그는 ul이고 class는 'prdList column5'입니다.

```
import requests
from bs4 import BeautifulSoup
```

```
url = "http://jolse.com/category/tonermist/43/"
result = requests.get(url)

bs_obj = BeautifulSoup(result.content, "html.parser")

ul = bs_obj.find("ul", {"class":"prdList column5"})

print(ul)
```

결과

```
<ul class="prdList column5">
<li class="item xans-record-" id="anchorBoxId_14997">
<div class="box">
<span class="chk"><input class="ProductCompareClass xECPCNO_14997 "
type="checkbox"/></span>
<p class="prdImg">
<a href="/product/detail.html?product_no=14997&amp;cate_no=43&amp;display_
group=1&amp;product_no=14997" name="anchorBoxName_14997"><img alt="It's skin
Tiger Cica Calming Water 200ml" class="thumb" src="//jolse.com/web/product/
medium/201806/14997_shop2_15292975350821.jpg" title="It's skin Tiger Cica Calming
Water 200ml"/></a>
 … 생략 …
```

ul 태그가 잘 뽑혔습니다. 결과에 title="It's skin Tiger Cica Calming Water 200ml"/>이 들어있는 걸 보니 화장품 이름이 들어있는 부분을 잘 뽑은 것으로 보입니다.

그러면 조금 더 세부적으로 필요한 부분만 찾아보겠습니다.
필요한 정보는 상품명, 가격, 링크 이렇게 3가지 입니다. 하나씩 찾아보겠습니다.
먼저 상품명부터 찾아볼까요? 이 사이트의 상품명은 약간 응용을 해서 뽑아야 합니다. 왜 그런지 한번 보겠습니다.

[그림 7-8]을 보면개발자 도구로 상품 정보 부분을 찾아보면 한 개의 상품 정보는 <div class="box">에 들어 있습니다.

174

[그림 7-8] <div class="box">안에 들어 있는 상품정보

그러면 ul 태그 안에 있는 모든 〈div class="box"〉를 ul.findAll("div", {"class":"box"})로 찾아보겠습니다.

한 개의 상품을 감싸고 있는 태그가 〈div class="box"〉이고 이 페이지에 상품 개수는 50개입니다. 그래서 50개를 모두 찾으려면 .findAll( )을 이용합니다.

```
… 생략 …
bs_obj = bs4.BeautifulSoup(result.content, "html.parser")

ul = bs_obj.find("ul", {"class":"prdList column5"})
```

```
boxes = ul.findAll("div", {"class":"box"})

for box in boxes:
    print(box)
```

결과

```
<div class="box">
<span class="chk"><input class="ProductCompareClass xECPCNO_15012 "
type="checkbox"/></span>
<p class="prdImg">
<a href="/product/detail.html?product_no=15012&amp;cate_no=42&amp;display_
group=1&amp;pr··· 생략 ···
```

결과에 〈div class="box"〉가 뽑힌 것이 보입니다. 그리고 필요한 정보 중 하나인 상품 링크가 〈a href=""〉안에 들어 있습니다.

그러면 이 box 안에서 상품명을 찾아보겠습니다.

개발자 도구로 상품명을 찾아보면 〈p class="name"〉태그 안에 〈a〉태그 안에 〈span〉으로 들어가 있습니다.

[그림 7-9] 제품 이름이 들어가 있는 부분 찾기

176

이런 형태입니다.

```
<p class="name>
        <a href = "">
                <strong class="title displaynone">···</strong>
                <span style="">상품명</span>
        </a>
</p>
```

그러면 box 안에 있는 〈p class="name"〉을 뽑아보겠습니다.

```
··· 생략 ···
ul = bs_obj.find("ul", {"class":"prdList column5"})

boxes = ul.findAll("div", {"class":"box"})

for box in boxes:
    ptag = box.find("p", {"class": "name"})
    print(ptag)
```

결과

```
<p class="name">
<a class="" href="/product/detail.html?product_no=14997&amp;cate_no=43&amp;display_
group=1" title="It's skin Tiger Cica Calming Water 200ml">
<strong class="title displaynone"><span style="font-size:12px;color:#555555;">Produ
ct</span> :</strong> <span style="font-size:12px;color:#555555;">It's skin Tiger Cica
Calming Water 200ml</span><br/></a>
<span class="zoom"><img alt="View larger image" onclick="zoom('14997', '43', '1','',
'');" src="//img.echosting.cafe24.com/design/skin/admin/en_US/btn_prd_zoom.gif"
style="cursor:pointer"/></span>
</p>··· 생략 ···
```

결과의 맨 윗줄에 보면 〈p class="name"〉있습니다. 우리가 원하는 〈p class="name"〉이 잘 뽑혔습니다.

그리고 그 안에 〈span style="font-size:12px;color:#555555;"〉secretKey Snow White Color Tone Up Cream 30ml〈/span〉 이렇게 제품명이 들어가 있습니다.

그러면 .find( )를 이용해 <span>태그를 뽑아볼까요?

```python
boxes = ul.findAll("div", {"class":"box"})

for box in boxes:
    ptag = box.find("p", {"class": "name"})
    span = ptag.find("span")
    print(span)
```

결과

```
<span style="font-size:12px;color:#555555;">Product</span>
<span style="font-size:12px;color:#555555;">Product</span>
<span style="font-size:12px;color:#555555;">Product</span>
<span style="font-size:12px;color:#555555;">Product</span>
<span style="font-size:12px;color:#555555;">Product</span>
 ··· 생략 ···
```

제품명이 나올 줄 알았는 데 Product라고만 나왔습니다. 우리가 원하는 결과가 아닙니다. 왜 그런지 알아보겠습니다.

+++ 7.3 한 번에 안 뽑히는 경우 인덱스로 접근하기 +++

실제로 웹에서 HTML 형태로 되어 있는 부분의 데이터를 수집하다 보면 이런 경우가 많아서 이 부분을 잘 보셔야 합니다.

개발자 도구로 가서 Product는 어디에 있는지 찾아보겠습니다.

```
▼<p class="name">
  ▼<a href="/product/detail.html?product_no=14997&cate_no=43&display_group=1" c
  Calming Water 200ml">
    ▼<strong class="title displaynone">
        <span style="font-size:12px;color:#555555;">Product</span> == $0
      " :"
    </strong>
    <span style="font-size:12px;color:#555555;">It's skin Tiger Cica Calming Wa
    <br>
  </a>
  ▶<span class="zoom">…</span>
```

[그림 7-10] Product가 있는 부분 찾아보기

화면상으로 바로 보이지는 않지만 〈strong class="title displaynone"〉안 쪽에 〈span〉이 하나 있습니다. 여기에 Product이 들어 있네요.

.find( )는 가장 먼저 만난 태그를 추출하기 때문에 제품명이 들어가 있는 〈span〉을 뽑지 않고 그 앞에 숨어있던 〈span〉을 뽑았습니다.

실제로 개발자 도구를 이용해 찾아도 이렇게 한 번에 내가 원하는 데이터를 뽑을 수 없는 경우가 많습니다. 하지만 화면에 보인다면 어딘가에는 있다는 뜻이고 잘 찾아보면 데이터를 뽑아낼 수 있습니다. 그러면 이런 경우에는 어떻게 해야 할까요?

〈p class="name"〉〈/p〉안에는 총 2개의 〈span〉이 있습니다. 안타깝게도 이 페이지는 첫 번째 〈span〉에 내가 원하는 제품명이 들어있지 않고 두 번째 〈span〉에 들어 있습니다.이럴 때는 .findAll( )을 이용해 모두 뽑은 후에 인덱스(번호)로 접근해보는 게 좋습니다.

```
··· 생략 ···
boxes = ul.findAll("div", {"class":"box"})

for box in boxes:
    ptag = box.find("p", {"class": "name"})
    spans = ptag.findAll("span")
    print(spans)
```

결과

```
[<span style="font-size:12px;color:#555555;">Product</span>, <span style="font-
size:12px;color:#555555;">It's skin Tiger Cica Calming Water 200ml</span>, <span
class="zoom"><img alt="View larger image" onclick="zoom('14997', '43', '1','',
'');" src="//img.echosting.cafe24.com/design/skin/admin/en_US/btn_prd_zoom.gif"
style="cursor:pointer"/></span>]
[<span style="font-size:12px;color:#555555;">Product</span>, <span style="font-siz
e:12px;color:#555555;">DERMATORY Hypoallergenic Moisturizing Toner 300ml</span>,
<span class="zoom"><img alt="View larger image" onclick="zoom('14987', '43', '1','',
'');" src="//img.echosting.cafe24.com/design/skin/admin/en_US/btn_prd_zoom.gif"
style="cursor:pointer"/></span>]
··· 생략 ···
```

결과의 첫 줄에 [〈span 이렇게 시작하는 걸 보면 결과가 [ ]대괄호로 시작하고 끝나는 리스트(list)

형태로 되어 있다고 추측해볼 수 있습니다.

.findAll( )의 결과를 받는 변수 이름을 뒤에 s가 붙은 spans로 바꿔주는 게 덜 헷갈리기 때문에 바꿔주시는걸 권장합니다.

결과에 보면 spans를 출력할 때 [<span></span>, <span></span>] 이런 형태로 출력이 됩니다.
[ ]안에 첫 번째 span에는 Product이 들어 있고 두 번째 span에는 제품명이 들어 있습니다.
[ ]는 리스트 또는 배열이라고 읽습니다.

list = [1, 2] 이런 코드가 있다고 하면 여기에서 2만 꺼낼려면 어떻게 해야 할까요?
print(list[1]) 이렇게 리스트 뒤에 [1] 이렇게 붙여주면 인덱스상으로 1번째에 있는 값을 뽑으라는 뜻입니다. 파이썬 배열(리스트)의 인덱스는 0번부터 시작하기 때문입니다. 첫 번째 값인 1을 뽑으려면 list[0] 이렇게 써주어야 합니다.

그러면 이 방법을 소스코드에 적용해볼까요?

```
··· 생략 ···
for box in boxes:
    ptag = box.find("p", {"class": "name"})
    spans = ptag.findAll("span")
    print(spans[1])
```

결과

```
<span style="font-size:12px;color:#555555;">It's skin Tiger Cica Calming Water 200ml</span>
··· 생략 ···
```

spans[1] 이렇게 하면 제품명이 들어 있는 span이 뽑힙니다. span 태그를 걷어 내고 이름만 뽑아보겠습니다.

```
··· 생략 ···
for box in boxes:
    ptag = box.find("p", {"class": "name"})
    spans = ptag.findAll("span")
    print(spans[1].text)
```

결과

```
It's skin Tiger Cica Calming Water 200ml
DERMATORY Hypoallergenic Moisturizing Toner 300ml
DERMATORY Hypoallergenic Cica Powder Toner 300ml
DERMATORY Hypoallergenic Cica Rescue Gauze Pad 60ea
HanYul Pure Artemisia Watery Calming Toner 150ml
  … 생략 …
```

spans[1].text를 이용해서 제품명을 뽑는 데 성공했습니다.

+++++++++++++++ **7.4 함수로 묶기** +++++++++++++++

우리가 필요한 정보는 제품명, 가격, 링크 이렇게 세가지 였습니다. 이 세가지 정보는 모두 〈div class="box"〉안에 들어 있습니다.

그래서 〈div class="box"〉를 뽑은 후에는 3가지 정보를 한번에 뽑는 로직을 함수(function)로 묶어서 {"name":"~~", "price":"~~", "link":"~~"} 이런 딕셔너리(dictionary)형태로 뽑아내도록 만들어 놓고 모든 페이지에서 상품 정보를 뽑을 때는 이 함수를 호출해서 반복 사용할 예정입니다.

갑자기 함수(function), 딕셔너리(dictionary)등 개념이 나와서 놀라셨죠? 하지만 하나씩 하다보면 모두 할 수 있습니다. 데이터가 많고 페이지가 복잡할 수록 함수를 이용해서 반복되는 작업을 묶어 놓고 호출해서 사용하는 방식으로 만들어 주어야 합니다.

일단은 이름을 뽑는 부분을 함수로 묶어보겠습니다.

```
… 생략 …
ul = bs_obj.find("ul", {"class":"prdList column5"})

boxes = ul.findAll("div", {"class":"box"})

def get_proudct_info(box):
    ptag = box.find("p", {"class": "name"})
    spans = ptag.findAll("span")
    return spans[1].text
```

```
for box in boxes:
    product_info = get_proudct_info(box)
    print(product_info)
```

결과

```
It's skin Tiger Cica Calming Water 200ml
DERMATORY Hypoallergenic Moisturizing Toner 300ml
DERMATORY Hypoallergenic Cica Powder Toner 300ml
DERMATORY Hypoallergenic Cica Rescue Gauze Pad 60ea
HanYul Pure Artemisia Watery Calming Toner 150ml
  ... 생략 ...
```

위 소스코드와 결과는 같습니다. 구조가 바뀌었습니다. 이렇게 결과는 똑같지만 프로그램의 구조를 바꾸는 것을 '리팩토링'이라고 합니다.

> **Tip** '이런 것까지 알아야 하나요?'하는 생각이 들 수도 있지만 답은 '네 그렇습니다.' 입니다. 여러분들은 이 책을 읽기 전까지는 걸어 다니다가 이 책을 읽으면서 자전거 타는 법을 겨우 익히려고 하는 시점입니다. 하지만 저는 또 다시 자동차 운전을 하라고 권하는 상황과 비슷합니다. 그래서 여러분들이 어렵게 생각하실 수도 있습니다. 너무 어렵다고 여기에서 포기하지 말고, 차근차근 해보시면 데이터를 효율적으로 수집하고 관리를 하실 수 있게 되실 테니 힘을 내기 바랍니다.

그럼 소스코드 설명을 좀 해보겠습니다.

```
def get_proudct_info(box):
    ptag = box.find("p", {"class": "name"})
    spans = ptag.findAll("span")
    return spans[1].text

for box in boxes:
    product_info = get_proudct_info(box)
    print(product_info)
```

for문 안 쪽에 있던 내용을 get_proudct_info라는 함수로 분리를 했습니다.

get_proudct_info 함수는 box를 받아서 그 안에서 〈p class="name"〉을 찾은 후에 그 안에 있는 span 2개 중 2번째에 있는 span을 찾은 후 그 안에 있는 .text를 뽑아내는 코드입니다.

앞으로 이 함수 안에 나머지 두 가지 값인 가격과 링크를 뽑아내는 코드를 넣을 예정입니다.

'그냥 for문 안에 쭉 넣으면 안 되나요?'라고 질문할 수 도 있지만 결론부터 말하면 이 페이지만 할거면 그냥 for문 안 쪽에 넣어도 되지만 이 사이트 전체에서 데이터를 수집하려면 안 됩니다.

페이지가 바뀌고 카테고리가 바뀌어도 데이터를 수집해야 하기 때문에 제품별로 데이터 뽑는 부분, 페이지별로 데이터 뽑는 부분, 카테고리별로 데이터 뽑는 부분 이렇게 3가지로 분리해서 반복을 해 주어야 원활하게 데이터를 뽑아낼 수 있습니다.

for문은 box(제품 정보가 들어 있는 부분)의 개수만큼 반복할 것이고 반복문 안 쪽에서는 제품 개수만큼 get_product_info( )를 호출해서 데이터를 계속 받아내는 구조입니다.

그러면 이제 제품명을 뽑았으니 가격을 함께 뽑아보겠습니다.

++++++++++ 7.5 제품명, 가격 함께 뽑기 ++++++++++

이 쇼핑몰은 가격이 두 가지가 있습니다. 하나가 정상 가격, 또 하나가 세일 가격입니다. 모든 제품에 세일 가격이 있기 때문에 세일 가격만 뽑아보겠습니다.

개발자 도구를 열어서 조금 위쪽으로 올려보면 〈div class="box"〉안쪽에 가격이 있는 것은 확실합니다.

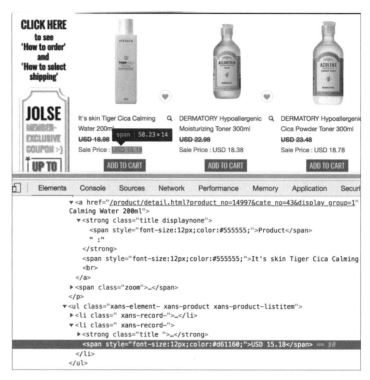

[그림 7-11] 개발자 도구로 가격이 있는 부분 찾기

```
▼<div class="box">
  ▶<span class="chk">...</span>
  ▶<p class="prdImg">...</p>
  ▼<p class="name">
    ▼<a href="/product/detail.html?product_no=14997&cate_no=43&display_group=1"
      Calming Water 200ml">
      ▼<strong class="title displaynone">
          <span style="font-size:12px;color:#555555;">Product</span>
          " :"
        </strong>
        <span style="font-size:12px;color:#555555;">It's skin Tiger Cica Calming
        <br>
      </a>
    ▶<span class="zoom">...</span>
    </p>
  ▼<ul class="xans-element- xans-product xans-product-listitem">
    ▶<li class=" xans-record-">...</li>
    ▼<li class=" xans-record-">
      ▶<strong class="title ">...</strong>
        <span style="font-size:12px;color:#d61160;">USD 15.18</span> == $0
      </li>
```

[그림 7-12] 세일 가격이 있는 부분 찾기

184

```
<div class="box">
··· 생략 ··
        <ul class = "xans-element- ~~~">
                <li></li>
                <li>
                        <strong></strong>
                        <span>USD 15.18</span>
                </li>
        </ul>
</div>
```

구조를 보면 위와 같이 되어 있습니다.

div > ul > li[1] > span 이렇게 div 안 쪽에 ul 안에 두 번째(인덱스는 1) li안에 span 안에 가격이
들어 있습니다.

그러면 먼저 ul부터 뽑아보겠습니다.

```
··· 생략 ···
boxes = ul.findAll("div", {"class":"box"})

def get_proudct_info(box):
    ptag = box.find("p", {"class": "name"})
    spans = ptag.findAll("span")
    ul = box.find("ul")
    print(ul)

    return spans[1].text

for box in boxes:
    product_info = get_proudct_info(box)
    # print(product_info)
```

결과

```
<ul class="xans-element- xans-product xans-product-listitem"><li class=" xans-
record-">

<strong class="title displaynone"><span style="font-size:12px;color:#3464db;font-
weight:bold;">Price</span> :</strong> <span style="font-size:12px;color:#3464db;font-
weight:bold;text-decoration:line-through;">USD 18.98</span><span id="span_product_
tax_type_text" style="text-decoration:line-through;"> </span></li>
```

```
<li class=" xans-record-">
<strong class="title "><span style="font-size:12px;color:#d61160;">Sale Price</span>
:</strong> <span style="font-size:12px;color:#d61160;">USD 15.18</span></li>
</ul>
... 생략 ...
```

get_product_info에 ul = box.find("ul") 이렇게 ul을 뽑아내는 코드를 넣었습니다.
그리고 잘 뽑히는지 확인하기 위해서 그 아래줄에 print(ul)을 넣었습니다.

ul = box.find("ul") 이렇게 조건을 안 주고 ul만 뽑은 이유는 〈div class="box"〉〈/div〉안 쪽에 ul
이 한 개만 있기 때문입니다. 여러 개가 있다면 class 조건을 주거나 조건을 줄 수 없다면 앞에서 했
듯이 .findAll( )을 한 후에 인덱스로 뽑는 방법을 이용해야 합니다.

그리고 for문 안 쪽에 # print(product_info)는 앞에 #을 붙여서 일단은 실행이 안 되도록 주석 처
리를 했습니다. 왜냐하면 콘솔에 여러 가지 정보가 찍히면 헷갈리기 때문입니다. 나중에 #을 빼면
다시 출력이 됩니다.

이제부터는 제품(box)에서 정보를 추출할 때는 get_product_info에 로직을 추가하면 됩니다.
결과에 보니 아래쪽에 USD 15.18이 보입니다. 가격 정보가 들어 있는 부분을 잘 뽑은 것으로 보입
니다.

이제 다른 태그들은 걷어내고 필요한 가격 정보만 뽑아보겠습니다.

```
▼<ul class="xans-element- xans-product xans-product-listitem">
  ▶<li class=" xans-record-">…</li>
  ▼<li class=" xans-record-">
    ▶<strong class="title ">…</strong>
      <span style="font-size:12px;color:#d61160;">USD 15.18</span> == $0
  </li>
  </ul>
▶<p class="button">…</p>
```

[그림 7-13] span태그에 들어 있는 세일 가격

구조를 보니 span을 뽑으면 될 것 같아 보입니다.

186

```
… 생략 ··
def get_proudct_info(box):
    ptag = box.find("p", {"class": "name"})
    spans = ptag.findAll("span")
    ul = box.find("ul")
    span = ul.find("span")
    print(span)

    return spans[1].text
… 생략 ··
```

결과

```
<span style="font-size:12px;color:#3464db;font-weight:bold;">Price</span>
<span style="font-size:12px;color:#3464db;font-weight:bold;">Price</span>
<span style="font-size:12px;color:#3464db;font-weight:bold;">Price</span>
… 생략 …
```

그런데 결과를 보니 앞에 처럼 다른 span이 숨어 있었습니다. 앞에 썼던 방법과 같은 방법으로 .findAll( )로 먼저 뽑은 후 인덱스로 뽑아야 할 것 같습니다.

```
… 생략 ··
def get_proudct_info(box):
    ptag = box.find("p", {"class": "name"})
    spans_name = ptag.findAll("span")
    ul = box.find("ul")
    spans_price = ul.findAll("span")
    print(spans_price[1])

    return spans_name[1].text
… 생략 ··
```

결과

```
<span style="font-size:12px;color:#3464db;font-weight:bold;text-decoration:line-
through;">USD 18.98</span>
<span style="font-size:12px;color:#3464db;font-weight:bold;text-decoration:line-
through;">USD 22.98</span>
<span style="font-size:12px;color:#3464db;font-weight:bold;text-decoration:line-
through;">USD 23.48</span>
```

spans 변수가 이미 있기 때문에 구분을 해주기 위해 각각 spans_name, spans_price로 구분을 해주었습니다.

.findAll( )과 [1]을 이용해 뽑으니 가격이 있는 부분이 잘 추출되었습니다.

.text를 붙여서 가격만 뽑아봅니다.

```
def get_proudct_info(box):
    ptag = box.find("p", {"class": "name"})
    spans_name = ptag.findAll("span")
    ul = box.find("ul")
    spans_price = ul.findAll("span")

    name = spans_name[1].text
    price = spans_price[1].text
    print(price)

    return name

for box in boxes:
    product_info = get_proudct_info(box)
    # print(product_info)
```

결과

USD 18.98

USD 22.98

USD 23.48

··· 생략 ···

가격이 잘 뽑힌 것을 볼 수 있습니다.

이제 보기 쉽게 코드를 정리를 좀 해보겠습니다.

name = spans_name[1].text name변수를 선언 해서 값을 넣어주고
price = spans_price[1].text price변수를 선언해서 가격을 넣어줍니다.

그런데 지금 코드는 문제가 좀 있습니다. get_proudct_info( )를 호출하면 1개의 값만 받을 수 있기 때문입니다.

name 또는 price만 받을 수 있습니다. 그것은 return name 이 부분 때문에 그렇습니다.
return 명령어가 함수를 호출한 곳으로 값을 보내주는 기능인데 지금은 name또는 price만 보낼 수 있습니다.

```
return name
```

또는, 이렇게만 가능합니다.

```
return price
```

그러면 이 두 개를 한번에 보내려면 어떻게 해야 할까요?

딕셔너리(dictionary)를 쓰면 됩니다. 앞에서도 딕셔너리에 대해서 한번 다루었습니다만, 그때는 이걸 왜써야 하는지 와닿지 않았을 수도 있습니다. 하지만 이럴 때 쓰라고 딕셔너리가 있는 것입니다.

한 번 코드에 적용을 해보겠습니다.

```python
def get_proudct_info(box):
    ptag = box.find("p", {"class": "name"})
    spans_name = ptag.findAll("span")
    ul = box.find("ul")
    spans_price = ul.findAll("span")

    name = spans_name[1].text
    price = spans_price[1].text

    return {"name":name, "price":price}

for box in boxes:
    product_info = get_proudct_info(box)
    print(product_info)
```

결과

```
{'name': "It's skin Tiger Cica Calming Water 200ml", 'price': 'USD 18.98'}
{'name': 'DERMATORY Hypoallergenic Moisturizing Toner 300ml', 'price': 'USD 22.98'}
··· 생략 ···
```

딕셔너리 사용 방법은 { }중괄호로 감싸주고 "name", "price"이렇게 이름표를 붙인 후 "name":name : 콜론을 찍고 값을 넣어주면 됩니다.

{"name":name, "price":price} 각 항목은 ,콤마로 구분을 해주면 됩니다.

get_product_info( )는 〈div class="box"〉에서 필요한 정보만 뽑아내는 역할만 합니다. 그리고 데이터 출력은 for문에서 담당합니다. 이렇게 프로그램을 짤 때는 역할 구분을 해주는 게 좋습니다.

++++++++++++++ **7.7 링크 뽑아내기** ++++++++++++++

링크를 수집하면 해당 링크로 접속을 해서 상세 페이지에 있는 데이터를 추가로 수집하는 등에 활용을 할 수 있습니다. 앞에서 수집하고 싶었던 세 가지 정보 중 마지막인 링크를 수집해봅니다.

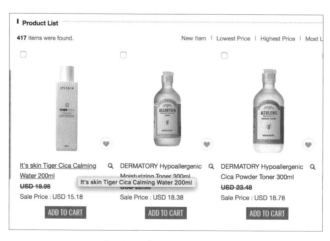

[그림 7-14] 제품 목록 페이지

제품 목록 페이지에서 내가 원하는 상품의 이름을 클릭하면 상세 페이지로 이동을 합니다.

190

[그림 7-15] 상품 상세 페이지

이렇게 상세 페이지로 이동한다면 상세 페이지 주소 '링크'가 있다는 뜻입니다.
상세 페이지로 이동할 때의 링크를 한번 상품 목록페이지에서 찾아보겠습니다.

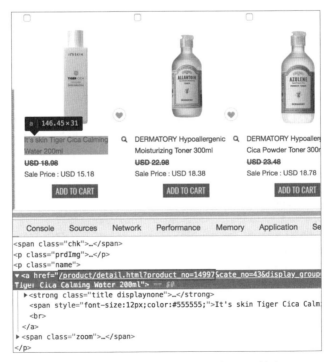

[그림 7-16] 개발자 도구에서 링크가 있는 부분 찾기

개발자 도구를 켜고 상품명쪽을 클릭해서 살펴보면 상품명이 있는 span을 감싸고 있는 〈a href= 〉 안에 "/product/detail.html~~"로 시작하는 링크가 보입니다.

이 링크를 뽑아보겠습니다.

```
··· 생략 ···
def get_proudct_info(box):
    ptag = box.find("p", {"class": "name"})
    spans_name = ptag.findAll("span")
    ul = box.find("ul")
    spans_price = ul.findAll("span")

    name = spans_name[1].text
    price = spans_price[1].text

    atag = box.find("a")
    print(atag)

    return {"name":name, "price":price}

for box in boxes:
    product_info = get_proudct_info(box)
    # print(product_info)
```

결과

```
<a href="/product/detail.html?product_no=14997&amp;cate_no=43&amp;display_
group=1&amp;product_no=14997" name="anchorBoxName_14997"><img alt="It's skin
Tiger Cica Calming Water 200ml" class="thumb" src="//jolse.com/web/product/
medium/201806/14997_shop2_15292975350821.jpg" title="It's skin Tiger Cica Calming
Water 200ml"/></a>

<a href="/product/detail.html?product_no=14987&amp;cate_no=43&amp;display_
group=1&amp;product_no=14987" name="anchorBoxName_14987"><img alt="DERMATORY
Hypoallergenic Moisturizing Toner 300ml" class="thumb" src="//jolse.com/web/product/
medium/201806/14987_shop2_15287793590434.jpg" title="DERMATORY Hypoallergenic
Moisturizing Toner 300ml"/></a>
    ··· 생략 ···
```

for문 안 쪽에 있는 # print(product_info)는 주석 처리했습니다.

```
atag = box.find("a")
print(atag)
```

box에서 a태그를 뽑아보니 잘 뽑히는 것을 볼 수 있습니다.

a태그에서 링크는 href 속성에 들어 있습니다. 속성이라는 말이 처음 나온 것 같은데요 속성은 class, href, id 등 태그 안에 들어 있는 것을 말합니다.

<div class="box">이 태그는 class 속성이 있고 <a href="">이 태그는 href 속성이 있습니다.

링크는 a태그의 href 속성에 들어 있습니다.

그러면 링크만 뽑아내고 name, price와 함께 리턴하기 위해 딕셔너리 안에 넣어보겠습니다.

```python
def get_proudct_info(box):
    ptag = box.find("p", {"class": "name"})
    spans_name = ptag.findAll("span")
    ul = box.find("ul")
    spans_price = ul.findAll("span")

    name = spans_name[1].text
    price = spans_price[1].text

    atag = box.find("a")
    link = atag['href']

    return {"name":name, "price":price, "link":link}

for box in boxes:
    product_info = get_proudct_info(box)
    print(product_info)
```

결과

```
{'name': "It's skin Tiger Cica Calming Water 200ml", 'price': 'USD 18.98', 'link': '/
product/detail.html?product_no=14997&cate_no=43&display_group=1&product_no=14997'}

{'name': 'DERMATORY Hypoallergenic Moisturizing Toner 300ml', 'price': 'USD 22.98',
'link': '/product/detail.html?product_no=14987&cate_no=43&display_group=1&product_
no=14987'}
```

{'name': 'DERMATORY Hypoallergenic Cica Powder Toner 300ml', 'price': 'USD 23.48', 'link': '/product/detail.html?product_no=14983&cate_no=43&display_group=1&product_no=14983'}

for문 안 쪽에 있는 print에 주석을 다시 풀었습니다.

그리고 get_product_info안쪽에 link 변수를 만들고 리턴하는 딕셔너리 안 쪽에 넣어주었습니다.
그러면 for문 안 쪽에서 get_product_info( )를 호출할 때 <div class="box">안에 있는 name, price, link이렇게 3가지를 추출해서 돌려줍니다(return).

+++++ 7.8 한 페이지 데이터를 한 덩어리로 만들기 ++++

이 쇼핑몰은 한 페이지에 50개의 화장품 데이터가 들어 있습니다. 현재 카테고리는 토너미스트 (tonermist)이고 총 5개의 페이지가 있습니다.

지금까지는 한 페이지에 있는 데이터를 수집했지만 총 5개의 페이지에 있는 모든 데이터를 수집하려 면 지금까지 작성한 로직을 1~5페이지 또는 n개의 페이지까지 반복해야 합니다.
반복을 하려면 함수로 한 개로 묶어서 한 줄로 호출할 수 있게 만들어 주어야 합니다.
그리고 결과값도 한페이지에 있는 50개를 한 개로 묶어주어야 합니다.

그러면 먼저 한 페이지에서 수집한 50개의 제품 정보를 한 개의 list([ ])에 넣어보겠습니다.

```python
def get_proudct_info(box):
    ptag = box.find("p", {"class": "name"})
    spans_name = ptag.findAll("span")
    ul = box.find("ul")
    spans_price = ul.findAll("span")

    name = spans_name[1].text
    price = spans_price[1].text

    atag = box.find("a")
    link = atag['href']

    return {"name":name, "price":price, "link":link}
```

```
product_info_list = [get_proudct_info(box) for box in boxes]
```

```
print(product_info_list)
```

결과

```
[{'name': "It's skin Tiger Cica Calming Water 200ml", 'price': 'USD 18.98', 'link': '/
product/detail.html?product_no=14997&cate_no=43&display_group=1&product_no=14997'},
{'name': 'DERMATORY Hypoallergenic Moisturizing Toner 300ml', 'price': 'USD 22.98',
'link': '/product/detail.html?product_no=14987&cate_no=43&display_group=1
··· 생략 ···
```

맨 앞에 [가 추가되었고 맨 뒤에 보면]가 있을 것입니다. 그리고 각 항목은 ,(콤마)로 구분되어 있을
것입니다.

[get_proudct_info(box) for box in boxes] 이 문법은 많은 의미를 포함하고 있지만 한 줄이기 때문
에 처음 본다면 어려울 수 있습니다.

이렇게 두 줄이었던 반복문을,

```
for box in boxes:
    product_info = get_proudct_info(box)
```

한 줄로 만들고

```
get_proudct_info(box) for box in boxes
```

앞뒤에 대괄호를 넣어준 형태입니다.

```
[get_proudct_info(box) for box in boxes]
```

그러면 반복문을 실행한 결과가 리스트([ ]) 안 쪽으로 들어갑니다.

+++ 7.9 한 페이지를 호출하는 부분을 함수로 감싸기 +++

지금까지 작성한 로직은 특정 URL을 입력하면 그 url에 있는 상품 정보를 [ ] 리스트에 넣어주는 기능입니다.

이걸 함수로 묶어서 url을 바꾸어주면 그 URL에 있는 모든 상품 정보를 수집하도록 해야 합니다. 그래야 반복할 수 있습니다.

```python
import requests
import bs4

def get_proudct_info(box):
    ptag = box.find("p", {"class": "name"})
    spans_name = ptag.findAll("span")
    ul = box.find("ul")
    spans_price = ul.findAll("span")

    name = spans_name[1].text
    price = spans_price[1].text

    atag = box.find("a")
    link = atag['href']

    return {"name":name, "price":price, "link":link}


def get_page_products(url):
    result = requests.get(url)
    bs_obj = bs4.BeautifulSoup(result.content, "html.parser")
    ul = bs_obj.find("ul", {"class": "prdList column5"})

    boxes = ul.findAll("div", {"class": "box"})
    product_info_list = [get_proudct_info(box) for box in boxes]

    return product_info_list

url = "http://jolse.com/category/tonermist/43/"
page_products = get_page_products(url)
print(page_products)
```

다시 전체 소스코드입니다. 기존에 사용하던 get_product_info( ) 함수는 위로 올렸습니다. 함수는 위치에 상관 없이 호출하는 시점에 실행됩니다.

그리고 기존에 url에 http 요청(request)을 보내는 코드와 받아온 데이터에서 상품 리스트가 있는 범위만 뽑아오는 코드, 그리고 해당 페이지의 상품 개수만큼 get_product_info( )를 호출하는 부분 까지를 get_page_products( ) 함수 안 쪽에 넣었습니다.

get_page_products( )는 url을 넣으면 해당 페이지에 있는 모든 상품 정보에서 name, price, link 세 가지를 뽑아서 리스트를 만들어 돌려주는 함수입니다.

```
url = "http://jolse.com/category/tonermist/43/"
page_products = get_page_products(url)
```

이 부분입니다. 여기에서 url만 바꾸어 주면 그 페이지에 있는 상품 정보를 모두 받아올 수 있습니다.

+++ 7.10 1페이지부터 5페이지까지 데이터 받아오기 +++

그러면 1페이지부터 5페이지까지 데이터를 한번 받아와 보겠습니다. 데이터를 받아 오려면 먼저 각 페이지의 주소(URL)를 알아야 합니다.

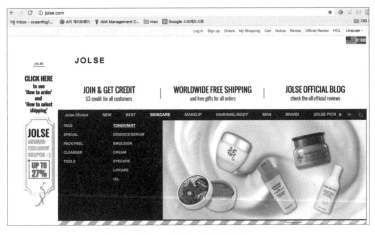

[그림 7-17] jolse 첫 페이지

다시 http://jolse.com/으로 가서 상단 메뉴의 [SKINCARE→FACE→TONER/MIST]로 이동합니다.

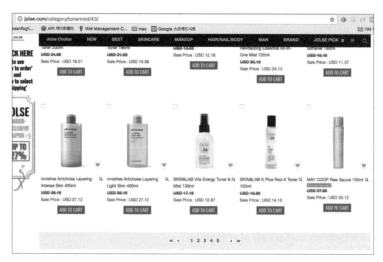

[그림 7-18] 상품 목록 페이지

상단 주소표시줄의 주소를 잘 기억해 두세요. 이 주소입니다.

http://jolse.com/category/tonermist/43/

이동한 후에 아래 쪽으로 내려보면 페이지 번호를 선택하는 기능이 있습니다.

지금은 1페이지에 있으니 2페이지로 이동하기 위해 숫자 '2'를 클릭해봅니다.

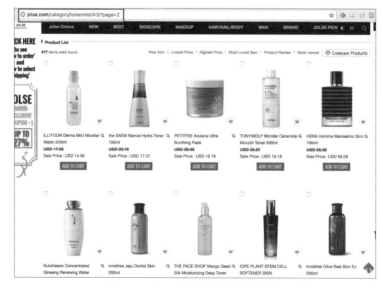

[그림 7-19] 2페이지로 이동했을 때 URL

그러면 두 번째 페이지로 이동합니다. 그리고 상단 주소표시줄을 다시 한번 볼까요?

http://jolse.com/category/tonermist/43/?page=2

주소가 조금 바뀌었습니다.

원래는 http://jolse.com/category/tonermist/43/이 주소였는 데 뒤에 '?page=2' 라는 게 붙었습니다.
다시 스크롤을 내려서 아래로 이동해봅니다.

[그림 7-20] 2번 페이지 선택

2번 페이지가 선택이 되어 있습니다. 1번 페이지를 다시 선택해볼까요?

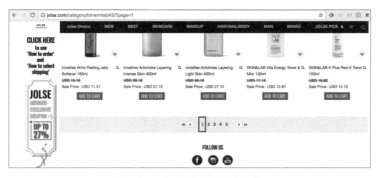

[그림 7-21] 1번 페이지 다시 선택

상단에 주소를 보시면 http://jolse.com/category/tonermist/43/?page=1 이렇게 되어 있습니다.
?page=2가 ?page=1 로 바뀌었습니다.

페이지가 바뀌면서 ?page=1 이 부분이 ?page=2, ?page=3 이렇게 바뀌는 규칙이 있는 것을 발견 할 수 있습니다.

그러면 http://jolse.com/category/tonermist/43/?page=1 이 주소를 호출했을 때 데이터가 잘 오는 지 한번 보겠습니다.

```
… 생략 …
def get_proudct_info(box):
        <생략>

def get_page_products(url):
    result = requests.get(url)
    bs_obj = bs4.BeautifulSoup(result.content, "html.parser")
    ul = bs_obj.find("ul", {"class": "prdList column5"})

    boxes = ul.findAll("div", {"class": "box"})
    product_info_list = [get_proudct_info(box) for box in boxes]

    return product_info_list

url = "http://jolse.com/category/tonermist/43/?page=1"
page_products = get_page_products(url)
print(page_products)
```

결과

```
[{'name': "It's skin Cera Routine Moisturizer 150ml", 'price': 'USD 17.48', 'link': '/
product/detail.html?product_no=15105&cate_no=43&display_group=1&product_no=15105'},
{'name': "It's skin Cera Routine Essential Toner 200ml", 'price': 'USD 18.48',
 'link': '/product/detail.html?product_no=15103&cate_no=43&display_group=1&product_
no=15103'}, {'name': "It's skin Tiger Cica Calming Water 200ml", 'price': 'USD 18.98',
 'link': '/product/detail.html?product_no=14997&cate_no=43&display_group=1&product_
no=14997'},
… 생략 …
```

결과가 똑같이 나옵니다.

페이지가 1번부터 5번까지 있으므로, 주소를 복사해서 페이지가 5페이지까지 있기 때문에 5개를 만들어보겠습니다.

```
… 생략 …
def get_proudct_info(box):
        …


def get_page_products(url):
        …


urls =[
    "http://jolse.com/category/tonermist/43/?page=1",
    "http://jolse.com/category/tonermist/43/?page=2",
    "http://jolse.com/category/tonermist/43/?page=3",
    "http://jolse.com/category/tonermist/43/?page=4",
    "http://jolse.com/category/tonermist/43/?page=5"
]

page_products = get_page_products(urls[0])
print(page_products)
```

결과

```
[{'name': "It's skin Cera Routine Moisturizer 150ml", 'price': 'USD 17.48', 'link': '/
product/detail.html?product_no=15105&cate_no=43&display_group=1&product_no=15105'},
{'name': "It's skin Cera Routine Essential Toner 200ml", 'price': 'USD 18.48',
'link': '/product/detail.html?product_no=15103&cate_no=43&display_group=1&product_
no=15103'}, {'name': "It's skin Tiger Cica Calming Water 200ml", 'price': 'USD 18.98',
'link': '/product/detail.html?product_no=14997&cate_no=43&display_group=1&product_
no=14997'},
… 생략 …
```

urls에 주소를 5개 넣었습니다. 기존에는 url = http://~~ 이렇게 넣었었지만 url이 여러 개 들어 있기 때문에 구분해주기 위해서 urls라고 변수 이름을 지정해주었습니다.

그 중에서 첫 번째고 인덱스로는 0번째에 있는 주소 urls[0]을 뽑아서 1번 페이지에 있는 화장품 데이터를 추출하였습니다.

1페이지부터 5페이지까지 모두 수집하려면 어떻게 해야 할까요?

[ ] 리스트 안에 들어 있는 내용은 반복문을 이용해서 하나씩 꺼낼 수 있습니다.


```
… 생략 …
def get_proudct_info(box):
        …
```

```
def get_page_products(url):
    ...

urls =[
    "http://jolse.com/category/tonermist/43/?page=1",
    "http://jolse.com/category/tonermist/43/?page=2",
    "http://jolse.com/category/tonermist/43/?page=3",
    "http://jolse.com/category/tonermist/43/?page=4",
    "http://jolse.com/category/tonermist/43/?page=5"
]

for page_number in range(0, 5):
    page_products = get_page_products(urls[page_number])
    print(page_products)
```

결과

```
[{'name': "It's skin Cera Routine Moisturizer 150ml", 'pri … 생략 …
[{'name': 'MAY COOP Raw Sauce 150ml', 'price': 'USD 37.65', … 생략 …
[{'name': 'THE FACE SHOP Dr.Belmeur Daily Repair Toner 200ml', … 생략 …
[{'name': 'Innisfree No Sebum Toner 200ml', 'price': 'USD 19.66', … 생략 …
[{'name': 'Missha White Cure Special Gift Set 3item', 'price': 'USD 75.16', … 생략 …
```

다섯 페이지를 호출한 결과가 각각 list로 나와서 총 5개의 list가 나왔습니다.

이렇게 하면 한 개의 카테고리에 있는 모든 페이지의 제품 정보를 수집할 수 있습니다.

시간도 얼마 안 걸립니다.

```
print(len(page_products), page_products)
```

출력하는 부분에 len( )를 이용해서 item 개수를 셀 수 있습니다. 위와 같이 print문을 바꾸어 보면
결과가 아래와 같이 개수도 같이 알 수 있습니다.

결과

```
50 [{'name': "It's skin Cera Routine Moisturizer 150ml", 'pri … 생략 …
50 [{'name': 'MAY COOP Raw Sauce 150ml', 'price': 'USD 37.65', … 생략 …
50 [{'name': 'THE FACE SHOP Dr.Belmeur Daily Repair Toner 200ml', … 생략 …
50 [{'name': 'Innisfree No Sebum Toner 200ml', 'price': 'USD 19.66', … 생략 …
50 [{'name': 'Missha White Cure Special Gift Set 3item', 'price': 'USD 75.16', … 생략 …
```

각 페이지당 50개의 제품 정보가 추출이 되었습니다. 위에서 만든 get_proudct_info( )는 총 250번이 실행되었고 250개의 제품 정보를 수집하는 데는 5초가 채 걸리지 않았습니다.

만약 여러분들이 매일 250개의 상품 가격 정보를 수집해서 분석해야 한다면 이렇게 프로그래밍을 이용해 자동화를 하지 않았을 때는 시간을 아주 많이 써야 하지만 프로그래밍을 공부하는 데 시간이 걸리고 어려워도 한번 배워 놓으면 시간을 많이 아낄 수 있습니다.

JSON 데이터 다루기

8장

JSON 데이터 다루기

API에서 데이터를 호출하면 JSON 형태로 되어 있습니다. JSON 형태의 데이터를 다루는 방법을 알면 JSON 형태의 API를 호출한 결과를 이용할 수 있습니다. JSON 형태의 데이터를 웹에서 받아오고 그 데이터에서 필요한 정보만 추출하는 과정을 해볼겁니다.

이번 장에서는 JSON이라는 데이터 형식이 어떻게 구성되어 있고 어떻게 사용하는지에 대해 배워보도록 하겠습니다. 시작해볼까요?

++++++++++++++++++ **8.1 JSON** ++++++++++++++++++

JSON(Javasript Object Notation)이란 자바스크립트에서 데이터 객체를 표현하는 방법을 말합니다. '제이선, 제이썬, 제이슨' 등으로 읽습니다. 자바스크립트(javascript)라는 언어가 있습니다. 하지만 이 책은 파이썬 언어에 대해 다루므로 자세히 설명하지는 않겠습니다.

자바스크립트에서 사용하는 데이터를 표현할 때 사용하는 방법이었는 데 이게 생각보다 간결하고 길이도 다른 것에 비해서(xml 등) 짧습니다. 다른 표현 방법에 비해 비교적 사람이 알아보기 쉬워서 자바스크립트 말고 다른 곳에서도 많이 쓰게 되었습니다. 물론 비교적 쉽다는 것이지 처음부터 쉽다는 것은 아닙니다.

그러면 이제 제이선(JSON)에 대해서 하나씩 알아보겠습니다.

```
{list:[
        {"name":"kyeongrok", "age":"32"},
        {"name":"bomi", "age":"25"},
        {"name":"cl", "age":"27"}
    ]
  }
```

보통은 위와 같은 식으로 많이 사용합니다. 처음 본다면 잘 이해할 수 없어서 하나씩 알아보겠습니다.

JSON에서 맨 뒤의 'N'은 노테이션(Notation)입니다. 한글로 번역하면 '표기법'입니다. 어떤 것을 표현하는 방법입니다. 뒤에서 두 번째 O는 오브젝트(Object)로써 말 그대로 '어떤 것'인데 쉽게 말해서 '데이터'라고 생각하시면 됩니다.

그러면 제이선(json)으로 사람을 한 번 표현 해보도록 하겠습니다.

{"name":"kyeongrok"}

JSON으로 한 명의 사람을 가장 간단하게 표현해 보았습니다.

{중괄호로 시작해서 }중괄호로 끝나고
key("name"), value("kyeongrok")로 되어 있는 것

이 코드는 어디서 많이 보지 않았나요?

{"class":"an_l"}위에 예제를 할 때 .find( ) 쓸 때 사용했던 표현 방식입니다. 프로그래밍, 제이선 등은 구구단처럼 처음에 익힐 때는 시간이 걸리지만 계속 평생 사용하기 때문에 시간을 들여볼만 합니다.

제이선은 파이썬에서 뿐만 아니고 API를 호출해서 결과를 받을 때도 쓰이는 등 쓰임새가 많아 한번 공부해두면 데이터 분석할 때 잘 쓸 수 있습니다.

위에서는 {"name":"kyeongrok"}이렇게 이름 한 가지만 넣어보았습니다. 조금 더 많은 내용을 넣어 볼까요?

```
{"name":"kyeongrok",  "age":"32"}
```

{ }안에는 name(이름)과 age(나이) 두 가지가 들어갔습니다. 구분할 때는 ,(콤마)로 구분합니다.
{ }중괄호 안에 ,(콤마)로 구분해놓은 것들 그러니까 name(이름)과 age(나이)는 각각 element(엘리먼트)또는 item(아이템)이라고 부릅니다.

{ }는 한 개(one)라는 의미에서 1과 같습니다.

```
1
```

이것은 리스트 안에 1명의 사람(item)이 들어가 있는 형태입니다.

```
[{"name":"kyeongrok",  "age":"32"}]
```

위와 구조가 같습니다. 1이라는 숫자(item)이 한 개가 들어 있는 형태입니다.

```
[1]
```

[{"name":"kyeongrok", "age":"32"}]에 엔터를 쳐서 가독성을 높여보겠습니다.

```
[
        {"name":"kyeongrok",  "age":"32"}
]
```

[1]에 엔터를 쳐보면 아래와 같이 표현할 수 있습니다.

```
[
        1
]
```

둘의 비슷한 점은 1도, { }도 한 개라는 것입니다. { }안에 있는 내용은 길어서 한 개처럼 안 보이지만 한 개입니다.

두 개일 때는 어떨까요?

```
[1, 2]
```

이렇게 1과 2, 두 개의 아이템이 들어 있습니다.

```
[{"name":"kyeongrok", "age":"32"}, {"name":"bomi", "age":"25"}]
```

이것도 아이템이 2개입니다. { } 이게 한 개의 아이템이고 { }가 두 개 들어 있으니 두 개의 아이템이 들어 있습니다.

엔터를 쳐보면 아래와 같이 표현할 수 있습니다.

```
[
{"name":"kyeongrok", "age":"32"},
{"name":"bomi", "age":"25"}
]
```

✛✛✛✛✛✛✛✛✛ 8.2 JSON 형식을 표로 표현하기 ✛✛✛✛✛✛✛✛

JSON의 표현 방식을 '표'로 표현해보겠습니다.

Name	Age
Kyeongrok	32
Bomi	25

```
[
     1,
     2
]
```

위에 1, 2가 들어 있는 리스트(list)를 표로 표현하면 어떻게 될까요? 이렇게 표로 표현할 수 있습니다.

1
2

Name	Age	Math
Kyeongrok	32	90
Bomi	25	85

그러면 위의 표를 JSON으로 표현해볼까요?

일단은 표는 일종의 목록이기 때문에 [ ] 대괄호로 리스트를 만듭니다.

```
[
]
```

그리고 목록에는 2명분의 데이터가 들어가 있습니다.

```
[
    { },
    { }
]
```

그래서 이렇게 { } 중괄호 한 개가 1명에 해당하므로 두 개를 넣어줍니다. 각각 아이템(item)은 ,(콤마)로 구분합니다.

그리고 표의 열 제목을 보니 총 3가지가 있네요. name, age, math 각각 이름, 나이, 수학 점수입니다.

그래서 각 { } 안에는 {"name":"", "age":"", "math":""} 이렇게 들어갑니다.

```
[
    {"name":"", "age":"", "math":""},
    {"name":"", "age":"", "math":""}
]
```

그리고 표에 있는 내용을 ""사이에 넣어주면 됩니다.

```
[
    {"name":"kyeongrok", "age":"32", "math":"90"},
    {"name":"bomi", "age":"25", "math":"85"}
]
```

JSON에 대해서 알아보았으니 이제는 파이썬에서 JSON을 어떻게 다루는지 한번 알아보겠습니다.

```python
import json
json_str = '[{"name":"kyeongrok", "age":"32"}]'
json_obj = json.loads(json_str)

print(json_obj)
```

결과
```
[{'name': 'kyeongrok', 'age': '32'}]
```

첫 번째 줄에 import json을 이용해 json이라는 패키지를 불러왔습니다. 이 json 패키지는 json형태의 데이터를 파이썬에서 사용할 수 있도록 해줍니다.

json.loads( )를 이용해 JSON 형태로 되어있는 text를 json 오브젝트로 만들어 줄 수 있습니다. 여기에서 오브젝트는 파이썬에서 다룰 수 있는 형태라고 생각하시면 됩니다.

파이썬에서 다룰 수 있다는 뜻은 인덱스(순서)를 이용해 접근을 하거나 key(키)로 접근을 할 수 있다는 뜻입니다. 이것에 대해서는 다음 소스코드를 보면서 알아보겠습니다.

```python
import json
json_str = '[{"name":"kyeongrok", "age":"32"}]'
json_obj = json.loads(json_str)

print(json_obj)
print(json_obj[0])
```

결과
```
[{'name': 'kyeongrok', 'age': '32'}]
{'name': 'kyeongrok', 'age': '32'}
```

결과의 첫 번째 줄과 두 번째 줄은 뭐가 다를까요?
첫 번째 줄에는 [ ]가 있고 두 번째 줄에는 [ ]가 없습니다.

json_obj[0]을 사용하면 json_obj에 들어 있는 항목 중에 첫 번째 있는 항목을 선택하라는 뜻입니다. 왜 1이 아니고 0을 사용했는가 하면 파이썬 배열은 순서를 셀 때 0번부터 세기 때문입니다.

json_obj[0]이 코드가 인덱스(순서)를 이용해 json 오브젝트에서 값을 꺼내는 방법입니다.

```
import json
json_str = '[{"name":"kyeongrok", "age":"32"}, {"name":"bomi", "age":"25"}]'
json_obj = json.loads(json_str)

print(json_obj[1])
print(json_obj[0:2])
```

결과

```
{'name': 'bomi', 'age': '25'}
[{'name': 'kyeongrok', 'age': '32'}, {'name': 'bomi', 'age': '25'}]
```

이 예제는 데이터가 바뀌었습니다.

리스트[ ]에 kyeongrok 한 명만 들어 있었는 데 bomi가 추가되었습니다.

list기준으로는 item이 두 개. 왜냐하면 중괄호가 두 개이기 때문입니다. 그리고 ,(콤마)로 구분되어 있습니다.

item이 2개라서 위처럼 json_obj[2]로 데이터를 뽑아내려고 시도할 수 있습니다. 하지만 item이 두 개인데 json_obj[2] 이렇게 뽑으면 아래와 같은 에러가 납니다.

```
print(json_obj[2])
```

list는 0번 index부터 시작하기 때문에 두 번째 item을 뽑고 싶다면 json_obj[1] 이렇게 뽑아야 합니다.

```
IndexError: list index out of range
```

0, 1 이렇게 [0], [1] 대괄호 안에 써준 숫자들을 인덱스(index)라고 합니다.

```
print(json_obj[0:2])
```

이 코드는 0번보다는 크고 2번보다는 작은 인덱스의 데이터를 뽑으라는 명령입니다. 그래서 0, 1 인덱스에 있는 두 개의 데이터가 출력이 됩니다. 물론 지금은 데이터가 두 개밖에 없어서 차이를 못느

212

끼실 수도 있지만 이렇게 인덱스 범위를 지정해 주는 기능은 앞으로 쓸 일이 많이 있으니 꼭 한번 해 보시기 바랍니다.

```python
import json
json_str = '[{"name":"kyeongrok", "age":"32"}, {"name":"bomi", "age":"25"}]'
json_obj = json.loads(json_str)

print(json_obj[0])
print(json_obj[0]['name'])
print(json_obj[0]['age'])
```

결과

```
{'name': 'kyeongrok', 'age': '32'}
kyeongrok
32
```

소스코드에서 print를 총 3번 사용했기 때문에 결과에도 총 3줄이 출력이 되었습니다. 결과의 첫 번째 줄은 json_obj 안에 0번째에 들어 있는 전체 데이터를 출력한 것입니다.

두 번째 줄은 json_obj[0]에서 'name'을 출력한 것이고 세 번째 줄은 json_obj[0]에서 'age'를 출력한 것입니다.

이번에는 반복문을 이용해서 데이터를 출력해보겠습니다.

```python
import json
json_str = '[{"name":"kyeongrok", "age":"32"}, {"name":"bomi", "age":"25"}]'
json_obj = json.loads(json_str)

for student in json_obj:
    print(student)
```

결과

```
{'name': 'kyeongrok', 'age': '32'}
{'name': 'bomi', 'age': '25'}
```

앞에서 출력한 결과

```
[{'name': 'kyeongrok', 'age': '32'}, {'name': 'bomi', 'age': '25'}]
```

결과를 보시면 앞에서 출력한 결과와 다르게 [ ]가 없고 엔터가 쳐져 있습니다.

결과에 출력된 각각 {'name': 'kyeongrok', 'age': '32'}, {'name': 'bomi', 'age': '25'}은 각각 student입니다.

그러면 이 student에서 name만 뽑아서 출력해보겠습니다.

```python
import json
json_str = '[{"name":"kyeongrok", "age":"32"}, {"name":"bomi", "age":"25"}]'
json_obj = json.loads(json_str)

for student in json_obj:
    print(student['name'])
```

결과
```
kyeongrok
bomi
```

결과에 이름만 출력된 것을 볼 수 있습니다.

두 가지 이름, 나이를 한 번에 출력해보겠습니다.

```python
import json
json_str = '[{"name":"kyeongrok", "age":"32"}, {"name":"bomi", "age":"25"}]'
json_obj = json.loads(json_str)

for student in json_obj:
    print(student['name'], student['age'])
```

결과
```
kyeongrok 32
bomi 25
```

결과에 이름과 나이가 함께 출력된 것을 볼 수 있습니다.

print( )를 쓸 때, ,(콤마)를 이용해 여러 개의 값을 넣으면 한 번에 여러 개의 값을 출력해줍니다.

엑셀에서 데이터 나누기를 할 수 있게 데이터를 가공해보겠습니다.

214

```
import json
json_str = '[{"name":"kyeongrok", "age":"32"}, {"name":"bomi", "age":"25"}]'
json_obj = json.loads(json_str)

for student in json_obj:
    print(student['name'] + "," + student['age'])
```

결과
```
kyeongrok, 32
bomi, 25
```

+ "," +를 이용하면 출력하면서 ,(콤마)를 넣어서 출력할 수 있습니다. 이렇게 출력을 하면 특정 기호를 이용해 '데이터 나누기' 기능을 사용할 수 있습니다.

+++++++ **8.4 엑셀에 데이터 넣고 데이터 나누기** ++++++

파이참 콘솔에 출력된 데이터를 엑셀에 넣어서 작업을 할 수도 있습니다. 파이썬에서 모든것을 다 할 필요는 없습니다. 익숙한 툴을 이용하는 게 더 효율적인 경우가 많기 때문입니다.

앞에 결과에서 나온 데이터를 엑셀에 넣어서 처리 해보겠습니다.

```
kyeongrok,32
bomi,25
```

간단한 형태라서 실제로 이렇게 두 줄을 처리할 일은 없지만 예제이기 때문에 한 번 해보시기 바랍니다.

1. 위 데이터를 복사해서 엑셀에 넣습니다.

2. 상단 메뉴에서 [데이터 → 텍스트 나누기]를 선택합니다. 화면은 맥용이긴 하지만 윈도우용과 똑같기 때문에 윈도우에서 해도 됩니다.

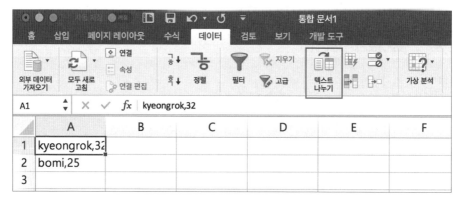

[그림 8-1] 엑셀에 데이터 복사해서 붙여넣기

3. '구분 기호로 분리됨'을 선택합니다.

텍스트 마법사 - 3단계 중 1단계

데이터가 구분 기호로 분리됨(으)로 설정되어 있습니다.

데이터 형식이 올바로 선택되었다면 [다음] 단추를 누르고, 아닐 경우 적절하게 선택하세요.

◉ 구분 기호로 분리됨   - 각 필드가 쉼표나 탭과 같은 문자로 나누어져 있습니다.
◯ 너비가 일정함   - 각 필드가 일정한 너비로 정렬되어 있습니다.

선택한 데이터 미리 보기:

선택한 데이터 미리 보기:

```
1 kyeongrok,32
2 bomi,25
3
4
5
```

| 취소 | < 뒤로 | 다음 > | 마침 |

[그림 8-2] 데이터 나누기

216

4. 데이터가 ,(콤마)로 분리가 되어 있기 때문에 '쉼표'를 선택합니다. 다른 기호 예를 들어 @와 같은 기호로 되어 있다면 '기타'를 선택하고 @를 넣으면 됩니다. 〈다음〉을 누릅니다.

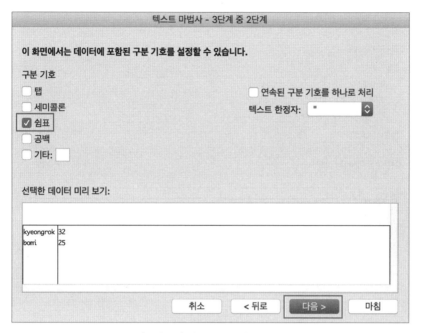

[그림 8-3] 쉼표로 데이터 나누기

5. 데이터가 어떻게 나누어질지를 미리보기로 보여줍니다. 〈마침〉을 누릅니다.

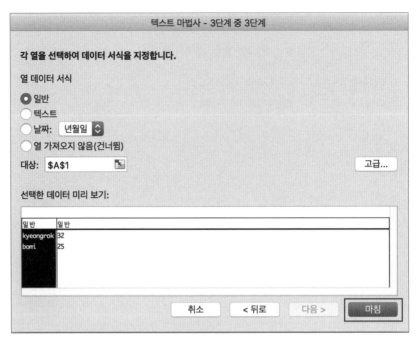

[그림 8-4] 미리보기

	A	B	C	D
1	kyeongrok	32		
2	bomi	25		
3				
4				
5				
6				

[그림 8-5] 데이터 나누기 한 결과

kyeongrok,32
bomi,25

이렇게 붙어 있던 데이터가 엑셀에는 열별로 나누어졌습니다.

9장

네이버 API 이용하기

네이버 API 이용하기

네이버에서는 API 서비스를 제공합니다. API 서비스는 네이버에서 제공하는 서비스를 API 형태로 제공해줍니다. API는 호출하면 데이터를 제공하는 서비스라고 생각하시면 됩니다.

호출할 때 주소와 옵션 등을 같이 넣고 호출하면 그에 맞는 서비스에서 구축해놓은 데이터베이스에서 불러와서 보여줍니다. 가령, 네이버 검색 결과 API를 호출할 때 페이지 수를 입력하고 호출하면 입력한 만큼의 페이지에 있는 데이터를 보내줍니다.

+++++++++++ 9.1 애플리케이션 등록하기 +++++++++++

네이버 API를 호출하려면 API 토큰과 시크릿이 있어야 합니다. API 토큰, API 시크릿은 신청해서 발급 받아야 합니다. 클릭 몇 번만 하면 할 수 있기 때문에 바로 해보겠습니다.

먼저 '네이버 개발자센터'로 들어갑니다. 네이버나 구글에 검색해서 들어가도 되고 https://developers.naver.com/ 이 주소로 들어가도 됩니다.

[그림 9-1] 네이버 개발자센터 들어가기

상단 메뉴에서 [Application → 애플리케이션 등록]으로 들어갑니다.

[그림 9-2] 애플리케이션 등록

그러면 [그림 9-3] 화면이 나옵니다. '애플리케이션 이름'을 입력합니다. 저는 hello라고 했습니다.

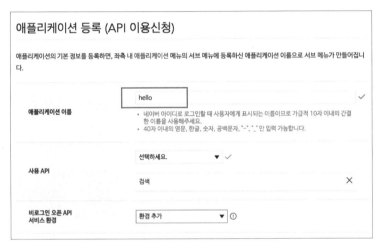

[그림 9-3] 애플리케이션 등록

그리고 '사용 API'는 '검색'을 선택해줍니다. 여러 서비스가 있지만 일단은 그나마 가장 친숙하고 간단한 '검색'만 선택해보겠습니다.

'비로그인 오픈 API'는 '환경 추가'를 눌러서 'Android 설정'을 선택하고 '안드로이드 앱 패키지 이름'을 정해줍니다. 저는 com.hello 라고 했습니다. 원하는 이름을 정해주면 됩니다. 그리고 '등록하기'를 누르면 '애플리케이션 등록'이 완료됩니다.

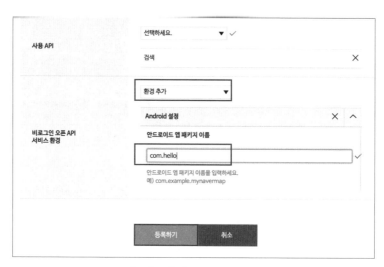

[그림 9-4] 패키지명 입력하기

'애플리케이션 등록'이 완료되면 [그림 9-5] 화면이 나옵니다.

여기에서 'Client ID'와 'Client Secret'이 각각 API 토큰과 API 시크릿 입니다.

| Application | API 이용을 위해 애플리케이션을 등록하고 API 설정을 할 수 있습니다. |

hello

| 개요 | API 설정 | 멤버관리 | 로그인 통계 | API 통계 | Playground (Beta) |

애플리케이션 정보

| Client ID | JyP8ZGwBvgwzajxGWs7m |
| Client Secret | ·········· [보기] |

[그림 9-5] Client ID, Client Secret 확인하기

'Client Secret'을 확인하려면 <보기> 버튼을 누르면 됩니다. 나중에 사용하기 위해서 두 가지 값을 자신만 볼 수 있는 곳에 메모해두거나 접근하는 방법을 잘 알아 두기 바랍니다.

다시 확인하려면 [네이버 개발자센터 → 'Application' → 〈자신의 Client ID〉] 순으로 이동하면 확인할 수 있습니다. Client ID를 선택하면 애플리케이션 정보를 볼 수 있는 화면으로 이동합니다.

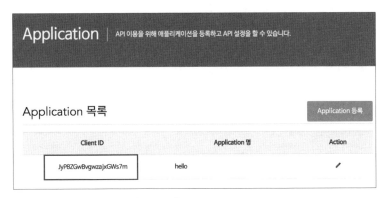

[그림 9-6] Client ID 누르기

Client ID와 Secret을 다시 확인할 수 있습니다.

[그림 9-7] 애플리케이션 정보 확인하기

주의 Client ID, Client Secret 두 가지는 남에게 절대 노출하면 안 됩니다. 저는 책에는 다 보이도록 해놓았지만 책을 쓰고 나서는 초기화시켰습니다.

+++++++++++++ 9.2 API 주소 알아보기 +++++++++++++

'네이버 검색 API'를 호출해보도록 하겠습니다. 호출을 하려면 해당 API의 주소를 알아야 합니다.
API의 주소는 Document(문서)안에 설명과 함께 들어있습니다.

1. 상단 [메뉴 → Documents → '검색']을 선택합니다.

[그림 9-8] API 주소 알아내기

2. 그러면 [그림 9-9] 화면이 나옵니다. 스크롤을 내려봅니다.

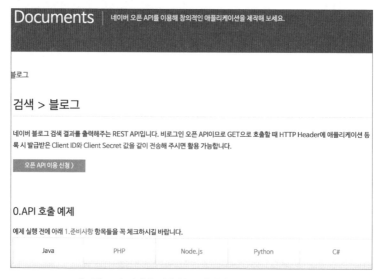

[그림 9-9] 검색을 이용하는 방법이 나와있는 페이지

3. 아래로 스크롤을 내려보면 이런 화면이 나옵니다. 각 언어별로 호출할 수 있는 방법이 탭으로 구분되어 있습니다. 우리는 파이썬으로 하기 때문에 'Python'을 선택합니다.

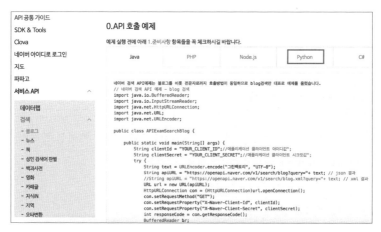

[그림 9-10] 호출 예제에서 파이썬 선택하기

```
0. API 호출 예제

예제 실행 전에 아래 1.준비사항 항목들을 꼭 체크하시길 바랍니다.

    Java          PHP          Node.js        Python          C#

# 네이버 검색 API예제는 블로그를 비롯 전문자료까지 호출방법이 동일하므로 blog검색만 대표로 예제를 올렸습니다.
# 네이버 검색 Open API 예제 - 블로그 검색
import os
import sys
import urllib.request
client_id = "YOUR_CLIENT_ID"
client_secret = "YOUR_CLIENT_SECRET"
encText = urllib.parse.quote("검색할 단어")
url = "https://openapi.naver.com/v1/search/blog?query=" + encText # json 결과
# url = "https://openapi.naver.com/v1/search/blog.xml?query=" + encText # xml 결과
request = urllib.request.Request(url)
request.add_header("X-Naver-Client-Id",client_id)
request.add_header("X-Naver-Client-Secret",client_secret)
response = urllib.request.urlopen(request)
rescode = response.getcode()
if(rescode==200):
    response_body = response.read()
    print(response_body.decode('utf-8'))
else:
    print("Error Code:" + rescode)
```

[그림 9-11] 파이썬 호출 예제 코드

```
import urllib.request
client_id = "<Client ID>"
client_secret = "<Client Secret>"
encText = urllib.parse.quote("<검색할 키워드>")
url = "https://openapi.naver.com/v1/search/blog?query=" + encText # json 결과
```

```
request = urllib.request.Request(url)
request.add_header("X-Naver-Client-Id",client_id)
request.add_header("X-Naver-Client-Secret",client_secret)
response = urllib.request.urlopen(request)
rescode = response.getcode( )
if(rescode==200):
    response_body = response.read( )
    print(response_body.decode('utf-8'))
else:
    print("Error Code:" + rescode)
```

네이버에서 제공하는 API를 호출하는 예제 코드입니다. '9.1 애플리케이션 등록하기'에서 받은
〈Client ID〉, 〈Client Secret〉을 넣어주어야 호출이 됩니다.

한번 넣고 호출 해보겠습니다.

```
# 네이버 검색 API예제는 블로그를 비롯 전문자료까지 호출방법이 동일하므로 blog검색만 대표로 예제
를 올렸습니다.
# 네이버 검색 Open API 예제 - 블로그 검색
import urllib.request

client_id = "H1DC13DICQ8zIK84XwWn"
client_secret = "8sUQqFukKQ"
encText = urllib.parse.quote("강남역")
url = "https://openapi.naver.com/v1/search/blog?query=" + encText + "&display=100" #
json 결과
# url = "https://openapi.naver.com/v1/search/blog.xml?query=" + encText # xml 결과
request = urllib.request.Request(url)
request.add_header("X-Naver-Client-Id",client_id)
request.add_header("X-Naver-Client-Secret",client_secret)
response = urllib.request.urlopen(request)
rescode = response.getcode( )
if(rescode==200):
    response_body = response.read( )
    print(response_body.decode('utf-8'))
else:
    print("Error Code:" + rescode)
```

결과

```
{
"lastBuildDate": "Sat, 21 Jul 2018 19:32:43 +0900",
"total": 1813002,
"start": 1,
```

```
"display": 100,
"items": [
{
"title": "<b>강남역</b> 맛집 불쑈까지 볼 수 있었던 마초쉐프!",
... 생략 ...
```

Client-Id, Client-Secret은 각각 다음과 같습니다. H1DC13DICQ8zIK84XwWn,
8sUQqFukKQ 이걸 넣고 호출을 해야 API가 호출됩니다.

위 Client-Id와 Client-Secret은 제가 발급받은 것이기 때문에 여러분들이 새로 발급받아서 사용하
시기 바랍니다.

++++++++ 9.3 requests 라이브러리 이용하기 ++++++++

소스코드가 길면 한줄한줄 어떤 기능인지 읽어볼 수 있지만 너무 길면 읽어볼 엄두가 안 나기 때문
에 짧게 줄여 보았을 때 조금 더 쉽게 접근할 수 있는 경우가 있습니다. requests라는 라이브러리를
이용하면 네이버에서 제공한 예제 코드의 길이를 줄일 수 있습니다.

네이버에서 제공한 예제 코드에 requests를 적용해보겠습니다.

```
import requests
from urllib.parse import urlparse

keyword = "강남역"
url = "https://openapi.naver.com/v1/search/blog?query=" + keyword
result = requests.get(urlparse(url).geturl( ),
            headers={"X-Naver-Client-Id":"H1DC13DICQ8zIK84XwWn",
                     "X-Naver-Client-Secret":"8sUQqFukKQ"})
print(result.json( ))
```

결과

```
{'lastBuildDate': 'Sat, 21 Jul 2018 19:47:20 +0900', 'total': 1813010, 'start': 1,
'display': 10, 'items': [{'title': '<b>강남역</b> 맛집 불쑈까지 볼 수 있었던 마초쉐프!', 'link':
'http://blog.naver.com/masi3333?Redirect=Log&amp;logNo=221323303573', 'description':
'17시까지 <b>강남역</b> 맛집의 브레이크 타임이 있기 때문에 이 점 기억하고 찾아와야겠습니다 불쑈도 보고 맛
에 완전 반해버려서 앞으로 자주 찾아올 거예요 서울시 강남구 강남대로98길 16 서울시 강남구 역삼동 817... ',
'bloggername': '마시멜로의 달콤한 세상', 'bloggerlink': 'http://blog.naver.com/
... 생략 ...
```

requests 라이브러리를 사용하면 API 호출을 조금 편하게 할 수 있습니다.

requests는 외부 라이브러리이기 때문에 설치를 따로 해주어야 합니다.

호출 결과 JSON


```
{'lastBuildDate': 'Sat, 21 Jul 2018 19:47:20 +0900', 'total': 1813010, 'start': 1,
'display': 10, 'items': [{'title': '<b>강남역</b> 맛집 불쏘까지 볼 수 있었던 마초쉐프!', 'link':
'http://blog.naver.com/masi3333?Redirect=Log&amp;logNo=221323303573', 'description':
'17시까지
```


JSON은 { 중괄호로 시작해서 } 중괄호로 끝나는 형식입니다.

메모장에 한번 붙여넣어봅니다. 저는 메모장 대신에 sublime text3라는 제가 주로 쓰는 편집기를 사용했지만 이 편집기가 아니어도 메모장에 붙여넣기를 해서 확인을 해도 됩니다.


```
{'lastBuildDate': 'Sat, 21 Jul 2018 19:47:20 +0900
1 {'lastBuildDate': 'Sat, 21 Jul 2018 19:47:20 +0900', 'total': 1813010, 'start': 1,
'display': 10, 'items': [{'title': '<b>강남역</b> 맛집 불쏘까지 볼 수 있었던 마초쉐프!',
'link': 'http://blog.naver.com/masi3333?Redirect=Log&amp;logNo=221323303573',
'description': '17시까지 <b>강남역</b> 맛집의 브레이크 타임이 있기 때문에 이 점 기억하고
찾아와야겠습니다 불쇼도 보고 맛에 완전 반해버려서 앞으로 자주 찾아올 거예요 서울시 강남구 강남대로98길 16
서울시 강남구 역삼동 817... ', 'bloggername': '마시멜로의 달콤한 세상', 'bloggerlink':
'http://blog.naver.com/masi3333', 'postdate': '20180721'}, {'title': '<b>강남역</b>
맛집 좋은 거 다해', 'link': 'http://blog.naver.com/
wsl1949?Redirect=Log&amp;logNo=221321577019', 'description': '<b>강남역</b> 맛집 좋은 거
다해 어제 파주도 드디어 폭염경보 어떻게 살라는건지 갈수록 날씨 대단하다 되려... 좋았다 새로운 음식은 언제나
설레지 첫잔마냥 서울 강남구 강남대로 406 매일 11:30- 22:00/ 라스트오더 21:00', 'bloggername':
'봄에 내린 기쁜 비', 'bloggerlink': 'http://blog.naver.com/wsl1949', 'postdate':
'20180718'}, {'title': '<b>강남역</b> 스터디룸 편안해요', 'link': 'http://blog.naver.com/
leap418?Redirect=Log&amp;logNo=221322929928', 'description': '각 지역에서 같은 목표를 가진
사람들이 모이는것인만큼 적당한 절충지역이 강남인것같아요. 접근성이 좋다는 유리한점을 이용하려고 하는만큼
이왕이면 역에서 더가까우면 더욱 좋겠죠? 이곳은 <b>강남역</b>... ', 'bloggername': '오늘도 열심히
Study', 'bloggerlink': 'http://blog.naver.com/leap418', 'postdate': '20180721'},
{'title': '<b>강남역</b> 맛집 베스트10 태국이 그리울 땐 여기 !', 'link':
'http://blog.naver.com/charla1005?Redirect=Log&amp;logNo=221318159931',
'description': '<b>강남역</b>의 나이쏘이 매장은 2층에 있어요 CGV 바로 뒷쪽에 노란 간판의 나이쏘이,
찾기도 어렵지 않았구요~ 건물 옆 편 계단으로 올라가 매장으로 입장합니다~ 카오산로드의 나이쏘이만큼이나 인기가
많은 #강남맛... ', 'bloggername': 'All of my journey', 'bloggerlink':
'http://blog.naver.com/charla1005', 'postdate': '20180713'}, {'title': '<b>강남역</b>
색다른 데이트 심리카페 멘토', 'link': 'http://blog.naver.com/
proactivity8?Redirect=Log&amp;logNo=221312737019', 'description': '<b>강남역</b>은
중학교 때 많이 놀러 갔었는데(응?) 오랜만에 가보니 강남 언니들 왜 이렇게 쭉쭉 빵빵할까요 옛날에는 강남 가면 다
비슷하게 생긴 언니들이 있었는데 요즘은 정말 자연산 이쁘고 날씬한 언니들이 많은... ', 'bloggername':
'친절한 영희씨', 'bloggerlink': 'http://blog.naver.com/proactivity8', 'postdate':
```


[그림 9-12] 메모장에 붙여넣기

메모장에 붙여넣어서 확인을 하면 이렇게 내용이 많다는 것을 볼 수 있습니다.

✛✛✛✛✛✛✛✛ 9.4 온라인 제이선 뷰어 이용하기 ✛✛✛✛✛✛✛✛✛

온라인 제이선 뷰어(Online Json Viewer)를 이용하면 메모장에 붙여넣었을 때 길어서 잘 보이지 않았던 JSON 구조를 책의 장-절 과 같은 트리 구조로 보여주어서 구조를 한눈에 볼 수 있게 해줍니다.

1. 구글에 json tree 또는 online json viewer를 검색합니다.

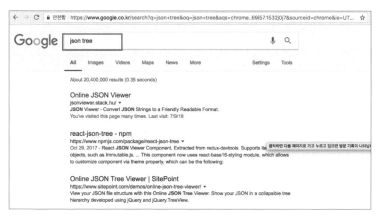

[그림 9-13] 구글로 온라인 제이선 뷰어 검색하기

2. 주소는 http://jsonviewer.stack.hu/ 여기입니다. 그러면 이렇게 하얀 화면이 나옵니다.

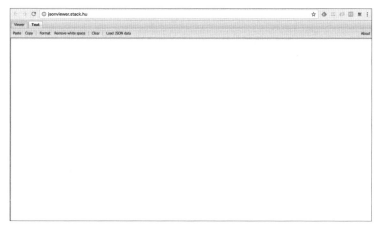

[그림 9-14] 빈 화면

3. 여기에 [그림 9-12]에서 메모장에 넣었던 JSON 형식으로 되어 있는 내용을 복사해서 붙여넣기 합니다.

[그림 9-15] online json viewer에 JSON 형식으로 붙여넣기

4. 복사해서 붙여넣기를 한 후 상단에 있는 [Viewer]탭을 클릭합니다. 그러면 [그림 9-17]과 같이 정리를 해줍니다.

[그림 9-16] Viewer 선택하기

[그림 9-17] 구조를 보여줌

{ } 이 JSON안에는 lastBuildDate, total, start, display, items 이렇게 총 5가지 정보가 들어 있습니다.

어떤 내용인지 살펴보면 total은 전체 검색결과로 보입니다. 1,819,050개로 180만 건 정도됩니다.

lastBuildDate는 이 검색 결과가 마지막으로 만들어진 시간을 보여줍니다.

start는 1로 되어 있습니다. 전체 180만 건 중에서 결과를 표시할 때 몇 번째부터 표시할지를 나타냅니다. 여기에서는 1로 되어 있으니 1번째부터 출력이 됩니다.

display는 start로부터 몇 개를 보여줄지 여부입니다. 10개로 되어있으니 1~10까지 나오겠군요.

6. items 앞에 있는 + 버튼을 눌러서 목록을 열어봅니다. 그러면 검색 결과 목록이 열립니다. 0번부터 9번까지 총 10개의 검색 결과가 들어있습니다. 0번 앞에 있는 +버튼을 눌러봅니다.

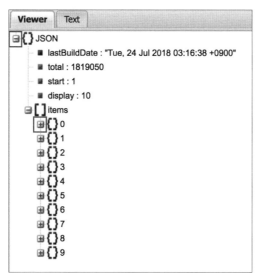

[그림 9-18] items에 있는 내용 + 눌러서 펼치기

7. 그러면 검색 결과가 상세하게 열립니다.

```
⊟ { } JSON
    ▪ lastBuildDate : "Tue, 24 Jul 2018 03:16:38 +0900"
    ▪ total : 1819050
    ▪ start : 1
    ▪ display : 10
 ⊟ [ ] items
    ⊟ { } 0
        ▪ title : "강남역 맛집 불쇼까지 볼 수 있었던 마초쉐프!"
        ▪ link : "http://blog.naver.com/masi3333?Redirect=Log&logNo=221323303573"
        ▪ description : "17시까지 강남역 맛집의 브레이크 타임이 있기 때문에 이 점 기억하고 찾아와야겠습니다 불쇼도 보고
        ▪ bloggername : "마시멜로의 달콤한 세상"
        ▪ bloggerlink : "http://blog.naver.com/masi3333"
        ▪ postdate : "20180721"
    ⊞ { } 1
    ⊞ { } 2
    ⊞ { } 3
    ⊞ { } 4
    ⊞ { } 5
    ⊞ { } 6
    ⊞ { } 7
    ⊞ { } 8
    ⊞ { } 9
```

[그림 9-19] 첫 번째(0번째) 항목 +눌러서 열어보기

JSON 형식으로 되어 있는 데이터는 이렇게 조금만 길어져도 보기가 힘들기 때문에 JSON 데이터를 분석해보려면 JSON을 보여주는 뷰어 등을 이용하는 게 좋습니다.

++++ 9.5 API 호출한 후에 필요한 데이터 뽑아내기 ++++

검색 결과 JSON에 들어 있는 항목들을 하나씩 뽑아보겠습니다. 9.4절에서 lastBuildDate, total, start, display, items 이렇게 5가지 항목이 있다는 것을 확인했습니다.

items는 조금 길기 때문에 lastBuildDate, total, start, display 이렇게 4가지만 먼저 뽑아보겠습니다.

```python
import requests
from urllib.parse import urlparse

keyword = "강남역"
url = "https://openapi.naver.com/v1/search/blog?query=" + keyword
result = requests.get(urlparse(url).geturl( ),
```

232

```
        headers={"X-Naver-Client-Id":"H1DC13DICQ8zIK84XwWn",
                 "X-Naver-Client-Secret":"8sUQqFukKQ"})

json_obj = result.json( )
print(json_obj['lastBuildDate'])
print(json_obj['total'])
print(json_obj['start'])
print(json_obj['display'])
```

결과

```
Tue, 24 Jul 2018 12:01:47 +0900
1820272
1
10
```

lastBuildDate부터 display까지 5개의 키 값을 출력해보았습니다.

+++++++++ **9.6 API 호출 결과인 JSON** +++++++++++

네이버 API를 호출한 결과는 JSON 형태로 되어 있습니다. 앞에서도 JSON에 대해서 배웠지만 JSON에 대한 내용을 이 책을 통해 처음 접하는 분들이 이 형태의 데이터가 익숙하지 않기 때문에 이 장을 꼭 읽어보시기 바랍니다.

API 호출 결과를 처음에 접하면 갑자기 복잡한 데이터가 나와서 조금 어려울 수도 있기 때문에 JSON에 대해서 쉬운 형태부터 다시 한번 살펴봅니다.

앞에서 해보았던 가장 간단한 JSON 예제부터 해보겠습니다.

```
json_obj = {"name":"kyeongrok"}

print(json_obj)
```

결과

```
{'name': 'kyeongrok'}
```

JSON으로 한 명의 사람을 가장 간단하게 표현해 보았습니다. name이 kyeongrok인 사람을 JSON으로 표현하면 위와 같이 표현할 수 있습니다.

json은 {중괄호로 시작해서 }중괄호로 끝나고 key, value로 되어 있는 것이 JSON입니다.

이 코드는 어디서 많이 보지 않았나요?
{"class":"an_l"}위에 예제를 할 때 .find( ) 쓸 때 사용했던 표현 방식입니다. 프로그래밍, 제이선 등은 구구단처럼 한 번 익혀 놓는 데는 시간이 걸리지만 계속 평생 사용하기 때문에 시간을 들여볼만 합니다.

제이선은 파이썬에서 뿐만 아니고 API를 호출해서 결과를 받을 때도 쓰이고 많이 쓰이기 때문에 한 번 공부 해놓으면 데이터 분석을 할 때 잘 쓸 수 있습니다.

위에서는 {"name":"kyeongrok"}이렇게 이름 한 가지만 넣어보았습니다. 나이를 넣어볼까요?

```
json_obj = {"name":"kyeongrok", "age":"32"}

print(json_obj)
```

결과
```
{'name': 'kyeongrok', 'age': '32'}
```

콤마(,)를 찍고 "age":"32"라고 추가해서 나이를 추가했습니다.

결과의 { }안에는 name(이름)과 age(나이) 두 가지가 들어갔습니다. 구분할 때는 ,(콤마)로 구분을 합니다.
{ }중괄호 안에 ,(콤마로 구분해놓은 것들 그러니까 name(이름)과 age(나이)는 각각 element(엘리먼트)또는 item(아이템)이라고 부릅니다.

이제 몇 가지 정보를 더 넣어봅니다. 사는 동네와 전화번호를 추가해보겠습니다.

```
json_obj = {"name":"kyeongrok",
            "age":"32",
            "where":"역삼동",
            "phone_number":"010-3588-0000"
            }
```

```
print(json_obj)
```

결과

```
{'name': 'kyeongrok', 'age': '32', 'where': '역삼동', 'phone_number': '010-3588-0000'}
```

어느 동네에 사는지 where과 전화번호 phone_number를 각각 추가해보았습니다.

그러면 여기에서 이름(name)과 전화번호(phone_number)를 출력하려면 어떻게 해야 할까요?

```
json_obj = {"name":"kyeongrok",
           "age":"32",
           "where":"역삼동",
           "phone_number":"010-3588-0000"
           }

print(json_obj['name'])
print(json_obj['phone_number'])
```

결과

```
kyeongrok
010-3588-0000
```

JSON에서 중괄호 안에 있는 요소들은 key, value 형태로 되어 있습니다. 여기에서 key는 name, age, where, phone_number이고 value는 각각 kyeongrok, 32, 역삼동, 010-3588-0000입니다.

value는 키값이라고도 부릅니다. 키(key)와 키값은 다르기 때문에 꼭 구분을 해주시기 바랍니다.

json_object 안에 있는 name라는 키의 키값을 뽑고 싶다면 json_obj['name']이렇게 씁니다. [ ]대괄호 안에 'name'이렇게 써주면 name이라는 키의 키값인 kyeongrok이 출력됩니다.

자 그러면 여기에 또 다른 정보를 추가해보겠습니다. 이번에는 친구들을 추가해봅니다. 그냥 '친구'가 아니고 '친구들'입니다. 여러 개의 값이 들어갈 예정입니다.

그래서 key이름을 단수인 'friend'가 아닌 복수인 'friends'로 정하고 [ ] list를 넣어보겠습니다. list에는 먼저 한명의 친구만 추가 해보겠습니다.

```
json_obj = {"name":"kyeongrok",
            "age":"32",
            "where":"역삼동",
            "phone_number":"010-3588-6265",
            "friends":[{"name":"sian", "age":"32"}]
            }

print(json_obj['friends'])
```

결과

```
[{'name': 'sian', 'age': '32'}]
```

JSON 안에는 값만 넣을 수 있는 게 아니고 위와 같이 [ ]리스트도 넣을 수 있습니다. json_obj['friends']를 이용해 키값을 출력 해보면 [ ]대괄호로 감싸여 나와있고 한 명의 친구가 들어있습니다.

이번에는 여기에 친구를 한 명 더 추가 해보겠습니다.

```
json_obj = {"name":"kyeongrok",
            "age":"32",
            "where":"역삼동",
            "phone_number":"010-3588-6265",
            "friends":[
                {"name":"sian", "age":"32"},
                {"name":"kyuri", "age":"24"}
            ]
            }

friends = json_obj['friends']
print(friends)
```

결과

```
[{'name': 'sian', 'age': '32'}, {'name': 'kyuri', 'age': '24'}]
```

friends라는 키의 키값은 list입니다. 앞에서는 list안에 sian이라는 한 명의 친구만 들어 있었습니다. 이 코드에서는 friends에 kyuri라는 한 명의 친구를 더 추가해서 총 2명의 친구를 추가했습니다.

'friends'의 키값을 list이기 때문에 for문을 이용해 출력할 수도 있습니다.

```
··· 생략 ···
friends = json_obj['friends']
for friend in friends:
    print(friend)
```

결과

```
{'name': 'sian', 'age': '32'}
{'name': 'kyuri', 'age': '24'}
```

json_obj에서 friends라는 키값만 선택을 하면 이 키값은 list이기 때문에 for문으로 하나씩 뽑아서
처리할 수 있습니다. friends라는 변수에 json_obj의 'friends' 키값을 넣고 반복문으로 출력한 예제
입니다.

지금 예제에서는 한 명의 사람과 그 사람의 친구들에 대한 간단한 예제로 데이터를 다루는 방법을
배우고 있습니다. 하지만 인터넷에서 API로 데이터를 받으면 여러 가지 내용들이 많이 들어 있는 데
그 중에서 내가 필요한 값만 골라내고 싶을 때가 있습니다.

friends안에는 2명의 친구 sian, kyuri가 들어 있고 각각은 name, age 이렇게 두 가지 정보를 가지
고 있습니다. 여기에서 age만 필요한 경우 age만 뽑아서 출력하려면 어떻게 하면 될까요?

```
··· 생략 ···
friends = json_obj['friends']
for friend in friends:
    print(friend['age'])
```

결과

```
32
24
```

friend['age']를 이용해 특정 값만 선택해서 뽑을 수 있습니다. for문에서 friends(프랜즈)안에 있는
값들을 friend(프렌드)라는 변수로 받아서 출력을 하는 예제에서 friend['age']를 이용해 age만 출력
한 예제입니다.

+++++++++++ 9.7 검색 결과 출력하기 +++++++++++

앞에서는 이 API를 실행하는 조건들 start는 몇 번째 결과부터 출력할 것인지, display는 몇 개씩 출력할 것인지 등을 출력해보았습니다. 이번에는 검색 결과가 들어 있는 items를 출력해봅니다.

```
import requests
from urllib.parse import urlparse

keyword = "강남역"
url = "https://openapi.naver.com/v1/search/blog?query=" + keyword
result = requests.get(urlparse(url).geturl( ),
            headers={"X-Naver-Client-Id":"H1DC13DICQ8zIK84XwWn",
                    "X-Naver-Client-Secret":"8sUQqFukKQ"})

json_obj = result.json( )
print(json_obj['items'])
```

결과

```
[{'title': '<b>강남역</b> 맛집 불쑈까지 볼 수 있었던 마초쉐프!', 'link': 'http://blog.naver.com/
masi3333?Redirect=L
 … 생략 …
 'bloggerlink': 'http://blog.naver.com/mindlle86', 'postdate': '20180619'}]
```

json_obj에 있는 items라는 키값을 출력한 결과 입니다. [대괄호로 시작해서]대괄호로 끝납니다. 데이터의 개수는 위에 display를 출력해 보았을 때처럼 10개가 들어있을 것입니다.

하지만 이렇게 콘솔에만 출력하면 데이터가 어떻게 생겼는지 잘 보이지가 않습니다. 따닥따닥 붙어 있기 때문에 키가 어떤건지, 키값은 어떤건지 한번 슥 봐서는 구분하기가 쉽지 않습니다.

그래서 조금 잘보이게 하기 위해서 반복문으로 하나씩 꺼내서 출력해보겠습니다.

9.8 반복문으로 결과 출력하기 ++++++++

반복문을 이용해서 검색 결과가 들어 있는 items에 있는 내용을 하나씩 꺼내서 출력해봅니다.

```
··· 생략 ···
json = result.json( )
for item in json['items']:
    print(item)
```

결과

{'title': '강남역 맛집 불쇼까지 볼 수 있었던 마초쉐프!', 'link': 'http://blog.naver.com/ma si3333?Redirect=Log&logNo=221323303573', 'description': '17시까지 강남역 맛집의 브레이크 타임이 있기 때문에 이 점 기억하고 찾아와야겠습니다 불쇼도 보고 맛에 완전 반해버려서 앞으로 자주 찾아올 거예요 서울시 강남구 강남대로98길 16 서울시 강남구 역삼동 817... ', 'bloggername': '마시멜로의 달콤한 세상', 'bloggerlink': 'http://blog.naver.com/masi3333', 'postdate': '20180721'}
{'title': '강남역 스터디룸 편안해요', 'link': 'http://blog.naver.com/leap418?Redirect =Log&logNo=221322929928', 'description': '각 지역에서 같은 목표를 가진 사람들이 모이는것인만 큼 적당한 절충지역이 강남인것같아요. 접근성이 좋다는 유리한점을 이용하려고 하는만큼 이왕이면 역에서 더가까우 면 더욱 좋겠죠? 이곳은 강남역... ', 'bloggername': '오늘도 열심히 Study', 'bloggerlink': 'http://blog.naver.com/leap418', 'postdate': '20180721'}
··· 중략 ···

반복문을 이용해 json_obj['items']에서 하나씩 뽑아내면 { }이렇게 딕셔너리 형태가 여러 줄 나오는 것을 볼 수 있습니다. 딕셔너리, JSON 둘 다 앞에서 해보았는 데요 다루는 방법이 똑같습니다. 딕셔너리, JSON은 다루는 방법이 같기 때문에 같다고 보시면 됩니다.

{'title': '강남역 맛집 더운 날 고퀄리티 요리와 생맥주', 'link': 'http://
{'title': '강남역 타이마사지 강남 휴타이마사지 다녀옴 :)', 'link': 'htt
{'title': '강남역 스터디룸 편안해요', 'link': 'http://blog.naver.com
{'title': '강남역 맛집 무한 초밥집~!', 'link': 'http://blog.naver.c
{'title': '강남역 색다른 데이트 심리카페 멘토', 'link': 'http://blog.n
{'title': '강남역마사지, 르노벨 제품으로 관리하는 진테라피', 'link': 'htt

[그림 9-20] JSON검색 결과 출력

데이터를 조금 더 자세히 보기 위해 결과에서 한 줄을 복사해서 JSON tree에 가서 구조가 어떻게 되어 있는지 확인해보겠습니다.

구글에 검색을 해서 또는 주소를 입력해서 Online JSON Viewer(http://jsonviewer.stack.hu/)에 들어갑니다.

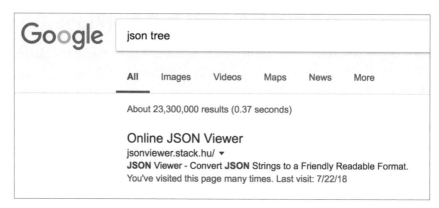

[그림 9-21] JSON tree 검색하기

앞에서 복사했던 {'title': 로 시작해서 }로 끝나는 한줄을 Text탭에 붙여넣기를 합니다. 그리고 'Viewer'를 선택합니다.

[그림 9-22] JSON 데이터 JSON tree에 붙여넣기

한 개의 검색 결과입니다.

Viewer를 선택해보면 {'title': … 생략 … } 안에 들어 있는 항목들이 보입니다.

title, link, description, bloggername, bloggerlink, postdate 이렇게 총 6개의 항목이 들어 있습니다. 이 각각의 항목을 키(key), 항목, 속성, 맴버 등으로 사용합니다. Title 속성의 속성 값은 '엠지MG손해보험 암보험 장단점, 면책기간도 확인' 입니다.

Viewer | Text
□ { } JSON
- title : "**강남역** 맛집 불쇼까지 볼 수 있었던 마초쉐프!"
- link : "http://blog.naver.com/masi3333?Redirect=Log&logNo=221323303573"
- description : "17시까지 **강남역** 맛집의 브레이크 타임이 있기 때문에 이 점 기억하고 찾아와야겠습니다
- bloggername : "마시멜로의 달콤한 세상"
- bloggerlink : "http://blog.naver.com/masi3333"
- postdate : "20180721"

[그림 9-23] JSON 형식 데이터 보기

+++++++++ 9.9 특정 속성값만 뽑아내기 +++++++++

위에서 title, link, description, bloggername, bloggerlink, postdate 이렇게 총 6개의 속성이 있는
것을 확인 했습니다. 여기에서 title 속성의 속성값만 뽑아보겠습니다.

```
json = result.json( )
for item in json['items']:
    print(item['title'])
```

결과

```
<b>강남역</b> 맛집 불쇼까지 볼 수 있었던 마초쉐프!
<b>강남역</b> 스터디룸 편안해요
강남 데이트코스, '레알' 개꿀잼, <b>강남역</b>VR 브이알존(VR ZONE)
<b>강남역</b> 한우 맛집은 드라이에이징 숙성이 특별한 대미필담
<b>강남역</b> 색다른 데이트 심리카페 멘토
<b>강남역</b> 맛집 베스트10, 태국을 느낄 수 있는 곳!
··· 중략 ···
```

타이틀이 잘 뽑혔습니다.

+++++++++++ 9.10 〈b〉, 〈/b〉 없애기 +++++++++++

타이틀을 뽑아 보니 〈b〉와 〈/b〉가 들어 있어서 예쁘지 않네요. .replace( )를 이용해서 필요 없는
부분은 없어지게 가공해볼까요?

```
··· 생략 ···
```

```
json = result.json( )
for item in json['items']:
    print(item['title'].replace("<b>","").replace("</b>", ""))
```

결과

강남역 맛집 더운 날 고퀄리티 요리와 생맥주
강남역 타이마사지 강남 휴타이마사지 다녀옴 :)
강남역 스터디룸 편안해요
강남역 맛집 무한 초밥집~!
강남역 색다른 데이트 심리카페 멘토
강남역마사지, 르노벨 제품으로 관리하는 진테라피

.replace(바꿀 문자열, 바뀌게 될 문자열) 이렇게 사용을 합니다. 위에서는 바꿀 문자열이 "<b>"였고 어떤 것으로 바꿀지에 해당하는 바꿀 문자열이 " "이기 때문에 제목에서 <b>가 빠진 것입니다. </b>도 마찬가지입니다.

++++++++++ 9.11 링크와 함께 출력하기 ++++++++++

타이틀을 뽑았으니 링크도 뽑아보겠습니다. 링크는 item['link']에 들어 있습니다.

```
··· 생략 ···
json = result.json( )
for item in json['items']:
    print(item['title'].replace("<b>","").replace("</b>", ""),
        item['link'])
```

결과

강남역 맛집 더운 날 고퀄리티 요리와 생맥주 http://blog.naver.com/maya_lee?Redirect=Log&log
No=221332396610
강남역 타이마사지 강남 휴타이마사지 다녀옴 :) http://blog.naver.com/jjeong1225?Redirect=Log&am
p;logNo=221331573980
강남역 스터디룸 편안해요 http://blog.naver.com/leap418?Redirect=Log&logNo=221322929928
강남역 맛집 무한 초밥집~! http://blog.naver.com/gayoun3?Redirect=Log&logNo=221330973186

print( )에 총 2가지를 넣어 주었는 데요 뒤에 넣은 것이 item['link']입니다.

✛✛✛✛✛ 9.12 검색 결과를 10개에서 100개로 늘리기 ✛✛✛✛✛

지금까지는 검색 결과가 10개씩만 나왔습니다. 왜냐하면 네이버 API의 기본 값이 10개이기 때문입니다. 몇 개씩 보여줄지를 지정하지 않으면 기본값이 10개가 설정되어서 10개만 보입니다.

네이버 API 매뉴얼을 보면 한 번에 최대 100개까지 보이게 할 수 있다고 나와 있습니다. 한번 찾아볼까요? '네이버 개발자센터'로 들어가봅니다.

[그림 9-24] 네이버 개발자센터 들어가기

상단 [메뉴 → Documents → 검색] 순으로 찾아 들어가봅니다.

[그림 9-25] Documents → 검색

'검색'을 누르면 '검색' API 매뉴얼로 이동합니다.

[그림 9-26] '검색' Document로 이동하기

[그림 9-27] '검색' API 매뉴얼

스크롤을 내려보면 '요청 변수'라고 되어있는 부분이 있습니다. 이 값들을 url에 넣어주고 호출하면 여기에 있는 설정이 적용된 결과값이 나옵니다.

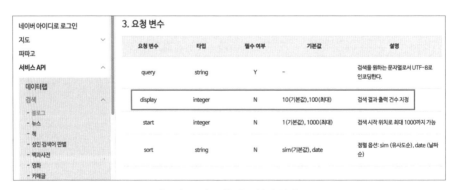

[그림 9-28] 요청 변수 확인 하기

우리가 추가해볼 것은 'display' 속성입니다. Display 속성 설명을 보면 10개는 기본값이고 최대

100개까지 설정할 수 있게 되어 있습니다. 이 속성을 코드에 적용해보겠습니다.

display	integer	N	10(기본값),100(최대)

[그림 9-29] display 속성 확인하기

코드에 적용을 해보기 전에 먼저 기본값일 때 개수를 확인합니다.

```python
import requests
from urllib.parse import urlparse

keyword = "강남역"
url = "https://openapi.naver.com/v1/search/blog?query=" + keyword
result = requests.get(urlparse(url).geturl( ),
        headers={"X-Naver-Client-Id":"H1DC13DICQ8zIK84XwWn",
                "X-Naver-Client-Secret":"8sUQqFukKQ"})

json_obj = result.json( )
print(json_obj['display'])
print(json_obj['start'])
print(len(json_obj['items']))
```

결과
```
10
1
10
```

`url = "https://openapi.naver.com/v1/search/blog?query=" + keyword`

url을 위와 같이 구성해서 호출하면 검색 결과(display)의 기본값인 10개가 나옵니다.

json_obj['display']를 출력해보니 10개라고 나옵니다. 그리고 len(json_obj['items']) 이렇게 len( )을 이용해 개수를 세보니 10개가 나옵니다.

display 속성을 추가하고 개수를 100개를 지정해서 실제로 결과가 100개가 오는지 확인해봅니다.

```
import requests
from urllib.parse import urlparse

keyword = "강남역"
url = "https://openapi.naver.com/v1/search/blog?query=" + keyword + "&display=100"
result = requests.get(urlparse(url).geturl( ),
        headers={"X-Naver-Client-Id":"H1DC13DICQ8zIK84XwWn",
                "X-Naver-Client-Secret":"8sUQqFukKQ"})

json_obj = result.json( )
print(json_obj['display'])
print(json_obj['start'])
print(len(json_obj['items']))
```

결과

```
100
1
100
```

```
url = "https://openapi.naver.com/v1/search/blog?query=" + keyword + "&display=100"
```

위와 같이 url에 + "&display=100" 이 부분을 추가해서 display라는 요청 변수를 추가했습니다. 추가할 때는 display 앞에 &을 붙여주고 =100 이렇게 100개라고 텍스트로 지정을 해야 요청이 제대로 들어갑니다.

출력된 결과를 보니 앞에서 10개였던 게 100개로 늘어난 것을 볼 수 있습니다.
for문 등 반복문으로 출력해보면 100개의 결과가 출력되는 것이 확인됩니다.

++++++++++++++ **9.13 함수로 묶기** ++++++++++++++

지금은 '강남역'이라는 한 개의 키워드의 검색 결과를 1번부터 100번까지만 가지고 올 수 있습니다. 하지만 100개만 수집해서는 부족하다는 느낌이 많이 듭니다. 네이버 API는 한 번에 최대 100개까지만 불러 올 수 있기 때문에 100개 이상을 수집하려면 페이지를 넘겨가면서 여러 번 호출 해야 합니다.

페이지만 바꿔서 여러 번 호출을 하려면 함수 형태로 만들어야 여러 번 호출하기가 좋습니다. 그래서 함수로 묶어보겠습니다.

```
import requests
from urllib.parse import urlparse

def get_api_result(keyword, display):
    url = "https://openapi.naver.com/v1/search/blog?query=" + keyword + "&display=" +
str(display)
    result = requests.get(urlparse(url).geturl( ),
            headers={"X-Naver-Client-Id":"H1DC13DICQ8zIK84XwWn",
                     "X-Naver-Client-Secret":"8sUQqFukKQ"})
    return result.json( )

keyword = "강남역"
json_obj = get_api_result(keyword, 100)

print(json_obj['display'])
print(json_obj['start'])
print(len(json_obj['items']))
```

결과

```
100
1
100
```

def get_api_result(keyword, display):

def는 함수를 선언하는 명령어입니다. 함수에 대해서 잘 기억이 나지 않는다면 앞장에서 함수에 대해 다루었던 부분을 다시 한번 읽어보시는 것을 추천합니다.

기존에 있던 코드를 get_api_result( )라는 함수 안 쪽으로 넣어 주었습니다.

get_api_result(keyword, display):

함수는 파라메터를 총 2개를 받습니다. 하나가 keyword이고 또 하나가 display라는 파라메터를 받습니다.

keyword = "강남역"
json_obj = get_api_result(keyword, 100)

이 부분이 함수를 호출하는 부분입니다. keyword는 내가 원하는 키워드를 넣으면 해당 키워드에 해당하는 검색 결과를 받을 수 있습니다. 그리고 두 번째 파라메터로 display로 전달된 100이라는 숫자를 바꾸어 주면 내가 받고 싶은 검색 결과의 개수를 조정할 수 있습니다.

+++++++++ 9.14 검색 결과 페이징하기 +++++++++

현재 검색 결과는 1번부터 100개를 호출하게 되어 있습니다. 그런데 한 번에 호출할 수 있는 검색 결과의 개수는 100개뿐입니다. 그러면 1번부터 500번까지의 결과를 호출하려면 어떻게 해야 할까요?

한 번에 호출할 수 있는 게 100개가 최대이기 때문에 시작하는 번호를 바꾸어주면서 5번을 호출 해야 합니다. 예를 들면 1번부터 100개, 101번부터 100개, 201번부터 100개 이렇게 여러 번 호출을 해주어야 합니다.

이렇게 하려면 시작하는 번호를 지정해주어야 합니다. 시작하는 번호를 지정해주려면 'start'라는 요청 변수를 추가해주고 값을 지정해야 합니다. 앞에서 'display' 요청 변수의 기본값이 10이었던 것을 100으로 바꾸기 위해서 + "&display=100" 을 넘겨주었던 것과 같이 + "&start=100"을 넘겨주면 됩니다.

3. 요청 변수

요청 변수	타입	필수 여부	기본값	설명
query	string	Y	-	검색을 원하는 문자열로서 UTF-8로 인코딩한다.
display	integer	N	10(기본값), 100(최대)	검색 결과 출력 건수 지정
start	integer	N	1(기본값), 1000(최대)	검색 시작 위치로 최대 1000까지 가능
sort	string	N	sim(기본값), date	정렬 옵션: sim (유사도순), date (날짜순)

[그림 9-30] 요청 변수 'start' 이용하기

관련 매뉴얼은 '네이버 개발자 센터'의 Documents → 검색 또는 https://developers.naver.com/docs/search/blog/ 이 링크에서 확인 가능합니다.

```python
import requests
from urllib.parse import urlparse

def get_api_result(keyword, display, start):
    url = "https://openapi.naver.com/v1/search/blog?query=" + keyword + "&display=" +
str(display) + "&start=" + str(start)
    result = requests.get(urlparse(url).geturl( ),
        headers={"X-Naver-Client-Id":"H1DC13DICQ8zIK84XwWn",
```

```
                      "X-Naver-Client-Secret":"8sUQqFukKQ"})
    return result.json( )

keyword = "강남역"
json_obj = get_api_result(keyword, 100, 101)

print("display:", json_obj['display'])
print("start:", json_obj['start'])
print("items count:", len(json_obj['items']))
```

결과

```
display: 100
start: 101
items count: 100
```

+ "&start=" + str(start) 이 부분이 추가된 부분입니다. 파라메터로 넘어온 start가 숫자인 경우에는
문자열로 바꾸어주는 str( )함수를 함께 사용했습니다.

결과에 start: 101이라고 나옵니다.

```
json_obj = get_api_result(keyword, 100, 101)
```

이 줄에서 get_api_result( )함수를 호출할 때 3번째 파라메터로 101을 넘긴 것이 start입니다. 요청
을 할때 start를 101로 넘겨서 호출했고 결과는 101번째 검색 결과부터 100개를 받아오게 됩니다.

+ + + + + + + + + + + + + + # 9.15 결과 출력하기 + + + + + + + + + + + + +

앞에서 데이터를 받아 왔으니 이번에는 콘솔에 출력해봅니다. 앞에서 계속 했던 방법인 for문을 이
용해 하나씩 꺼내면서 출력합니다.

```
··· 생략 ···
keyword = "강남역"
json_obj = get_api_result(keyword, 100, 101)

for item in json_obj['items']:
    print(item)
```

결과

{'title': '강남역 맛집 더운 날 고퀄리티 요리와 생맥주', 'link': 'http://blog.naver.com/
maya_lee?Redirect=Log&logNo=221332396610', 'description': '립밤 선물까지 받아서 더없이 행
복했답니다. 마초쉐프 강남역점 강남구 강남대로98길 6,7층 02-566-8886 매일 11:30-23:00 연중무
휴 브레이크타임 15:00-17:00 주말 제외 아기의자.남녀화장실 공영주차장 이용', 'bloggername': '좋은 엄마
되기...', 'bloggerlink': 'http://blog.naver.com/maya_lee', 'postdate': '20180804'}
··· 생략 ···

검색 결과 한 개가 꽤 길어서 결과에 쭉 붙어서 나와 잘 안보이지만 json viewer등으로 붙여넣기 해서 보면 가독성이 좋은 모양으로 보여주기 때문에 이용해 봅니다.

++++++++++ 9.16 여러 페이지 호출하기 ++++++++++

이번에는 여러 번 호출해서 1번부터 500번까지 결과를 가져와 보겠습니다. call_and_print(keyword, page)라는 함수로 위에서 만들었던 호출하는 로직과 출력하는 로직을 넣고 1~100, 101~200 ··· 401~500 이렇게 다섯 번을 호출해보겠습니다.

call_and_print( )라는 함수로 묶는 이유는 숫자만 바꾸어서 호출해주기 위함입니다.

```
import requests
from urllib.parse import urlparse

def get_api_result(keyword, display, start):
    url = "https://openapi.naver.com/v1/search/blog?query=" + keyword \
        + "&display=" + str(display) \
        + "&start=" + str(start)
    result = requests.get(urlparse(url).geturl( ),
            headers={"X-Naver-Client-Id":"H1DC13DICQ8zIK84XwWn",
                    "X-Naver-Client-Secret":"8sUQqFukKQ"})
    return result.json( )

def call_and_print(keyword, page):
    json_obj = get_api_result(keyword, 100, page)
    for item in json_obj['items']:
        print(item)

keyword = "강남역"
call_and_print(keyword, 1)
```

```
call_and_print(keyword, 101)
call_and_print(keyword, 201)
call_and_print(keyword, 301)
call_and_print(keyword, 401)
```

결과

{'title': '강남역 맛집 더운 날 고퀄리티 요리와 생맥주', 'link': 'http://blog.naver.com/
maya_lee?Redirect=Log&logNo=221332396610', 'description': '립밥 선물까지 받아서 더없이 행
복했답니다. 마초쉐프 강남역점 강남구 강남대로98길 6,7층 02-566-8886 매일 11:30-23:00 연중무
휴 브레이크타임 15:00-17:00 주말 제외 아기의자.남녀화장실 공영주차장 이용', 'bloggername': '좋은 엄마
되기...', 'bloggerlink': 'http://blog.naver.com/maya_lee', 'postdate': '20180804'}
{'title': '강남역 맛집 특별함이 느껴져!', 'link': 'http://blog.naver.com/lubkhaki?Redir
ect=Log&logNo=221331807883', 'description': '나는 강남역 11번 출구로 나와 걸어서 움
직였다. CGV 옆 골목으로 들어가 살짝 더 올라가면 된다. 언덕길이긴 하지만, 힘을 내요 힘을 내!! 주소: 강남구 봉
은사로6길 39(강남구 역삼동 618-18). 지하1층 T. 02-3452-1515', 'bloggername': '럽카키의 수다 공간',
'bloggerlink': 'http://blog.naver.com/lubkhaki', 'postdate': '20180803'}
··· 생략 500건 ···

call_and_print(keyword, page) 함수는 두 가지 기능이 있습니다. 첫 번째 page로 받은 숫자를 앞에서 만든 함수인 get_api_result( )를 호출할 때 넣어주고 API를 호출하는 기능과 두 번째 결과를 for문으로 하나씩 뽑아서 출력하는 기능입니다.

```
call_and_print(keyword, 1)
call_and_print(keyword, 101)
call_and_print(keyword, 201)
call_and_print(keyword, 301)
call_and_print(keyword, 401)
```

함수를 만들고 다섯 번을 호출해주면 1번부터 500번까지 검색 결과를 받아올 수 있습니다.

++ 9.17 제목, 블로거 이름, 링크만 뽑아서 엑셀에 넣기 ++

500개의 검색 결과를 불러왔으니 여기에서 필요한 데이터만 뽑아서 엑셀에 넣어보겠습니다. 이번 예제에서는 title, bloggername, link 이렇게 3가지입니다. Item['title']이렇게 대괄호에 키(key)를 넣어주면 해당 키에 해당하는 키값을 뽑아낼 수 있습니다.

```
··· 생략 ···
def call_and_print(keyword, page):
    json_obj = get_api_result(keyword, 100, page)
    for item in json_obj['items']:
        title = item['title'].replace("<b>", "").replace("</b>", "")
        print(title + "@"+ item['bloggername'] + "@" + item['link'])

keyword = "강남역"
call_and_print(keyword, 1)
call_and_print(keyword, 101)
call_and_print(keyword, 201)
call_and_print(keyword, 301)
call_and_print(keyword, 401)
```

결과

강남역 맛집 더운 날 고퀄리티 요리와 생맥주@좋은 엄마 되기...@http://blog.naver.com/maya_lee?Redirect
=Log&logNo=221332396610
강남역 맛집 특별함이 느껴져!@럽카키의 수다 공간@http://blog.naver.com/lubkhaki?Redirect=Log&
logNo=221331807883
··· 생략 500건 ···

title, bloggername, link 이렇게 3가지 값들을 구분하는 기호는 '@'으로 했습니다. 엑셀에서 데이터 나누기를 할 때 '@'이 기호를 기준으로 데이터 나누기를 할 것입니다.

검색 결과에 최대한 나오지 않을 것 같은 기호를 구분기호로 사용하는 게 좋습니다.

+++++++ 9.18 엑셀에 데이터 넣고 가공하기 +++++++

위에서 검색 결과 500건에서 필요한 키값만 뽑아서 콘솔에 출력을 해보았습니다. 이 데이터를 복사해서 엑셀에 넣어보겠습니다.

1. 파이참 콘솔에 나온 데이터 전체를 선택해서 복사합니다. 엑셀을 켜고 붙여넣기 합니다.

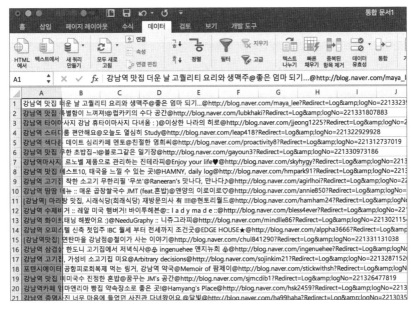

[그림 9-31] 엑셀에 붙여넣기

엑셀에 넣기만 하면 보기에도 좋지가 않고 데이터를 가지고 무언가 해보기에도 적합하지 않기 때문에 '데이터 나누기'기능을 이용해서 각각 title, bloggername, link 를 나누어 보겠습니다.

2. 엑셀 상단 [메뉴 → 데이터 → 텍스트 나누기를 누릅니다.

[그림 9-32] 데이터 → 텍스트 나누기

3. '구분 기호로 분리됨'을 선택 하고 '다음'을 누릅니다.

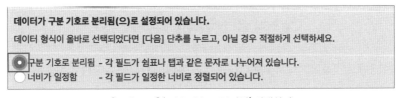

[그림 9-33] '구분 기호로 분리됨' 선택하기

4. 앞에서 구분 기호를 @으로 넣어 주었기 때문에 '기타'를 선택 하고 기호는 @을 넣어줍니다.
'마침'을 누릅니다.

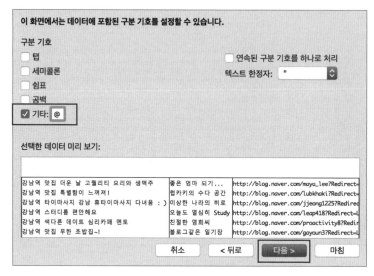

[그림 9-34] 구분 기호를 @으로 설정하기

5. 텍스트 나누기 결과 데이터가 잘 나누어졌습니다.

	A	B	C	D	E	F	G	H
1	강남역 맛집 더운 날	좋은 엄마 되기...	http://blog.naver.com/maya_lee?Redirect=Log&logNo=221332396610					
2	강남역 맛집 특별함이	럽카키의 수다 공간	http://blog.naver.com/lubkhaki?Redirect=Log&logNo=221331807883					
3	강남역 타이마사지 김	이상한 나라의 히로	http://blog.naver.com/jjeong1225?Redirect=Log&logNo=221331573980					
4	강남역 스터디룸 편안	오늘도 열심히 Study	http://blog.naver.com/leap418?Redirect=Log&logNo=221322929928					
5	강남역 색다른 데이트	친절한 영희씨	http://blog.naver.com/proactivity8?Redirect=Log&logNo=221312737019					
6	강남역 맛집 무한 초밥	블로그같은 일기장	http://blog.naver.com/gayoun3?Redirect=Log&logNo=221330973186					
7	강남역마사지, 르노벨	Enjoy your life♥	http://blog.naver.com/skyhygy?Redirect=Log&logNo=221329146103					
8	강남역 맛집 베스트1(	HAMNY, daily log	http://blog.naver.com/hmpark91?Redirect=Log&logNo=221305042319					
9	강남역 고기집 착한	Raneeran's 맛나다, 만나다♪	http://blog.naver.com/agirlhoi?Redirect=	Log&log	No=221293560143			
10	강남역 땀땀 메뉴 :: ㅁ	앤양의 이로이로♡	http://blog.naver.com/annie850?Redirect=Log&logNo=221329097905					
11	[강남역] 마라탕 맛집	현토리월드	http://blog.naver.com/hamham24?Redirect=Log&logNo=221331447084					
12	강남역 수제버거 :: 레	::ㅣadymade::	http://blog.naver.com/bless4ever?Redirect=Log&logNo=221329021344					
13	강남역 화이트태닝 허	NeeduGraphy :: 니쥬그라피	http://blog.naver.com/mindlle86?Redirect=Log&logNo=221302115475					
14	강남역 오피스텔 신축	EDGE HOUSE★	http://blog.naver.com/alppha3666?Redirect=Log&logNo=221316162979					
15	[강남역 맛집] 연탄마	철이가 사는 이야기	http://blog.naver.com/chul841290?Redirect=Log&logNo=221331131038					
16	강남역 삼겹살 한도노	♣ingenuehee 앤뉴회 ♣	http://blog.naver.com/ingenuehee?Redirect=Log&logNo=221329383749					
17	강남역 고기집, 가성비	Arbitrary decisions	http://blog.naver.com/sojinkim21?Redirect=Log&logNo=221328715202					
18	포텐시에이터 공항피	Memoir of 팸제이	http://blog.naver.com/stickwithsh?Redirect=Log&logNo=221331347409					
19	강남역 맛집 미미국수	JM's 공간	http://blog.naver.com/sjmcdib1?Redirect=Log&logNo=221326477819					
20	강남역카페 엠마앤리	Hamyang's Place	http://blog.naver.com/hsk2459?Redirect=Log&logNo=221302023782					
21	강남역 증명사진 너무	달빛	http://blog.naver.com/ha99haha?Redirect=Log&logNo=221303569800					

[그림 9-35] title, bloggername, link로 나누기

파이썬을 이용해 API를 호출해서 데이터를 수집한 후에 데이터를 가공해서 콘솔에 출력하고 엑셀
로 옮겨와서 나머지 작업을 할 수 있습니다.

세계 곡물 가격 JSON 데이터 호출해서 엑셀로 차트 그리기

## 10장

세계 곡물 가격 JSON 데이터 호출해서
엑셀로 차트 그리기

앞에서 API 호출하는 방법과 JSON에 대해서 배웠습니다. 이번 장에서는 JSON 데이터를 호출해서 엑셀에서 사용할 수 있게 가공한 후에 그래프까지 그려보겠습니다.

+++++++++++ 10.1 대상 사이트 접속하기 +++++++++++

구글에 검색을 해서 농촌경제연구원 사이트로 이동합니다. '세계 곡물 가격'이라고 검색 하시면 됩니다. 위 페이지에서 두 번째 링크 입니다. http://grains.krei.re.kr/new_sub01 또는 이 주소로 들어가시면 됩니다.

[그림 10-1] 세계 곡물 가격 구글 검색하기

그러면 [그림 10-2]와 같은 그래프가 나옵니다. 이 그래프는 JSON 데이터를 그래프 툴을 이용해 그래프를 그려놓은 화면입니다. 그런데 데이터가 들어 있는 주소는 따로 있습니다. 개발자 도구를 켜서 알아보아야 합니다.

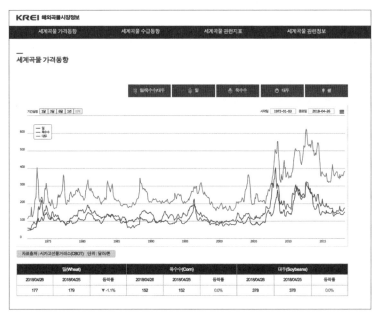

[그림 10-2] 개발자 도구로 확인하기

10.2 대상 URL 알아보기 + + + + + + + + + + +

'개발자 도구'를 켜보겠습니다. 윈도우라면 〈F12〉키를 누르고, 맥이라면 〈option〉 + 〈command〉+〈i〉를 누르면 됩니다.

아니면 크롬의 오른쪽 위 […]이 세로로 있는 버튼을 눌러서 [도구 더보기 → 개발자 도구]를 선택하면 개발자 도구를 열 수 있습니다.

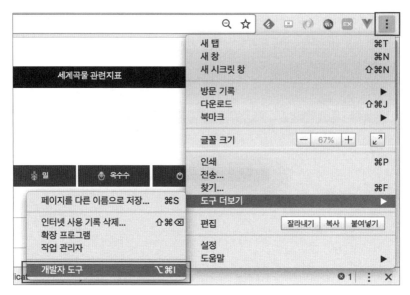

[그림 10-3] 개발자 도구 들어가기

그러면 이런 개발자 도구가 나오는 데요 여기에서 [Network]탭을 선택합니다. [Sources]옆에 있습니다. [Network]를 누른 후 '새로고침' 해봅니다.

[그림 10-4] 개발자 도구에서 [Network]탭 선택하기

XHR을 선택합니다. 그러면 [그림 10-5]의 목록과 같이 3가지가 남습니다. 저 세 가지 항목 안에 데 이터가 들어있습니다. 이렇게 나오지 않으면 XHR을 누른 후에 새로 고침을 해보면 됩니다. 한 개의 항목을 선택 해봅니다.

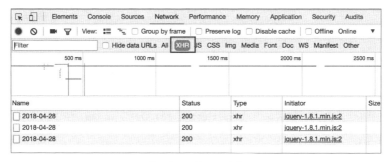

[그림 10-5] XHR선택

그러면 [그림 10-6]과 같이 오른쪽 반쪽 화면이 열립니다. 반쪽에 열린 화면 상단에 'Headers'를 클 릭 해봅니다.

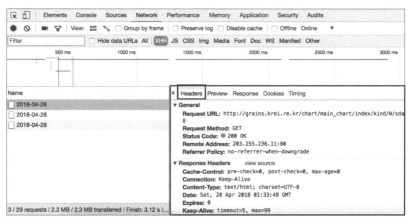

[그림 10-6] Headers 정보

그러면 Request URL: 이 나오는 데 이 주소가 데이터가 들어 있는 주소 입니다.

다시 Preview탭을 누릅니다. 여기에서 데이터가 어떻게 들어 있는지를 확인 할 수 있습니다.

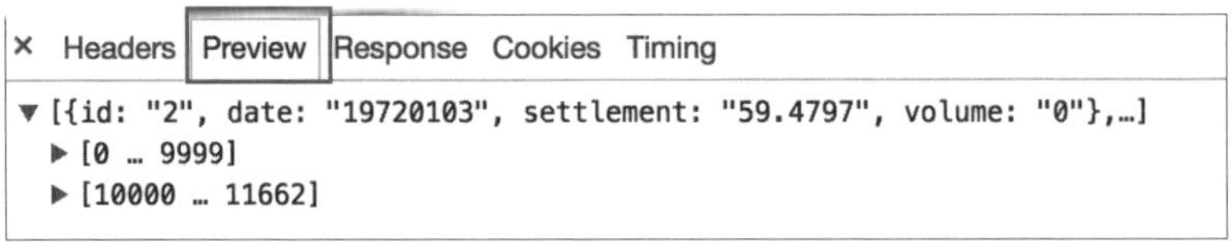

[그림 10-7] Preview탭

삼각형을 눌러서 펼치기를 해보면 JSON형식의 데이터가 들어 있는 것을 확인할 수 있습니다.

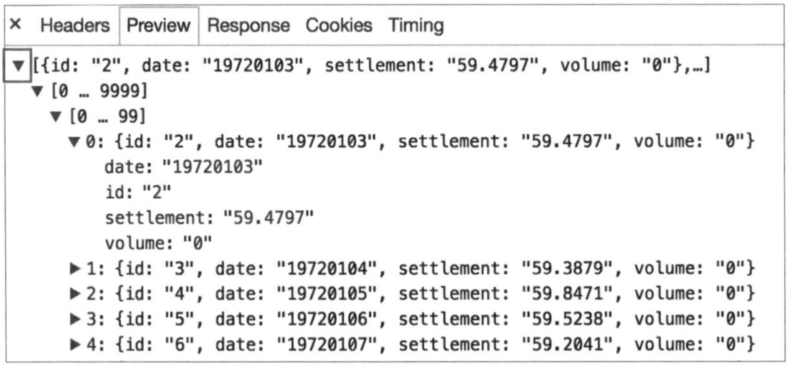

[그림 10-8] JSON 형식의 데이터

파이썬에서 웹 서버에 데이터를 요청하려면 주소(URL)를 알아야 합니다. 다시 주소를 복사하기 위해 'Headers'탭으로 이동합니다. Request URL에 있는 주소를 복사합니다.

주소는 http://grains.krei.re.kr/chart/main_chart/index/kind/W/sdate/1972-01-01/edate/2018-04-28 입니다. 이 주소가 실제 데이터가 있는 주소입니다.

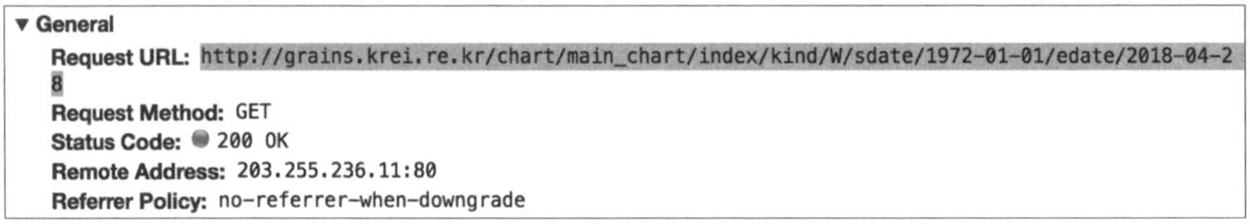

[그림 10-9] 주소 알아내기

이제 주소를 알아냈으니 파이썬에서 해당 주소로 http request(요청)를 보내서 response(응답)를 받아보도록 하겠습니다.

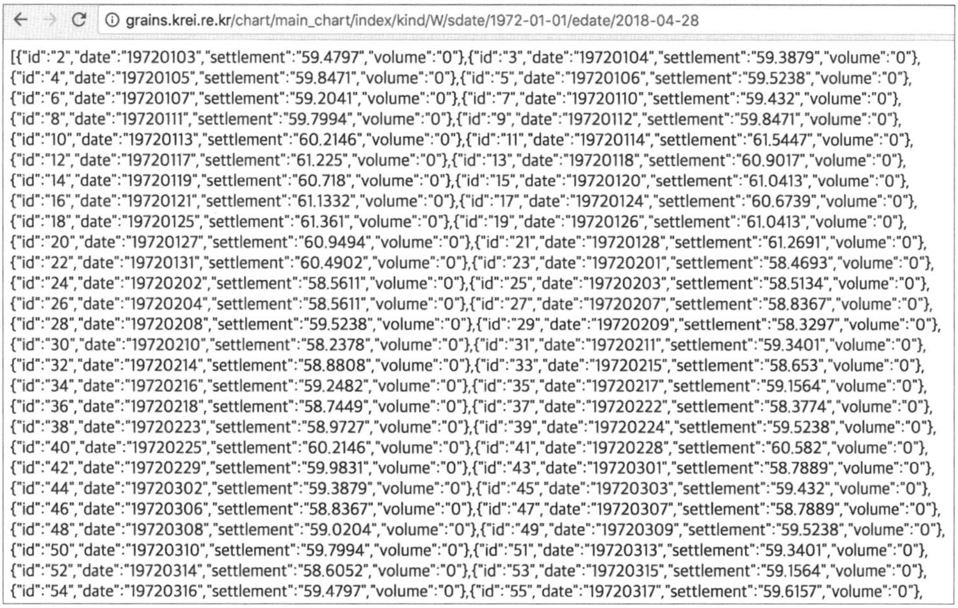
grains.krei.re.kr/chart/main_chart/index/kind/W/sdate/1972-01-01/edate/2018-04-28
[{"id":"2","date":"19720103","settlement":"59.4797","volume":"0"},{"id":"3","date":"19720104","settlement":"59.3879","volume":"0"},
{"id":"4","date":"19720105","settlement":"59.8471","volume":"0"},{"id":"5","date":"19720106","settlement":"59.5238","volume":"0"},
{"id":"6","date":"19720107","settlement":"59.2041","volume":"0"},{"id":"7","date":"19720110","settlement":"59.432","volume":"0"},
{"id":"8","date":"19720111","settlement":"59.7994","volume":"0"},{"id":"9","date":"19720112","settlement":"59.8471","volume":"0"},
{"id":"10","date":"19720113","settlement":"60.2146","volume":"0"},{"id":"11","date":"19720114","settlement":"61.5447","volume":"0"},
{"id":"12","date":"19720117","settlement":"61.225","volume":"0"},{"id":"13","date":"19720118","settlement":"60.9017","volume":"0"},
{"id":"14","date":"19720119","settlement":"60.718","volume":"0"},{"id":"15","date":"19720120","settlement":"61.0413","volume":"0"},
{"id":"16","date":"19720121","settlement":"61.1332","volume":"0"},{"id":"17","date":"19720124","settlement":"60.6739","volume":"0"},
{"id":"18","date":"19720125","settlement":"61.361","volume":"0"},{"id":"19","date":"19720126","settlement":"61.0413","volume":"0"},
{"id":"20","date":"19720127","settlement":"60.9494","volume":"0"},{"id":"21","date":"19720128","settlement":"61.2691","volume":"0"},
{"id":"22","date":"19720131","settlement":"60.4902","volume":"0"},{"id":"23","date":"19720201","settlement":"58.4693","volume":"0"},
{"id":"24","date":"19720202","settlement":"58.5611","volume":"0"},{"id":"25","date":"19720203","settlement":"58.5134","volume":"0"},
{"id":"26","date":"19720204","settlement":"58.5611","volume":"0"},{"id":"27","date":"19720207","settlement":"58.8367","volume":"0"},
{"id":"28","date":"19720208","settlement":"59.5238","volume":"0"},{"id":"29","date":"19720209","settlement":"58.3297","volume":"0"},
{"id":"30","date":"19720210","settlement":"58.2378","volume":"0"},{"id":"31","date":"19720211","settlement":"59.3401","volume":"0"},
{"id":"32","date":"19720214","settlement":"58.8808","volume":"0"},{"id":"33","date":"19720215","settlement":"58.653","volume":"0"},
{"id":"34","date":"19720216","settlement":"59.2482","volume":"0"},{"id":"35","date":"19720217","settlement":"59.1564","volume":"0"},
{"id":"36","date":"19720218","settlement":"58.7449","volume":"0"},{"id":"37","date":"19720222","settlement":"58.3774","volume":"0"},
{"id":"38","date":"19720223","settlement":"58.9727","volume":"0"},{"id":"39","date":"19720224","settlement":"59.5238","volume":"0"},
{"id":"40","date":"19720225","settlement":"60.2146","volume":"0"},{"id":"41","date":"19720228","settlement":"60.582","volume":"0"},
{"id":"42","date":"19720229","settlement":"59.9831","volume":"0"},{"id":"43","date":"19720301","settlement":"58.7889","volume":"0"},
{"id":"44","date":"19720302","settlement":"59.3879","volume":"0"},{"id":"45","date":"19720303","settlement":"59.432","volume":"0"},
{"id":"46","date":"19720306","settlement":"58.8367","volume":"0"},{"id":"47","date":"19720307","settlement":"58.7889","volume":"0"},
{"id":"48","date":"19720308","settlement":"59.0204","volume":"0"},{"id":"49","date":"19720309","settlement":"59.5238","volume":"0"},
{"id":"50","date":"19720310","settlement":"59.7994","volume":"0"},{"id":"51","date":"19720313","settlement":"59.3401","volume":"0"},
{"id":"52","date":"19720314","settlement":"58.6052","volume":"0"},{"id":"53","date":"19720315","settlement":"59.1564","volume":"0"},
{"id":"54","date":"19720316","settlement":"59.4797","volume":"0"},{"id":"55","date":"19720317","settlement":"59.6157","volume":"0"},

[그림 10-10] 웹 브라우저에서 바로 부르기

앞에서도 똑같이 했던 것이지만 http request(리퀘스트)는 해당 URL에 무언가 요청을 하는 것입니다. 웹 브라우저에 주소를 입력하고 엔터를 치면 입력한 주소로 http request(요청)를 보내고 서버가 응답(response)를 해주면 그 값을 받아오는 것입니다.

10.3 파이썬에서 호출하기

파이썬에서도 웹 브라우저에서 받은 것과 같은 내용의 응답이 오는지 한번 확인 해볼까요?

```
from urllib.request import urlopen

url = "http://grains.krei.re.kr/chart/main_chart/index/kind/W/sdate/1972-01-01/
edate/2018-04-28"
text = urlopen(url)

print(text.read( ))
```

결과

b'[{"id":"2","date":"19720103","settlement":"59.4797","volume":"0"},{"id":"3","date":"1972
0104","settlement":"59.3879","volume":"0"},{"id":"4","date":"19720105","settlement":"59.8
471","volume":"0"},{"id":"5","date":"19720106","settlement":"59.5238","volume":"0"},{"id":
"6","date":"19720107","settlement":"59.2041","volume":"0"},{"id":"7","date":"19720110","se
ttlement":"59.432","volume":"0"},{"id":"8","date":"19720111","settlement":"59.7994","volu
me":"0"},{"id":"
.... 생략 ....

이 형식은 앞에서 배운 JSON 형식입니다.

물론 붙어 있어서 잘 안보이지만 맨 앞에 [대괄호가 나옵니다. 대괄호가 아니고 b'가 나오는군요, 이건 byte(바이트) literal(리터럴)을 표시한 것인데 조금 어려운 내용이고 크롤링하는 데 중요하지 않기 때문에 넘어가겠습니다. 궁금하신 분들은 구글에 'b' python'이라고 검색해보시면 됩니다.

앞에 b'다음에 [대괄호가 나오고 이어서 {중괄호가 나옵니다. 그리고 "id":"2" 이렇게 나오는 걸로 봐서는 JSON 형식입니다.

앞에서 HTML 형식의 텍스트를 뷰티풀숩에 넣어서 데이터를 뽑아 냈듯이 JSON에서 데이터를 뽑아낼(파싱) 때에는 JSON이라는 같은 이름의 내장 라이브러리를 사용합니다.

라이브러리를 사용하려면 import 명령어를 이용해 불러와야 합니다. 아래 소스코드는 import JSON으로 JSON을 다루는 라이브러리를 불러와서 JSON 형식의 텍스트를 JSON 라이브러리에 넣은 것입니다.

```
from urllib.request import urlopen

from_date = "2010-01-01"
to_date = "2018-04-28"
url = "http://grains.krei.re.kr/chart/main_chart/index/kind/W/sdate/" + from_date + "/
edate/" + to_date
text = urlopen(url)

print(text.read( ))
```

b'[{"id":"9573","date":"20100104","settlement":"204.879","volume":"0"},{"id":"9574","date":"
20100105","settlement":"203.189","volume":"0"},{"id":"9575","date":"20100106","settlement"
:"208.407","volume":"0"},{"id":"9576","date":"20100107","settlement":"204.879","volume":"0
"},{"id":"9577","date":"20100108","settlement":"208.848","volume":"0"},{"id":"9578","date":
"20100111","settlement":"210.317",
… 생략 …

```
from urllib.request import urlopen
import json

url = "http://grains.krei.re.kr/chart/main_chart/index/kind/W/sdate/1972-01-01/
edate/2018-04-28"
html = urlopen(url)

json_obj = json.load(html)
print(json_obj)
```

결과

```
[{'id': '2', 'date': '19720103', 'settlement': '59.4797', 'volume': '0'}, {'id': '3',
'date': '19720104', 'settlement': '59.3879', 'volume': '0'}, {'id': '4', 'date': '19720105',
'settlement': '59.8471', 'volume': '0'}, {'id': '5', 'date': '19720106', 'settlement':
'59.5238', 'volume': '0'}, {'id': '6', 'date': '19720107', 'settlement': '59.2041',
'volume': '0'}, {'id': '7', 'date': '19720110', 'settlement': '59.432
.... 생략 ....
```

출력했더니 앞에 'b'가 없어졌습니다. 그리고 위의 결과와 다른 점이 'id':'2'이렇게 " 더블 쿼트에서 '싱
글쿼트로 바뀌었네요.

json text를 JSON 라이브러리에 넣으면 내가 원하는 위치에 있는 데이터와 값에 접근할 수 있습니다.

```
… 생략 …
json_objs = json.load(html)
print(json_objs[0])
```

결과

```
{'id': '2', 'date': '19720103', 'settlement': '59.4797', 'volume': '0'}
```

한 개뿐만 아니고 범위를 지정해서 여러 개를 선택할 수도 있습니다.

```
… 생략 …
json_objs = json.load(html)
print(json_objs[0:10])
```

결과

```
[{'id': '2', 'date': '19720103', 'settlement': '59.4797', 'volume': '0'}, {'id': '3',
'date': '19720104', 'settlement': '59.3879', 'volume': '0'}, {'id': '4', 'date': '19720105',
'settlement': '59.8471', 'volume': '0'}, {'id': '5', 'date': '19720106', 'settlement':
'59.5238', 'volume': '0'}, {'id': '6', 'date': '19720107', 'settlement': '59.2041',
'volume': '0'}, {'id': '7', 'date': '19720110', 'settlement': '59.432', 'volume': '0'},
{'id': '8', 'date': '19720111', 'settlement': '59.7994', 'volume': '0'}, {'id': '9', 'date':
'19720112', 'settlement': '59.8471', 'volume': '0'}, {'id': '10', 'date': '19720113',
'settlement': '60.2146', 'volume': '0'}, {'id': '11', 'date': '19720114', 'settlement':
'61.5447', 'volume': '0'}]
```

```
json_objs[0:10]
```

위와 같이 범위를 지정 해서 내가 필요한 만큼의 데이터를 뽑아낼 수 있습니다.

json_objs는 리스트(list)형태 이기 때문에 반복문을 이용해서 출력할 수 있습니다. list 형은 [ ]대괄
호로 시작해서 대괄호로 끝나고 각 항목을 ,(콤마)로 구분해주는 자료형입니다.

```
… 생략 …
json_objs = json.load(html)

for item in json_objs:
    print(item)
```

결과

```
{'id': '2', 'date': '19720103', 'settlement': '59.4797', 'volume': '0'}
{'id': '3', 'date': '19720104', 'settlement': '59.3879', 'volume': '0'}
{'id': '4', 'date': '19720105', 'settlement': '59.8471', 'volume': '0'}
{'id': '5', 'date': '19720106', 'settlement': '59.5238', 'volume': '0'}
{'id': '6', 'date': '19720107', 'settlement': '59.2041', 'volume': '0'}
{'id': '7', 'date': '19720110', 'settlement': '59.432', 'volume': '0'}
{'id': '8', 'date': '19720111', 'settlement': '59.7994', 'volume': '0'}
… 생략 …
```

for문을 이용해 json_objs에 있는 항목들을 하나씩 꺼내서 출력을 한 화면입니다. 이렇게 되어 있어
도 엑셀에서 가공을 해서 쓸 수 있지만 필요한 데이터만 남기고 'id', 'date', 'settlement'등의 필드명

은 빼보겠습니다.

남길 데이터는 날짜에 해당하는 'date'와 가격에 해당하는 'settlement'입니다.

```
from urllib.request import urlopen
import json

from_date = "2010-01-01"
to_date = "2018-04-28"
url = "http://grains.krei.re.kr/chart/main_chart/index/kind/W/sdate/" + from_date + "/
edate/" + to_date
text = urlopen(url)

json_objs = json.load(text)
for item in json_objs:
    print(item['date'] + "@" + item['settlement'])
```

결과

```
20100104@204.879
20100105@203.189
20100106@208.407
20100107@204.879
20100108@208.848
20100111@210.317
··· 생략 ···
```

print(item['date'] + "@" + item['settlement']) 이렇게 쓰면 item에서 'date'와 'settlement' 두 가지 데이터만 남기고 두 값을 구분하는 것은 @을 넣을 수 있습니다.

++++++ **10.4 엑셀에 데이터를 넣고 차트 그리기** ++++++

그러면 엑셀에 붙여넣기를 하고, 데이터 나누기를 이용해서 날짜와 가격을 구분한 후에 차트를 그려보겠습니다.

1. 전체 또는 필요한 만큼 콘솔에서 데이터를 복사합니다.

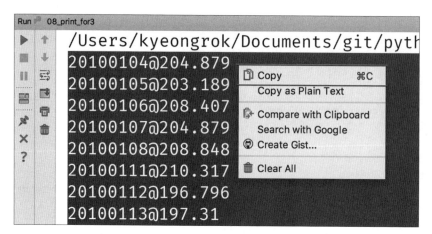

[그림 10-11] 콘솔에서 데이터 복사하기

2. 엑셀을 켜고 붙여넣기를 하고 '데이터 나누기'를 하기 위해 블록을 설정합니다.

	A	B
2061	20180312@179.89	
2062	20180313@178.35	
2063	20180314@182.1	
2064	20180315@175.85	
2065	20180316@171.81	
2066	20180319@165.56	
2067	20180320@166.45	
2068	20180321@166.59	
2069	20180322@167.4	
2070	20180323@169.09	
2071	20180326@166.89	

[그림 10-12] 엑셀에 붙여넣기

3. 상단 [메뉴 → 데이터 → 텍스트 나누기]를 선택합니다.

[그림 10-13] [데이터 → 텍스트 나누기]

4. 데이터가 @으로 구분되어 있으므로 '구분 기호로 분리됨'을 선택하고 <다음>을 누릅니다.

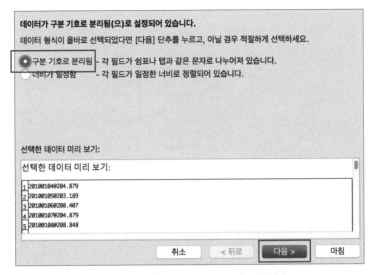

[그림 10-14] '구분 기호로 분리됨' 선택하기

5. 우리가 지정한 기호는 @이기 때문에 '기타'를 선택 해주고 @을 넣습니다. 그러면 @은 없어지고 데이터가 둘로 나누어지는 것을 미리보기를 통해 확인할 수 있습니다. <마침>을 누릅니다.

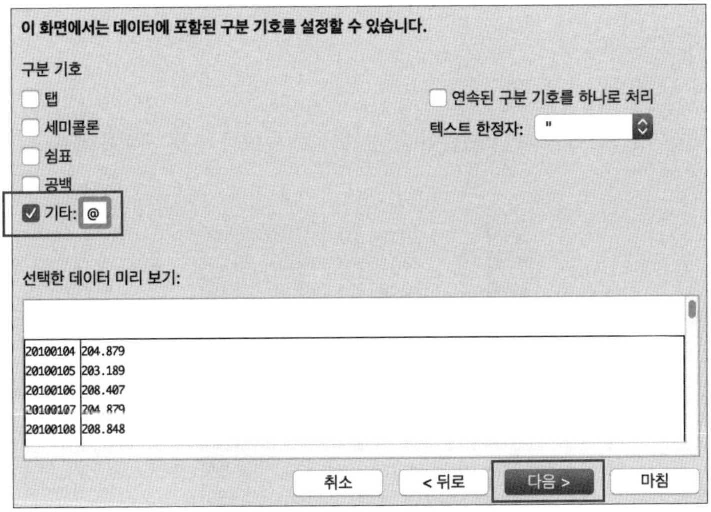

[그림 10-15] '기타'를 선택하고 기호를 @으로 넣기

6. 데이터가 잘 나누어 졌습니다. 열제목을 각각 '날짜', '가격'으로 붙여줍니다.

	A	B
1	날짜	가격
2	20,100,104.00	204.879
3	20,100,105.00	203.189
4	20,100,106.00	208.407
5	20,100,107.00	204.879
6	20,100,108.00	208.848
7	20,100,111.00	210.317
8	20,100,112.00	196.796
9	20,100,113.00	197.31
10	20,100,114.00	193.857
11	20,100,115.00	187.39
12	20,100,119.00	183.862
13	20,100,120.00	182.76
14	20,100,121.00	183.495
15	20,100,122.00	183.128
16	20,100,125.00	183.054
17	20,100,126.00	181.511

[그림 10-16] 열 제목 넣기

날짜는 20100104 이런 형태인데 엑셀이 데이터를 숫자로 인식해서 세자리 마다 ,(콤마)도 넣어주고 소수점 이하 둘째 자리까지 나오는 표시 형식을 적용해주었습니다.

날짜가 필요하다면 표시형식에 들어가서 가공해주거나 left, mid, right 함수 등을 이용해 날짜 형식을 만들어 줄 수 있습니다.

7. 이제 가격을 가지고 차트를 그려보겠습니다. 가격이 들어 있는 부분 전체를 블록을 설정 합니다.

	A	B
2063	20,180,313.00	178.35
2064	20,180,314.00	182.1
2065	20,180,315.00	175.85
2066	20,180,316.00	171.81
2067	20,180,319.00	165.56
2068	20,180,320.00	166.45
2069	20,180,321.00	166.59
2070	20,180,322.00	167.4
2071	20,180,323.00	169.09
2072	20,180,326.00	166.89
2073	20,180,327.00	164.98
2074	20,180,328.00	163.65
2075	20,180,329.00	165.71

[그림 10-17] 가격 전체 블록 잡기

8. 상단 [메뉴 → 삽입 → 꺾은선 아이콘 → 꺾은선 차트 선택]을 눌러 꺾은선 차트를 그려봅니다.

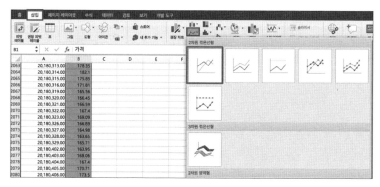

[그림 10-18] 꺾은선 차트 삽입

9. 그러면 차트가 그려집니다. 데이터 개수가 2000개가 넘지만 차트를 이용하면 데이터가 어떻게 변화하는지 추세를 한눈에 볼 수 있습니다.

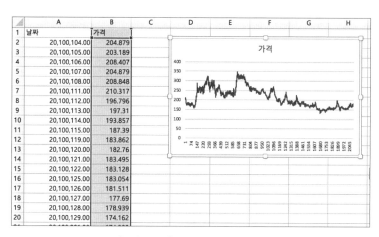

[그림 10-19] 가격으로 차트 그리기

파이썬에도 matplot 등의 라이브러리가 있어서 파이썬으로도 차트를 그릴 수 있지만 당장 사용하기에는 엑셀이 파이썬에 비해 친숙하기 때문에 엑셀로 치트를 그려보는 것도 좋은 방법입니다.

11장

공공 데이터 API 이용하기

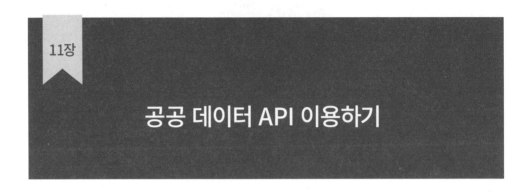

공공 데이터 API 이용하기

+ + + + + + + + + + **11.1 공공 데이터 들어가기** + + + + + + + + + +

웹상에는 많은 데이터들이 있습니다. 하지만 우리가 그 모든 데이터들을 사용할 수 있는 권리가 있지는 않습니다. 어떤 데이터의 경우 저작권 법 등으로 보호되기에 사용했을 경우 법적으로 문제가 생길 여지가 있기도 합니다.

공공 데이터란 공공기관이 생성한 데이터로 정부3.0 정책상 공공 데이터를 누구나 무료로 자유롭게 활용할 수 있도록 데이터의 개방 및 제공을 의무화하고 있습니다.

[그림 11-1] 공공 데이터 포털 메인 화면

포털에 공공 데이터라고 검색하면 [그림 11-1]과 같이 www.data.go.kr 사이트가 나옵니다. 공공 데이터 포털 소개란을 보시면 어떤 서비스들로 어떻게 구성되어 있는지를 참고하실 수 있습니다.

물론, 공공 데이터를 이 사이트에서만 제공하는 것은 아닙니다. https://data.seoul.go.kr/ 서울열린데이터광장과 같이 광역시별로 데이터를 제공하기도 하고 http://opendata.kwater.or.kr/main.do 공공 데이터개발포털 K water에서는 수도, 수질 등 물과 관련된 정보를 모아서 제공하기도 합니다.

그러면 이렇게 공개된 데이터는 어떻게 이용할 수 있을까요? 친절하게도 이 사이트에서는 CSV, XLS 등의 데이터를 직접 제공하기도 하지만 API를 이용해서 데이터를 편리하게 얻고 활용할 수 있도록 API와 API 사용 매뉴얼 등을 제공하기도 합니다.

이번 장에서는 이렇게 정부에서 공개한 www.data.go.kr 사이트에서 제공하는 API를 통해서 사용하는 실습을 진행해보겠습니다.

공공 데이터를 활용하기 위해서는 로그인을 한 상태에서 사용하고자 하는 데이터에 사용신청을 해야 합니다. 회원가입을 하면 아래와 같이 공공 데이터 포털에서 제공하는 모든 정보를 이용할 수 있고, 마이페이지에서 신청한 서비스들을 관리할 수 있습니다.

[그림 11-2] 회원가입 완료 메시지

참고로 이 사이트는 Internet Explorer를 사용해야만 활용 신청 등을 진행할 수 있습니다.

11.2 오픈 API 신청하기

상단 메뉴에서 데이터셋을 보시면 데이터셋, 오픈 API 등의 메뉴가 있습니다. 데이터셋을 보시면 CSV, XLS 등의 실제 데이터를 다운받아서 이용할 수 있도록 해놓았습니다.

하지만 오픈API는 데이터를 직접 다운받는 방식이 아니라 사용하고자 하는 API 서비스에 대해 '활용신청'을 해서 인증키를 받아야 그것을 이용해서 REST API 방식으로 원하는 데이터를 얻을 수 있도록 되어 있습니다.

[그림 11-3] 오픈 API 리스트

위 리스트에서 사용할 서비스를 선택하면 [그림 11-4]과 같은 화면이 뜹니다. 서비스에 대한 소개, 활용신청, 상세기능들을 다루고 있습니다.

많은 API 리스트 중에 국내 관광정보 서비스 데이터를 이용해보겠습니다.

서비스를 클릭해보면, 아래와 같이 여러 가지 정보가 나옵니다. End Point는 저희가 API로 요청을 보내서 정보를 받아올 지점, 주소를 의미합니다. 그렇게 받아오는 데이터의 포맷이 XML이라는 문법을 따른 다는 것이지요. REST API는 웹 주소 형식을 통해서 데이터를 얻는 방식의 API라고 생각하시면 이해하기 쉽습니다. 바로 다음 단원에서 활용해보도록 하겠습니다.

서비스를 이용하기 위해서는 〈활용 신청〉 버튼을 클릭해서 개발계정 신청을 해야합니다. 이 때 서비스를 어떤 목적으로 이용할 것인지 구체적으로 이용하려고 하는 하위 서비스들이 무엇인지를 작성하게 됩니다.

[그림 11-4] 국내 관광정보 서비스 API

[그림 11-5]는 개발계정 신청 화면입니다. API를 이용하기 위해서 일종의 사용 계약을 하는 단계입니다. API의 어떤 기능들을 활용할지에 대한 상세가 나와있고, 활용목적 등을 명시하도록 되어있습니다. 심의여부가 '자동승인'이므로 이 API의 경우 신청하면 바로 사용할 수 있습니다. 특별히 제한이 없으니 모든 기능을 사용할 수 있도록 신청하면 됩니다.

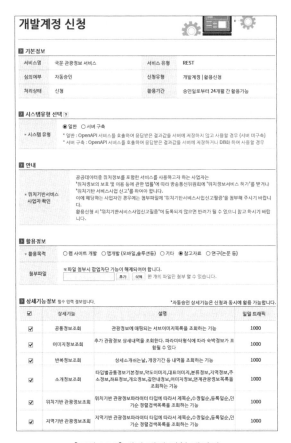

[그림 11-5] 개발 계정 신청 페이지

모든 설정이 끝난 후 가장 아래의 라이센스를 동의한 후 〈신청〉 버튼을 누르면 됩니다.

[그림 11-6] 라이센스 동의

사이트에서 마이페이지에 들어가면 다음과 같이 활용하고 있는 API가 1건으로 표시되는 것을 볼 수 있습니다.

[그림 11-7] 개발계정 화면

현재 활용하고 있는 API가 [그림 11-8]과 같이 간단한 목록으로 나오고 있습니다. API를 활용하려면 어떻게 활용할지 알아야 합니다. 클릭해서 상세 내용을 봅시다.

[그림 11-8] 국문 관광정보 서비스 상세보기

상세보기로 들어가면, 신청한 서비스의 기본정보, 서비스 정보와 각각의 기능에 대한 정보가 있습니다. 참고문서를 다운받아서 작성된 매뉴얼을 참고할 수 있으며, 아래의 각 상세 기능에서 실행을 누르면 실제로 변수들을 REST API를 통해서 전달했을 때 받을 수 있는 값을 미리보거나 특정 형식으로 된 자료를 다운로드할 수 있도록 [그림 11-9]와 같이 준비해 둔 것을 볼 수 있습니다.

상세기능정보에서 일일 트래픽 1,000이라는 것은 하루에 1,000번의 조회만 허용한다는 뜻입니다. 이렇게 트래픽을 제한함으로써 다수의 유저에게 안정적인 서비스를 제공할 수 있습니다.

공개된 모든 API 서비스가 이렇게 친절한 것은 아닙니다. 보통 API 서비스를 사용하기 위해 필요한 인증키와 아주 기본적인 매뉴얼 정도만 제공하는 편입니다.

문서에 따르면 저희가 신청한 개발계정은 하루에 1,000건의 트래픽을 제공하기에 1,000번의 요청만 처리합니다. 만약 1,000번의 요청만으로 처리하기 어려운 경우는 개발계정 대신 운영계정을 신청하여야 합니다. [그림 11-9]의 중간 우측에 〈개발가이드〉 버튼을 누르면 다음과 같은 내용을 확인할 수 있습니다.

[그림 11-9] 지역코드조회 기능

운영계정 신청은 개발계정처럼 자동승인되지 않고, 심의승인으로 신청한 후 기관의 승인을 받아야 합니다. 위 그림에서 볼 수 있듯 운영계정의 일일 신청가능 트래픽은 100,000건이고, API의 활용사례를 등록하면 더 증가시킬 수 있습니다.

[그림 11-10] 운영계정 신청 정보

운영계정 신청 페이지에서는 신청하는 시스템 유형 외에도 어떻게 활용할 것인지에 대한 활용사례 정보를 필수로 기입하게 되어 있어 그걸 토대로 심사 후 계정을 승인합니다. API를 활용하여 어떤 서비스를 제공하고 싶다면 일일 1,000건의 트래픽으로는 부족할 수 있습니다. 100,000건의 트래픽이라면 일반적인 서비스에서는 충분한 수이며 [그림 11-11]과 같이 공공 데이터 활용사례로 등록하면 일일 트래픽 제한을 더욱 늘릴 수 있다고 합니다.

[그림 11-11] 운영계정 신청

공공 데이터 활용 사례를 보면, 문화관광, 환경기상 등 다양한 공개 데이터를 이용해서 안드로이드 앱, 웹 서비스 등 다양한 형태의 서비스를 제공하는 것을 볼 수 있습니다. 이미 등록된 활용사례만 약 500건 정도 되니 공공 데이터 활용에 대한 관심이 적지 않다는 것을 알 수 있습니다.

[그림 11-12] 공공 데이터 활용 사례 페이지

+++++++++++ 11.3 신청한 API 활용하기 +++++++++++

이번에는 신청한 API를 실제로 활용해보겠습니다.

API 서비스를 이용하기 위해서는 보통 서비스를 제공하는 곳에서 인증키를 받아서 이용하게 되는데 보안과 관리를 위해서입니다. 만약 인증키와 트래픽 제한 등의 장치가 없다면 서비스를 악용하거나 무제한으로 트래픽을 보내서 시스템을 마비시키는 등의 공격이 가능하겠죠.

신청한 API를 활용하기 위해 인증기가 필요하므로 먼저 상세 화면에서 '일반 인증키 받기' 버튼을 눌러보겠습니다. 그럼 다음과 같이 일반 인증키 발급 메세지가 팝업됩니다.

[그림 11-13] 일반 인증키 발급 메시지

이렇게 발급받은 인증키는 따로 저장해두는 것이 좋습니다. 이 사이트에서는 인증키 발급 현황이라는 페이지에서 발급받은 인증키를 볼 수 있도록 해놓았습니다.

[그림 11-14] 인증키 발급현황

이렇게 인증키를 발급받고 다시 신청한 API 서비스의 상세 화면으로 가면 서비스정보의 일반 인증키란에 발급받은 인증키가 보이게 됩니다.

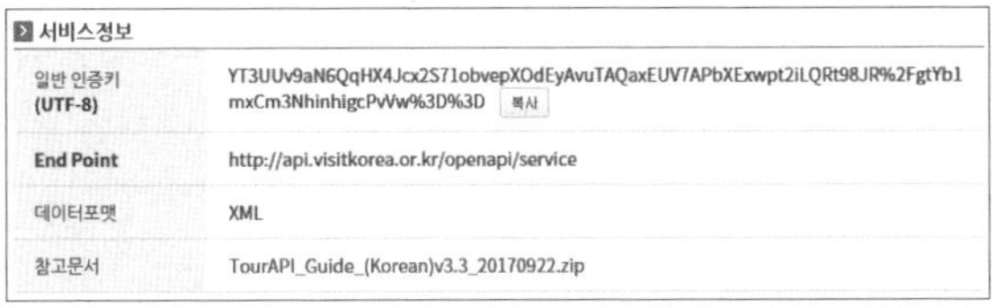

[그림 11-15] 발급받은 인증키 정보가 포함된 화면

인증키를 발급받았으니, 이제 기능을 사용해보겠습니다.

API를 활용하기 위해서는 API 활용법에 대한 명세를 확인할 필요가 있습니다. API에 대한 일관된 규격이 없기 때문에 API를 어떻게 사용하는지에 대한 매뉴얼을 함께 준비합니다. 이 사이트에서는 참고문서와 미리보기 등으로 제공하고 있습니다.

참고문서를 한번 열어보겠습니다.

이름	수정한 날짜	유형	크기
한국관광공사_TourAPI활용매뉴얼(국문)_v3.3_20170922	2017-09-28 오후...	Microsoft Word	1,053KB
한국관광공사_TourAPI활용신청방법_매뉴얼_v3.1(20150601)	2015-06-04 오후...	Microsoft Word	483KB
한국관광공사_서비스분류코드_v3.2_160623	2016-06-23 오후...	Microsoft Excel	142KB

[그림 11-16] 참고문서 리스트

참고문서 중 가장 위의 API 활용 매뉴얼을 확인해보겠습니다.

공공 데이터 포털에 있는 오픈 API들은 한곳에서 제공하는 데이터가 아닌 여러 개의 서로 다른 기관들의 협조를 얻어서 제공되는 서비스들입니다. 신청한 국문 관광정보 서비스 API는 '한국관광공사'에서 제공하는 TourAPI인 것을 알 수 있습니다.

앞의 소개, 서비스 개요는 읽어보시고 저희가 참조할 부분은 '인증키 활용 및 API 호출 방법'을 통해서 어떻게 API를 사용하는지 보고, 'TourAPI 서비스 명세' 에서 우리가 사용할 기능에 대한 상세를 확인할 필요가 있습니다.

[그림 11-17] 매뉴얼 중 '인증키 활용 및 API 호출 방법' 페이지

[그림 11-17]은 문서에서 인증키를 활용하는 방법에 대해 나와있는 페이지입니다. 먼저 개발계정이 하루에 처리할 수 있는 트래픽이 1,000건이고 자동승인을 받은 30분 이후에 연동되어 사용할 수 있다고 나와있습니다.

그리고 다음에 나오는 것이 바로 REST API를 어떻게 사용하는지에 대한 예시입니다. REST 방식의 URL 요청 예를 보시면 URL 주소에 요청하고자 하는 다양한 파라메터들을 붙이는 것을 볼 수 있습니다. 이렇게 붙인 후 완성된 URL로 Request를 보내면 그 서버에서 데이터를 보내주는 방식입니다. 본 API로 얻는 데이터는 기본적으로 XML 형식의 데이터이지만, 간단히 '_type=json' 인자를 추가하여 앞에서 배웠던 JSON 데이터 형식으로 받을 수 있습니다.

URL로 Request를 보내는 과정은 우리가 브라우저로 여러 사이트들을 검색할 때 항상 하는 작업입니다. 예를 들어, 네이버에서 어떤 뉴스 헤드라인을 클릭했을 때 해당 뉴스 페이지로 이동하는 과정은 헤드라인에 연결되어 있는 '주소'를 요청하고 요청된 페이지의 결과를 브라우저 화면에 뿌려주는 과정이라고 할 수 있습니다. 따라서, REST API 형식으로 만든 URL의 결과를 간단하게 확인하고 싶다면 완성된 주소를 브라우저에 붙여보면 됩니다. [그림 11-18]과 같은 화면을 확인할 수 있습니다.


```
공공데이터포털 > 마이페이지...   api.visitkorea.or.kr

  <?xml version="1.0" encoding="UTF-8" standalone="true"?>
- <response>
  - <header>
      <resultCode>0000</resultCode>
      <resultMsg>OK</resultMsg>
    </header>
  - <body>
    - <items>
      - <item>
          <addr1>대구광역시 동구 동화사1길 1</addr1>
          <addr2>(도학동)</addr2>
          <areacode>4</areacode>
          <cat1>A02</cat1>
          <cat2>A0207</cat2>
          <cat3>A02070200</cat3>
          <contentid>2034152</contentid>
          <contenttypeid>15</contenttypeid>
          <createdtime>20151019152356</createdtime>
          <firstimage>http://tong.visitkorea.or.kr/cms/resource/80/1574180_image2_1.jpg</firstimage>
          <firstimage2>http://tong.visitkorea.or.kr/cms/resource/80/1574180_image3_1.jpg</firstimage2>
          <mapx>128.7044413599</mapx>
          <mapy>35.9906472258</mapy>
          <mlevel>6</mlevel>
          <modifiedtime>20171017135805</modifiedtime>
          <readcount>4661</readcount>
          <sigungucode>4</sigungucode>
          <tel>053-980-7900</tel>
          <title>동화사 승시 국화축제 2017</title>
          <zipcode>41007</zipcode>
        </item>
      </items>
      <numOfRows>1</numOfRows>
      <pageNo>1</pageNo>
      <totalCount>3</totalCount>
    </body>
  </response>
```


[그림 11-18] 지역기반 관광조회 기능 미리보기

[그림 11-18]은 저희가 신청한 국문 관광정보 서비스의 기능 중 지역기반 관광정보조회 기능의 미리보기 결과입니다. 가장 위를 보시면 <?xml version="1.0" encoding="UTF-8" 인 것으로 보아 XML 형식의 데이터이고, UTF-8로 인코딩되어 있다는 것을 알 수 있습니다. 그렇다면 이 결과값

을 얻기 위해서 요청한 주소를 한번 확인해볼까요?

미리보기 페이지에서 연결된 주소를 보면 다음과 같습니다.

```
http://api.visitkorea.or.kr/openapi/service/rest/KorService/areaBasedList?serviceKey=YT
3UUv9aN6QqHX4Jcx2S71obvepXOdEyAvuTAQaxEUV7APbXExwpt2iLQRt98JR%2FgtYb1mxCm3NhinhigcPv
Vw%3D%3D&pageNo=1&startPage=1&numOfRows=1&pageSize=1&MobileApp=AppTest&MobileOS=ETC&
arrange=A&contentTypeId=15&areaCode=4&sigunguCode=4&listYN=Y
```

굉장히 길고 한눈에 알아보기 어려운 주소이지만, 앞부터 차근차근히 뜯어보면 어떤 데이터를 요청하는지 파악할 수 있습니다.

```
http://api.visitkorea.or.kr/openapi/service/rest/KorService/areaBasedList?serviceKey=YT
3UUv9aN6QqHX4Jcx2S71obvepXOdEyAvuTAQaxEUV7APbXExwpt2iLQRt98JR%2FgtYb1mxCm3NhinhigcPv
Vw%3D%3D&pageNo=1&startPage=1&numOfRows=1&pageSize=1&MobileApp=AppTest&MobileOS=ETC&
arrange=A&contentTypeId=15&areaCode=4&sigunguCode=4&listYN=Y
```

먼저 가장 앞의 http://api.visitkorea.or.kr/openapi/service/는 앞서 Endpoint로 제시된 주소입니다. End는 사전적 의미로는 끝, 종단으로 보통 End User라고 하면 개발 프로세스가 모두 끝난 제품이나 API를 사용하는 클라이언트들을 의미합니다. 그런 문맥에서 REST API의 End Point라고 하면 REST API를 개발하는 사람들이 아니라, 이미 다 개발된 API를 사용하는 클라이언트(개발자 등)들이 서비스를 제공받기 위해 이용하는 접근 지점이라고 할 수 있습니다. 여기서는 URL의 형태로 접근하는 것이죠.

해당 주소로 한번 접속해보면 [그림 11-19]와 같은 화면이 나옵니다.

[그림 11-19] Endpoint 접속

화면에 보시면 REST API로 이용 가능한 여러 가지 리소스들이 나와 있습니다. 하지만 모두 사용할 수 있는 것은 아니고, 저희가 신청한 API 즉 국문 관광정보 서비스 'KorService'에 해당하는 항목만 저희가 받은 인증키를 통해 사용할 수 있습니다.

API의 실제 endpoint를 확인하기 위해 항상 위의 사이트를 접근해야 하는 것은 아닙니다만 [그림 11-19]처럼 정확한 endpoint가 잘 나와있지 않고 예시만 있는 경우 다양한 접근방법으로 API를 이해할 수 있습니다. 보통 Release되어 있는 REST API는 명확하게 사용할 수 있는 주소를 알려주는 편이며, 우리는 뒤에 붙는 파라메터에 따른 출력값과 일일 트래픽 제한 정도만 체크하고 활용하면 됩니다.

```
http://api.visitkorea.or.kr/openapi/service/rest/KorService/areaBasedList?serviceKey=YT
3UUv9aN6QqHX4Jcx2S71obvepXOdEyAvuTAQaxEUV7APbXExwpt2iLQRt98JR%2FgtYb1mxCm3NhinhigcPv
Vw%3D%3D&pageNo=1&startPage=1&numOfRows=1&pageSize=1&MobileApp=AppTest&MobileOS=ETC&
arrange=A&contentTypeId=15&areaCode=4&sigunguCode=4&listYN=Y
```

http://api.visitkorea.or.kr/openapi/service/rest/KorService/ 가 우리가 사용할 REST API의 endpoint이며 그 뒤에 오는 다양한 파라메터들이 '&'로 구분되어 있죠. 이런 파라메터들 역시 API를 개발한 쪽에서 알려주지 않으면 모르는 정보이기 때문에 그 명세가 제공됩니다. 파라메터 앞의 '?' 는 뒤의 파라메터들을 GET 방식으로 보내겠다는 선언입니다. 현재 사용하고 있는 API의 상세 페이지에서는 요청변수라는 항목으로 항목명과 샘플데이터를 통해 알려주고 있는 데, 매뉴얼을 보면 더 정확합니다.

매뉴얼 문서에서 TourAPI 서비스 명세 중 '지역기반 관광정보 조회' 메뉴를 함께 확인해보겠습니다.

5) [지역기반 관광정보 조회] 오퍼레이션 명세

가) 오퍼레이션 내용

내용	지역 및 시군구를 기반으로 관광정보 목록을 조회하는 기능입니다. 파라미터에 따라 제목순, 수정일순(최신순), 등록일순, 인기순 정렬검색을 제공합니다.
형식	http://api.visitkorea.or.kr/openapi/service/rest/KorService/areaBasedList

나) 요청 메시지 (Request Parameter)

항목명(영문)	항목명(국문)	항목크기	항목구분	샘플데이터	항목 설명
numOfRows	한 페이지 결과 수	4	0	10	한 페이지 결과 수
pageNo	페이지 번호	4	0	1	현재 페이지 번호
MobileOS	OS 구분	30	1	ETC	iOS (아이폰), AND (안드로이드), WIN (윈도우폰), ETC
MobileApp	서비스명	60	1	AppTest	서비스명=어플명
ServiceKey	인증키 (서비스키)	100	1	인증키 (URL-Encode)	공공데이터포털에서 발급받은 인증키
listYN	목록 구분	1	0	Y	목록 구분 (Y=목록, N=개수)
arrange	정렬 구분	1	0	A	(A=제목순, B=조회순, C=수정일순, D=생성일순) 대표이미지가 반드시 있는 정렬 (O=제목순, P=조회순, Q=수정일순, R=생성일순)
contentTypeId	관광타입 ID	12	0	15	관광타입(관광지, 숙박 등) ID
areaCode	지역코드	10	0	4	지역코드
sigunguCode	시군구코드	10	0	4	시군구코드(areaCode 필수)
cat1	대분류	12	0		대분류 코드
cat2	중분류	12	0		중분류 코드(cat1 필수)
cat3	소분류	12	0		소분류 코드(cat1,cat2필수)

※ 항목구분 : 필수(1), 옵션(0), 1건 이상 복수건(1..n), 0건 또는 복수건(0..n)

[그림 11-20] 매뉴얼 중 '지역기반 관광정보 조회' 항목

문서를 보시면, Endpoint뒤에 'areaBasedList'라는 파라메터를 붙어야 지역기반 관광정보 조회를 이용할 수 있도록 되어있습니다. 기능마다 구분되는 파라메터입니다. 그 뒤에 붙는 파라메터들이 '요청 메시지'로 정리되어 있습니다.

ServiceKey는 인증키로 발급받은 본인의 키를 넣으면 됩니다. 나머지 항목인 pageNo, startPage, numOfRows, pageSize, MobileApp, MobileOS 등을 알맞게 넣어주면 되는 데, 요청에 대한 응답을 받기위해 필수적으로 필요한 파라메터들도 있습니다. 위 기능에서는 MobileOS, MobileApp, ServiceKey가 그 항목들입니다. 해당 항목을 입력하지 않을 경우 응답을 받을 수 없으므로 주의해야 합니다. 필수 항목이 아닌 옵션 항목들도 데이터의 범위를 좁히기 위해서 필요한 항목들입니다. 필요한 데이터를 적시적소에 이용하기 위해서는 이런 매뉴얼을 잘 보고 파라메터 값을 선정해서 넣어주어야 합니다.

자, 이제 REST API에 대해 잘 이해했으니, 코드로 API를 호출해보도록 하겠습니다.

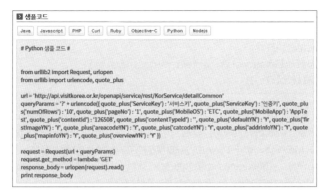

[그림 11-21] 샘플코드

개발 가이드 페이지의 가장 하단에서 다양한 언어로 샘플코드를 제공합니다. Endpoint에 요청할 파라메터들의 조합을 붙인 후 요청을 보내는 코드이니 참고하세요. 저희는 앞서 배운 BeatifulSoup 패키지를 이용해서 요청한 결과를 파싱해보겠습니다.

```python
import requests
import bs4


endpoint = "http://api.visitkorea.or.kr/openapi/service/rest/KorService/areaBasedList?"
serviceKey = "YT3UUv9aN6QqHX4Jcx2S71obvepXOdEyAvuTAQaxEUV7APbXExwpt2iLQRt98JR%2Fgt" \
             "Yb1mxCm3NhinhigcPvVw%3D%3D"
numOfRows = "10"
pageSize = "1"
pageNo = "1"
MobileOS = "ETC"
MobileApp = "AppTest"
arrange = "A"
contentTypeId = "15"
areaCode = "1"
sigunguCode = "4"
listYN = "Y"


paramset = "serviceKey=" + serviceKey + "&" + "numOfRows=" + numOfRows + "&" +
"pageSize=" + pageSize + \
           "&" + "pageNo=" + pageNo + "&" + "MobileOS=" + MobileOS + "&" + "MobileApp="
+ MobileApp + \
           "&" + "arrange=" + arrange + "&" + "contentTypeId=" + contentTypeId + "&" +
"areaCode=" + areaCode +\
           "&" + "sigunguCode=" + sigunguCode + "&" + "listYN=" + listYN
```

```python
url = endpoint + paramset
print(url)
result = requests.get(url)
bs_obj = bs4.BeautifulSoup(result.content, "html.parser")
print(bs_obj.findAll("title"))
```

결과

http://api.visitkorea.or.kr/openapi/service/rest/KorService/areaBasedList?serviceKey=Y
T3UUv9aN6QqHX4Jcx2S71obvepXOdEyAvuTAQaxEUV7APbXExwpt2iLQRt98JR%2FgtYb1mxCm3Nhinhigc
PvVw%3D%3D&numOfRows=10&pageSize=1&pageNo=1&MobileOS=ETC&MobileApp=AppTest&arrange
=A&contentTypeId=15&areaCode=1&sigunguCode=4&listYN=Y
[<title>개화산 해맞이 행사 2018</title>, <title>겸재문화예술제 2018</title>, <title>허준축제
2017</title>]

REST API url을 만들기 위해서 endpoint와 paramset을 만들었습니다. paramset 문자열에 각각
의 파라메터 값을 선언하여 '&'로 연결하였습니다. 숫자 파라메터 값들도 결국 문자열로 조합할 것이
므로 문자열 데이터로 선언하였습니다. 각각의 파라메터 값이 무엇을 의미하는지는 사이트와 매뉴
얼을 참고하면 알 수 있습니다.

그 후 완성된 URL을 출력하였고, 그 URL을 요청하여 받아온 결과를 BeatifulSoup 패키지를 이
용해서 파싱하였습니다. 결과로 출력된 것은 title 태그로 묶인 부분들로 3개의 데이터를 뽑을 수 있
었습니다.

위 소스코드에서는 받아온 다음 특정 데이터만 가져왔는 데, 전체 데이터를 다 가져오면 어떤 모습
일까요? 직접 실습해보시고 여기서는 한 아이템만 확인해보겠습니다.

```
▼<item>
   <addr1>서울특별시 강서구 개화동</addr1>
   <areacode>1</areacode>
   <cat1>A02</cat1>
   <cat2>A0207</cat2>
   <cat3>A02070200</cat3>
   <contentid>1155897</contentid>
   <contenttypeid>15</contenttypeid>
   <createdtime>20101229103003</createdtime>
   <mapx>126.8047169662</mapx>
   <mapy>37.5821048853</mapy>
   <mlevel>6</mlevel>
   <modifiedtime>20171218152019</modifiedtime>
   <readcount>22001</readcount>
   <sigungucode>4</sigungucode>
   <tel>02-2600-6455</tel>
   <title>개화산 해맞이 행사 2018</title>
   <zipcode>07501</zipcode>
</item>
```

[그림 11-22] 가져온 XML 데이터 확인

앞의 소스코드에서 xml형식으로 가져온 데이터 3개 중 한 item입니다. 내부를 보면, 앞에서 파싱해온 title 데이터 외에도 다양한 데이터들이 있습니다. 이렇게 이용할 수 있는 데이터 역시 매뉴얼에 상세하게 나와있습니다. 매뉴얼 문서에서 오퍼레이션 명세를 다시 보면 응답 메시지(Response Message)에 얻을 수 있는 데이터의 목록이 잘 나와있으니 사용하실 때 함께 참고하시면 됩니다.

이렇게 공공 데이터에 대한 API를 신청하고 활용해 보았습니다. API를 만드는 이유는 그 API를 통해서 데이터를 잘 쓰게 하려는 것입니다. 그래서 가능하면 처음보는 사람도 금방 쓸 수 있도록 쉽게 문서나 그 절차를 설명하는 편입니다.

++++++++ 11.4 서울의 심야 약국 수 조사 ++++++++

이제 공공 데이터 API를 어떻게 사용하는지 알았으니, 간단한 서비스를 만들어보겠습니다. 전국 약국 정보 조회 서비스를 통해서 서울에 오후 9시 넘어서까지 하는 약국이 얼마나 되는지 분석하는 프로그램을 만들어보겠습니다.

[그림 11-23] 전국 약국 정보 조회 서비스 API

전국 약국 정보 조회 서비스에 들어가서 활용신청 버튼을 통해 개발계정을 신청하면 됩니다.

[그림 11-24] 전국 약국 정보 조회 서비스 개발 계정 신청

이번 API는 앞서 활용하였던 국내 관광정보 API와는 달리 기본 일일 트래픽이 1,000,000으로 거의 제한이 없는 편입니다. 신청을 완료하면 [그림 11-25]와 같이 상세화면을 확인할 수 있습니다.

[그림 11-25] 전국 약국 정보 조회 서비스 상세보기

확인해보면 알겠지만, 인증키는 공용으로 사용되므로 다시 발급받을 필요가 없습니다. 참고문서와 미리보기를 참고하여 API를 익혀봅시다.

가장 첫 번째 기능인 약국 목록정보 조회의 미리보기를 해봅시다.

[그림 11-26] 약국 목록정보 조회 기능

상세기능정보의 우측 〈실행〉 버튼을 누르면, REST API로 Request를 보낼 파라메터 목록이 나오죠. 파라메터를 보시면 서울특별시 강남구에 있는 삼성약국 중 월요일에 여는 곳을 찾겠다는 것 같습니다. 미리보기를 눌러볼까요?

미리보기를 눌렀을 때 Request 보내는 URL의 주소를 먼저 보겠습니다.

```
http://apis.data.go.kr/B552657/ErmctInsttInfoInqireService/getParmacyListInfoInqire?ser
viceKey=YT3UUv9aN6QqHX4Jcx2S71obvepXOdEyAvuTAQaxEUV7APbXExwpt2iLQRt98JR%2FgtYb1mxCm3N
hinhigcPvVw%3D%3D&Q0=%EC%84%9C%EC%9A%B8%ED%8A%B9%EB%B3%84%EC%8B%9C&Q1=%EA%B0%95%EB%8
2%A8%EA%B5%AC&QT=1javascript%3A%3B&QN=%EC%82%BC%EC%84%B1%EC%95%BD%EA%B5%AD&ORD=NAME&
pageNo=1&startPage=1&numOfRows=10&pageSize=10
```

URL이 상당히 복잡한데, 한글 파라메터를 사용하는 경우 한글이 UTF-8 형식으로 변환되기 때문에 과도하게 긴 문자열로 변경될 수 있습니다. 넘기는 파라메터를 중심으로 URL를 다시 한번 볼까요?

```
http://apis.data.go.kr/B552657/ErmctInsttInfoInqireService/getParmacyListInfoInqire?ser
viceKey=YT3UUv9aN6QqHX4Jcx2S71obvepXOdEyAvuTAQaxEUV7APbXExwpt2iLQRt98JR%2FgtYb1mxCm3N
hinhigcPvVw%3D%3D&Q0=%EC%84%9C%EC%9A%B8%ED%8A%B9%EB%B3%84%EC%8B%9C&Q1=%EA%B0%95%EB%8
2%A8%EA%B5%AC&QT=1javascript%3A%3B&QN=%EC%82%BC%EC%84%B1%EC%95%BD%EA%B5%AD&ORD=NAME&
pageNo=1&startPage=1&numOfRows=10&pageSize=10
```

위 URL을 endpoint와 각 파라메터를 중심으로 분석해보았습니다. Q0, Q1 파라메터를 보시면 %

로 시작하는 긴 문자열로 되어 있습니다. 이 문자열이 바로 요청변수로 넘겨준 '서울특별시' '강남구' 가 UTF-8로 변환된 결과입니다. 이와 같이 한글 파라미터를 사용하는 경우 내부적으로 그 인코딩 을 변경하여 URL을 만들어줍니다.

앞의 미리보기 페이지에서는 이러한 인코딩 변환을 자동으로 해주었지만 코드로 작성하게 된다면 변환 과정 역시 개발자의 몫입니다. 우리가 크롤링을 하기 위해 프로그램을 작성하는 이유는 이런 과정들을 모두 자동화해서 편하게 편집된 핵심 데이터만 보고자 하는 것이죠. 따라서 인코딩도 하 나의 함수로 만들어 놓는 것이 좋습니다.

URL 인코딩이란? 인코딩이란 말이 어려운 것 같지만, 항상 우리 주변에 있습니다. 구글 검색을 예 로 들어보겠습니다.

[그림 11-27] '파이썬 빅데이터 크롤링 인공지능' 구글 검색 결과

위와 같이 '파이썬 빅데이터 크롤링 인공지능' 이라는 검색어로 검색했을 때 그 상단 주소 표시줄 을 보시면 검색어가 q(Query, 검색어)라는 파라미터로 들어가 있는것을 볼 수 있습니다. 띄어쓰기 가 +로 이어져 있습니다. 하지만, 그 주소를 복사해서 메모장 등에 붙여보면 실제 주소는 UTF-8 Encoding 을 따르고 있다는 것을 볼 수 있습니다.

```
https://www.google.co.kr/search?ei=ycVSW9jOEYiU8wX5ioawBw&q=%ED%8C%8C%EC%9D%B4%EC%8D%
AC+%EB%B9%85%EB%8D%B0%EC%9D%B4%ED%84%B0+%ED%81%AC%EB%A1%A4%EB%A7%81+%EC%9D%B8%EA%B3
%B5%EC%A7%80%EB%8A%A5&oq=%ED%8C%8C%EC%9D%B4%EC%8D%AC+%EB%B9%85%EB%8D%B0%EC%9D%B4%ED%
84%B0+%ED%81%AC%EB%A1%A4%EB%A7%81+%EC%9D%B8%EA%B3%B5%EC%A7%80%EB%8A%A5&gs_l=psy-ab.3.
```

..76468.103599.0.103729.0.0.0.0.0.0.0.0.0..0.0....0...1c.1j4.64.psy-ab..0.0.0....0.0UoinKg5ZKE

내부적으로 입력한 한글이 UTF-8로 인코딩하여 사용하고 있는 것입니다.
어떻게 인코딩할까요? 다음 코드를 봅시다.

```python
from urllib.parse import quote

seoul = "서울특별시"
print(seoul)

seoul = quote(seoul)
print(seoul)
```

결과

```
서울특별시
%EC%84%9C%EC%9A%B8%ED%8A%B9%EB%B3%84%EC%8B%9C
```

```python
from urllib.parse import quote
```

위 코드와 같이 URL 형식에 맞도록 변환하기 위해 urllib.parse에 있는 quote함수를 사용할 수 있습니다. 어떤 패키지의 모듈을 사용하고자 할 때 군이 패키지 전체를 추가할 필요가 없는 경우 이와 같이 from, import를 사용합니다. 만약 아래와 같이 urllib 패키지를 추가한 경우라면 urllib.parse.quote( ) 함수로 사용해야 하기 때문에 위와 같이 사용할 경우 코드를 더 간결하게 작성할 수 있습니다.

한글 파라메터를 사용하는 경우라면 이러한 변환과정이 내부적으로 필요합니다. 특히 코드를 직접 작성한다면 변환를 직접해서 추가할 필요가 있습니다.

매번 변환하지 않고 간혹 변환할 때는 코드가 아니라 변환 기능을 제공하는 사이트를 이용하여도 좋습니다. https://www.urlencoder.org/를 참고하세요.

총 두 곳의 약국이 나오는 데 그 중 첫 번째 데이터만 보겠습니다. 보시면 XML 데이터 형식으로, dutyAddr, dutyMaping, dutyName 등 보낸 Request에 대응되는 Response 데이터들이 출력됩니다.

294

```
<item>
    <dutyAddr>서울특별시 강남구 일원로 53 (일원동) </dutyAddr>
    <dutyMapimg>소림빌딩 1층</dutyMapimg>
    <dutyName>E-삼성약국</dutyName>
    <dutyTel1>02-3412-1254</dutyTel1>
    <dutyTime1c>1900</dutyTime1c>
    <dutyTime1s>0830</dutyTime1s>
    <dutyTime2c>1900</dutyTime2c>
    <dutyTime2s>0830</dutyTime2s>
    <dutyTime3c>1900</dutyTime3c>
    <dutyTime3s>0830</dutyTime3s>
    <dutyTime4c>1900</dutyTime4c>
    <dutyTime4s>0830</dutyTime4s>
    <dutyTime5c>1900</dutyTime5c>
    <dutyTime5s>0830</dutyTime5s>
    <dutyTime6c>1500</dutyTime6c>
    <dutyTime6s>0900</dutyTime6s>
    <hpid>C1104799</hpid>
    <postCdn1>063</postCdn1>
    <postCdn2>43</postCdn2>
    <rnum>1</rnum>
    <wgs84Lat>37.48926299528938</wgs84Lat>
    <wgs84Lon>127.08181088280385</wgs84Lon>
</item>
```

[그림 11-28] XML 형식의 약국 데이터

이런 데이터들이 각각 어떤 것을 의미하는 지는 유추할 수도 있지만 만약 제품을 만들 때 사용하는 API라면 정확하게 매뉴얼을 이해하는 것이 중요합니다. 상세 페이지의 서비스정보를 보시면 참고문서가 올려져 있는 데, 데이터 명세를 확인해 보겠습니다.

(나) 응답 메시지 명세

항목명(영문)	항목명(국문)	항목 크기	항목 구분	샘플데이터	항목설명
resultCode	결과코드	2	1	00	00:성공
resultMag	결과메시지	10	1	NORMAL SERVICE	
Items			0..n		
mum	일련번호	10	1	1	item 번호
dutyAddr	주소	200	1	서울특별시 강남구 일원동 50 (일원로81)	주소
dutyEtc	비고	200	0	외래진료시간은 진료과목별 운영	비고
dutyMapimg	간이약도	100	0	-	간이약도
dutyName	기관명	100	1	(사)삼성생명공익재단 삼성서울병원	기관명
dutyTel1	대표전화1	14	1	02-3410-2114	대표전화1
dutyTime1c	진료시간(월요일)C	4	0	1530	진료시간(월요일)C
dutyTime2c	진료시간(화요일)C	4	0	1530	진료시간(화요일)C
dutyTime3c	진료시간(수요일)C	4	0	1530	진료시간(수요일)C
dutyTime4c	진료시간(목요일)C	4	0	1530	진료시간(목요일)C
dutyTime5c	진료시간(금요일)C	4	0	1530	진료시간(금요일)C
dutyTime6c	진료시간(토요일)C	4	0	1530	진료시간(토요일)C
dutyTime7c	진료시간(일요일)C	4	0	1530	진료시간(일요일)C
dutyTime8c	진료시간(공휴일)C	4	0	1530	진료시간(공휴일)C
dutyTime1s	진료시간(월요일)S	4	0	0830	진료시간(월요일)S
dutyTime2s	진료시간(화요일)S	4	0	0830	진료시간(화요일)S
dutyTime3s	진료시간(수요일)S	4	0	0830	진료시간(수요일)S
dutyTime4s	진료시간(목요일)S	4	0	0830	진료시간(목요일)S
dutyTime5s	진료시간(금요일)S	4	0	0830	진료시간(금요일)S
dutyTime6s	진료시간(토요일)S	4	0	0830	진료시간(토요일)S
dutyTime7s	진료시간(일요일)S	4	0	0830	진료시간(일요일)S
dutyTime8s	진료시간(공휴일)S	4	0	0830	진료시간(공휴일)S
hpid	기관ID	10	1	A0000028	기관ID : 동일테이블에 기관명을 포함하고 있음
postCdn1	우편번호1	3	1	135	우편번호1
postCdn2	우편번호2	3	1	750	우편번호2
wgs84Lon	병원경도	8	1	127.0851566	병원경도
wgs84Lat	병원위도	8	1	37.48813256	병원위도

※ 항목구분 : 필수(1), 옵션(0), 1건 이상 복수건(1..n), 0건 또는 복수건(0..n)

[그림 11-29] 매뉴얼 중 응답 메시지 명세

[그림 11-29]의 매뉴얼에 보면 응답 메시지 명세라는 항목에 방금 받은 결과의 각 데이터들이 무엇을 의미하는지 잘 나와 있습니다. 물론 위에서 Request 파라메터로 보낸 값들이 각각 무엇을 의미하는 지 역시 설명되어 있습니다.

REST API로 프로그램을 만들고자 할 때 이렇게 어떤 파라메터 조합으로 어떤 결과 데이터를 받을 수 있는지 파악하는 것이 중요합니다. 필요한 파라메터를 리스트에 넣어 놓는다면 반복문을 통해서 API 크롤링을 자동화할 수 있습니다.

먼저, 예시로 나온 서울특별시 강남구의 삼성약국을 검색하는 코드를 작성해봅시다.

```python
from urllib.parse import quote
import requests
import bs4

endpoint = "http://apis.data.go.kr/B552657/ErmctInsttInfoInqireService/
getParmacyListInfoInqire?"
serviceKey = "YT3UUv9aN6QqHX4Jcx2S71obvepXOdEyAvuTAQaxEUV7APbXExwpt2iLQRt98JR%2FgtYb1
mxCm3NhinhigcPvVw%3D%3D"
Q0 = quote("서울특별시")
Q1 = quote("강남구")
QT = "1"
QN = quote("삼성약국")
ORD = "NAME"
pageNo = "1"
startPage = "1"
numOfRows = "10"
pageSize = "10"

paramset = "serviceKey=" + serviceKey + "&" + "Q0=" + Q0 + "&" + "Q1=" + Q1 + \
           "&" + "QT=" + QT + "&" + "QN=" + QN + "&" + "ORD=" + ORD + \
           "&" + "pageNo=" + pageNo + "&" + "startPage=" + startPage + "&" +
"numOfRows=" + numOfRows +\
           "&" + "pageSize=" + pageSize

url = endpoint + paramset
print("url : " + url)
result = requests.get(url)
bs_obj = bs4.BeautifulSoup(result.content, "html.parser")
items = bs_obj.findAll("item")
for item in items:
```

```
tagged_item = item.find("dutyname")
print(tagged_item.text)
```

결과

url :
http://apis.data.go.kr/B552657/ErmctInsttInfoInqireService/getParmacyListInfoInqire?se
rviceKey=YT3UUv9aN6QqHX4Jcx2S71obvepXOdEyAvuTAQaxEUV7APbXExwpt2iLQRt98JR%2FgtYb1mxC
m3NhinhigcPvVw%3D%3D&Q0=%EC%84%9C%EC%9A%B8%ED%8A%B9%EB%B3%84%EC%8B%9C&Q1=%EA%B0%95%
EB%82%A8%EA%B5%AC&QT=1javascript%3A%3B&QN=%EC%82%BC%EC%84%B1%EC%95%BD%EA%B5%AD&ORD=
NAME&pageNo=1&startPage=1&numOfRows=10&pageSize=10
E-삼성약국
삼성약국

앞 단원에서 작성한 소스코드와 파라메터만 다르고 크게 다르지 않습니다. BeutifulSoup을 이용해서 각 item 별로 접근하여 dutyname이라는 태그를 가져와서 태그 사이의 text를 뽑아냅니다. 이때 실제 Response의 항목인 dutyName으로 하면 에러가 발생하는 데 그 이유는 BeautifulSoup으로 html Object로 가져올 때 대문자를 소문자들로 자동 변환하기 때문입니다.

그럼 이제 서울에 있는 모든 약국에 대해서 크롤링을 해보겠습니다. 매뉴얼에 의하면 약국 목록정보 조회 기능의 모든 파라메터들은 모두 옵션으로 따로 명시하지 않아도 결과를 받아올 수 있었습니다. 그 중에서 위의 코드는 '서울특별시', '강남구', '월요일', '삼성약국' 이라는 값을 파라메터로 전달해서 검색되는 약국의 범위를 줄여준 것이라고 할 수 있습니다.

그럼 서울특별시를 제외한 나머지 파라메터를 빼면 서울에 있는 모든 약국 리스트가 나올까요? 다음 코드를 보겠습니다.

```
from urllib.parse import quote
import requests
import bs4

endpoint = "http://apis.data.go.kr/B552657/ErmctInsttInfoInqireService/
getParmacylistInfoInqire?"
serviceKey = "YT3UUv9aN6QqHX4Jcx2S71obvepXOdEyAvuTAQaxEUV7APbXExwpt2iLQRt98JR%2FgtYb1
mxCm3NhinhigcPvVw%3D%3D"
Q0 = quote("서울특별시")
ORD = "NAME"
pageNo = "1"
startPage = "1"
```

```
numOfRows = "10"
pageSize = "10"

paramset = "serviceKey=" + serviceKey + "&" + "Q0=" + Q0 + "&" + "ORD=" + ORD + \
            "&" + "pageNo=" + pageNo + "&" + "startPage=" + startPage + "&" +
"numOfRows=" + numOfRows +\
            "&" + "pageSize=" + pageSize

url = endpoint + paramset
print("url : " + url)
result = requests.get(url)
bs_obj = bs4.BeautifulSoup(result.content, "html.parser")
items = bs_obj.findAll("item")
for item in items:
    tagged_item = item.find("dutyname")
    print(tagged_item.text)
```

결과

```
url :
http://apis.data.go.kr/B552657/ErmctInsttInfoInqireService/getParmacyListInfoInqire?se
rviceKey=YT3UUv9aN6QqHX4Jcx2S71obvepXOdEyAvuTAQaxEUV7APbXExwpt2iLQRt98JR%2FgtYb1mxC
m3NhinhigcPvVw%3D%3D&Q0=%EC%84%9C%EC%9A%B8%ED%8A%B9%EB%B3%84%EC%8B%9C&ORD=NAME&page
No=1&startPage=1&numOfRows=10&pageSize=10
100세약국
100세약국
123약국
123약국
153은누리약국
1번약국
1번약국
1층호약국
21C세계로약국
21세기고려약국
```

Q1, QT, QN 파라메터를 제거해보았습니다. 결과값이 10개로 줄어든 것을 확인할 수 있습니다. 10
개만 출력되는 이유는 저희가 numOfRows(목록 건수)를 10으로 제한했기 때문입니다. 실제로 몇
개의 데이터가 검색되었는지 위 코드에서 만든 URL로 들어가봅시다.

```
▼<item>
    <dutyAddr>서울특별시 성북구 인촌로 80</dutyAddr>
    <dutyName>21세기고려약국</dutyName>
    <dutyTel1>02-929-9696</dutyTel1>
    <dutyTime1c>1800</dutyTime1c>
    <dutyTime1s>0830</dutyTime1s>
    <dutyTime2c>1800</dutyTime2c>
    <dutyTime2s>0830</dutyTime2s>
    <dutyTime3c>1800</dutyTime3c>
    <dutyTime3s>0830</dutyTime3s>
    <dutyTime4c>1800</dutyTime4c>
    <dutyTime4s>0000</dutyTime4s>
    <dutyTime5c>1800</dutyTime5c>
    <dutyTime5s>0830</dutyTime5s>
    <dutyTime6c>1330</dutyTime6c>
    <dutyTime6s>0900</dutyTime6s>
    <hpid>C1104797</hpid>
    <postCdn1>028</postCdn1>
    <postCdn2>55</postCdn2>
    <rnum>10</rnum>
    <wgs84Lat>37.58615740979085</wgs84Lat>
    <wgs84Lon>127.02820005155834</wgs84Lon>
</item>
</items>
<numOfRows>10</numOfRows>
<pageNo>1</pageNo>
<totalCount>4993</totalCount>
</body>
</response>
```

[그림 11-30] XML 형식의 약국 데이터 중 마지막 부분

들어간 결과 페이지의 가장 마지막(10번째) item의 밑에 totalCount 라는 태그로 전체 item의 수가 나와있습니다. URL을 만들 때 사용하는 파라메터 중에 numOfRows와 pageNo가 있는 이유는 이렇게 많은 데이터를 한 번에 출력해서 보는 것이 비효율적이기 때문에 그 스케일을 개발자가 정하도록 한 것입니다.

우리는 서울에 있는 모든 약국에 대해서 검색하고자 하므로, 한 페이지에 나타낼 numOfRows를 크게 잡으면 더 많은 데이터를 가져올 수 있습니다. 서울의 전체 약국 수가 4,993개이므로 5,000으로 늘려서 받고, 그 중 평일인 월요일에 밤 9시 이후까지 하는 약국의 수를 세어보겠습니다.

```
from urllib.parse import quote
import requests
import bs4

endpoint = "http://apis.data.go.kr/B552657/ErmctInsttInfoInqireService/
getParmacyListInfoInqire?"
serviceKey = "YT3UUv9aN6QqHX4Jcx2S71obvepXOdEyAvuTAQaxEUV7APbXExwpt2iLQRt98JR%2FgtYb1
mxCm3NhinhigcPvVw%3D%3D"
Q0 = quote("서울특별시")
ORD = "NAME"
pageNo = "1"
startPage = "1"
numOfRows = "5000"
```

```
paramset = "serviceKey=" + serviceKey + "&" + "Q0=" + Q0 + "&" + "ORD=" + ORD + \
           "&" + "pageNo=" + pageNo + "&" + "startPage=" + startPage + "&" +
"numOfRows=" + numOfRows

url = endpoint + paramset
result = requests.get(url)
bs_obj = bs4.BeautifulSoup(result.content, "html.parser")
items = bs_obj.findAll("item")

count = 0
for item in items:
    tagged_item = item.find("dutytime1c")
    if (tagged_item != None):
        close_time = int(tagged_item.text)
        if(close_time > 2100):
            count += 1

print("월요일 9시 이후까지 하는 약국의 수 : " + str(count))
```

결과

월요일 9시 이후까지 하는 약국의 수 : 916

전체 서울 약국 중 월요일에 문을 열지 않는 약국도 있기 때문에 확인해줘야 합니다. dytutime1c는 월요일날 닫는 시간을 의미하는 데이터로 월요일에 문을 열지 않는 약국의 경우 이 데이터가 없기 때문에 item.find( )의 결과가 None이 나올 수 있습니다. 따라서 None이 아닌 데이터를 대상으로 그 시간 값을 text(문자열) 뽑은 후 숫자 간 비교 연산을 위해 문자열을 int( )를 이용해서 정수로 바꿔줬습니다. 우리는 밤 9시 즉 21시 이후에 영업하는 병원을 찾고 있으므로 숫자 2,100보다 큰 경우를 카운트하였습니다.

이러한 기본 프로그램에서 사용자에게 파라메터와 추가적인 조건을 입력으로 받도록 하면 내 주변의 심야시간까지 운영하는 약국이 어디에 있는지 알아보는 앱을 만들 수 있습니다.

이번 장에서는 약국에 관련된 데이터를 받아오기 위해 원하는 파라메터별로 URL을 만들고 데이터를 가져온 후 실시간 처리하는 프로그램을 만들어보았습니다. 위에서는 한 번의 URL 요청으로 원하는 결과를 받아오고 있지만, 실제로 다양한 결과값을 찾기 위해 다양한 파라메터의 조합으로 여러 번 가져오기도 합니다.

+++ 11.5 커리어넷 진로직업정보 데이터로 원하는 직업 찾아보기 +++

오픈 API에서 '커리어넷 진로직업정보' 데이터를 통해서 원하는 직업을 찾는 간단한 프로그램을 작성해봅시다.

[그림 11-31] 커리어넷 진로직업정보 API

커리어넷 진로직업정보는 바로 전에 다뤘던 국내 관광정보 데이터와는 달리 이 홈페이지에서 API를 직접 제공하지 않습니다. 그래서 활용신청버튼이 없고 참고문서도 존재하지 않습니다. Link URL로 제시된 커리어넷 주소로 들어가봅시다.

[그림 11-32] 커리어넷 직업정보 오픈 API 신청

들어가보면 커리어넷의 오픈API를 신청하는 버튼이 있습니다. 커리어넷 로그인이 필요하므로, 계정이 없다면 새로 생성해야 합니다. 생성과정은 생략하도록 하겠습니다.

로그인을 마친 후 오픈API 신청을 누르면 다음과 같이 인증키를 요구하는 화면으로 바뀝니다. 발급받은 인증키가 없으면 API를 사용할 수 없으므로 인증키 발급을 신청합니다.

[그림 11-33] 오픈 API 인증키 신청

커리어넷의 오픈 API는 자동 승인이 아닌 관리자의 심사 후 발급이 됩니다. 빈칸을 적당하게 기입하면 됩니다.

[그림 11-34] 오픈 API 인증키 발급신청

발급신청을 완료하면 관리자의 승인이 있기 전까지 대기해야 합니다.

[그림 11-35] 오픈 API 인증키 승인대기중 화면

인증키 신청이 완료되면 [그림 11-36]과 같이 인증키가 발급됩니다. 만약 신청한 기관에서 그 처리가 늦다면 메일을 보내거나 직접 전화해보는 것도 좋습니다. 커리어넷의 경우 비교적 빠르게 인증키 처리가 이루어져서 위와 같이 키를 받을 수 있었습니다.

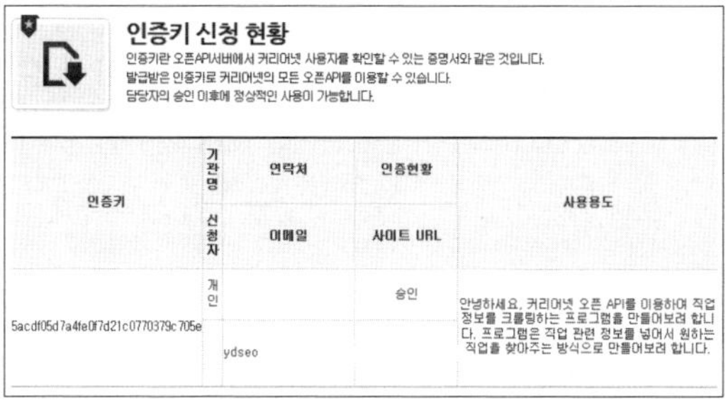

[그림 11-36] 인증키 신청 현황

커리어넷 좌측 메뉴를 확인하면 인증키를 신청하는 메뉴 밑에 각 API들이 있습니다. 받은 인증키로 커리어넷에서 제공하는 API들을 사용할 수 있습니다. API를 사용할 때는 매뉴얼을 함께 참조하면 좋습니다. Open API센터의 상단 메뉴 중 '오픈API 이용안내'를 클릭하면 매뉴얼과 JSP로 된 간단한 예제코드를 제공하고 있습니다.

[그림 11-37] 커리어넷 메뉴

커리어넷의 API 역시 REST API로 원하는 정보를 파라메터로 담아서 넘겨주는 방식으로 응답을 받습니다. 커리어넷이 앞에서 다뤘던 API와 다른 점은 웹 페이지에 편하게 URL를 생성해준다는 점 입니다.

[그림 11-38]의 기본 정보를 보면 결과값을 XML 형태로 받을 것인지, JSON 형태로 받을 것인지 결 정할 수 있도록 Endpoint 주소를 두었습니다. 이 역시 요청변수 리스트에 contentType에서 조정할 수 있도록 되어 있습니다.

각 파라메터들을 자신이 조사하고자 하는 값으로 세팅한 후 URL 생성 버튼을 누르면 이와 같이 URL이 생성되는 모습을 볼 수 있습니다. 발급받은 유효한 인증키 정보가 자동으로 기입됩니다.

[그림 11-38] 직업정보 API 화면

생성된 URL을 통해서 직접 Request를 던져봅시다. 파이썬 코드로 작성해서 출력 결과를 봐도 좋지만 쉽게 브라우저 주소창에 붙여넣어서 확인해보면 됩니다.

편의상 URL을 사이트에서 생성하도록 제공해두었지만, 만약 각 파라메터들을 계속 변경하면서 여러 개의 URL에 대한 결과를 보고자 한다면 코드상에서 파라메터들을 조합하도록 자동화 해놓는 것이 편할 수 있습니다.

요청변수 (request parameter)

요청변수	타입	값	설명
apiKey	String[필수]		OPENAPI 등록 신청 후 관리자로부터 발급받은 KEY값
svcType	String[필수]	api	api
svcCode	String[필수]	리스 ∨	리스트 : JOB 상세 : JOB_VIEW 구분 : JOB_TYPE
contentType	String	Xml ∨	xml or json 형태 (URL 에서 .xml .json 생략) 예 : //www.career.go.kr/cnet/openapi/getOpenApi?apiKey=인증 키&contentType=xml
gubun	String [필수]	커리 ∨	직업사전 분류형태 코드 커리어넷직업분류별 : job_dic_list 적성유형별 : job_apti_list
pgubn	String	수리 ∨	능력
category	String	금융 ∨	직업분류 or 직군
thisPage	String		현재페이지
perPage	String		한페이지당 건수
searchJobNm	String		검색어
jobdicSeq	String		직업코드 ID (상세일 경우만)
URL 생성 >		www.career.go.kr/cnet/openapi/getOpenApi?apiKey=5acdf05d7a4fe0f7d21c0770379c705e&sv	

[그림 11-39] 직업정보 API의 요청변수

확인해보면 검색 요청한 파라미터 값에 대한 직업정보들이 출력되는 걸 확인할 수 있습니다. 전체 데이터를 받아보기 위해서 요청 변수의 범위를 따로 제한하지 않았는 데도 20개의 직업만 출력되었는데 이는 기본적으로 값을 넣지 않으면 출력 개수를 20개로 제한하도록 만들어져 있기 때문입니다. 요청 변수에서 한 페이지 당 건수를 크게 잡는 방식으로 전체 데이터를 한 번에 가져올 수 있습니다.

```xml
<?xml version="1.0"?>
- <dataSearch>
  - <content>
      <profession>금융·보험 관련직</profession>
      <summary>- 금융자산운용가는 투자신탁, 연금 등의 기관투자자나 개인투자가의 자산이 최대한의 투자수익을 올릴 수 있도록 투자전략에 대한 정보를 제공하고 계획을 세워 운용한다. - 전문지식에 기초하여 증권사나 고객의 위탁한 자산을 운용한다. - 간접투자상품을 개발하여 투자고객들에게 판매하고, 투자신탁의 재산을 운용하거나 기관투자자의 펀드를 관리, 운용한다. - 개인투자자나 기관투자가에 대해 투자에 관한 지식을 제공하고, 자산운용 등에 관한 조언을 한다. - 운용자산의 특징에 효율적인 투자계획을 세우고, 자금사정의 변화와 주식시장의 변동 및 장래 시장의 흐름을 파악하여 투자전략을 세운다. - 투자배분상의 손실위험을 피하기 위해 주식, 채권, 파생상품, 현금 등으로 구분하여 운용하는 등 위험관리도 담당한다. - 일정한 한도 내에서 회사 명의로 선물 및 옵션을 운용하며, 개인 투자가나 기관 투자자에게 투자에 관한 지식을 제공하고 자산운용에 대한 조언을 한다. - 역외 펀드를 설립하여 판매하기도 하며 고유채권포지션운용, 채권트레이딩, 전환사채운용 등 상품채권들을 인수하거나 매수하며 이를 운용한다.</summary>
      <similarJob>펀드매니저</similarJob>
      <salery>4000 만원 이상</salery>
      <jobdicSeq>244</jobdicSeq>
      <equalemployment>매우좋음</equalemployment>
      <totalCount>12</totalCount>
      <aptd_type_code>104741</aptd_type_code>
      <prospect>보통미만</prospect>
      <job_ctg_code>100043</job_ctg_code>
      <job_code>100007</job_code>
      <job>금융자산운용가(펀드매니저)</job>
      <possibility>매우좋음</possibility>
  </content>
  - <content>
      <profession>금융·보험 관련직</profession>
      <summary>- 보험계리인은 보험, 연금, 퇴직연금 등에 대한 보험료 및 보상지급금을 계산하고 보험 상품을 개발하며 보험 회사의 전반적인 위험을 평가하고 진단한다. - 시대 변화에 따라 보험 상품으로 어떤 것이 필요하고, 보험료가 어떤 수준에서 책정되어야 하는지를 파악하며 금리 변동률, 영업비용과 회사이익 등을 고려하여 보험 상품을 개발한다. - 통계기법을 활용해서 위험률을 고려하여 보험료를 계산하고 보험율의 산정과 조정 및 검증 업무를 수행한다. - 보험 및 연금계획을 설계하거나 검토하고 적절한 합리적인 요율산정, 보험금 평가 및 산정 등의 업무를 수행한다. - 사망률, 사고, 질병, 장애 및 퇴직률을 판단하고 각종 통계를 작성, 분석하며 보험 회사의 손익을 계산하며 발생 원인을 규명한다.</summary>
      <similarJob>null</similarJob>
      <salery>4000 만원 이상</salery>
      <jobdicSeq>217</jobdicSeq>
      <equalemployment>매우좋음</equalemployment>
      <totalCount>12</totalCount>
      <aptd_type_code>104741</aptd_type_code>
      <prospect>보통이상</prospect>
      <job_ctg_code>100043</job_ctg_code>
      <job_code>100007</job_code>
      <job>보험계리인</job>
      <possibility>매우좋음</possibility>
  </content>
  - <content>
      <profession>금융·보험 관련직</profession>
      <summary>- 생활설계사는 보험가입대상자를 선정, 방문하여 각종 보험 상품의 종류와 특성을 설명하고 고객의 생활수준, 가족상황, 건강상태, 미래계획 등을 파악하여 적합한 보험 상품을 권유한다. - 보험가입절차, 납입방법, 보험료 지급 방식 등을 설명하고 계약서를 작성한다. - 성사된 보험계약은 영업점에 관련 서류를 제출하고 보험 청약내용 및 발송상황 확인 등의 사후 관리를 한다. - 고객의 절세방법, 재산증식을 위한 효율적 투자 방법 및 보험 상품에 대한 상담 외 대출상담 업무를 수행하기도 한다.</summary>
```

[그림 11-40] API로 받은 XML 형태의 직업정보

받은 정보가 XML 형태로 나왔는 데 만약 JSON 형태로 받고 싶다면 요청변수를 다음과 같이 XML에서 JSON으로 바꾸면 됩니다.

[그림 11-41] 직업정보 API contentType

요청변수를 바꾼 후 URL을 요청해보면 contentType 파라메터가 XML이 아닌 JSON으로 바뀌어 있는 것을 볼 수 있습니다.

www.career.go.kr/cnet/openapi/getOpenApi?apiKey=5acdf05d7a4fe0f7d21c0770379c705e&svcTy
pe=api&svcCode=JOB&contentType=json&gubun=job_dic_list

{"dataSearch":{"content":[{"profession":"건설 관련직","summary":"- GIS(Geographic Information System)전문가는 국토공간상에 존재하는 각종 위
치 및 속성정보 등을 정보화하여 활용하는 것으로 첨단정보시스템에 대한 전반적인 업무를 수행한다. ₩n₩n- 사용자의견을 수렴하여 시스템의 구조를
설계하고, 데이터베이스, 사용자 인터페이스 및 네트워크의 기본적인 시스템구조를 설계한다. ₩n₩n- 지리정보에 사용되는 각종 데이터를 수집, 분석
하며 이를 데이터베이스화 시킨다. ₩n₩n- 구성요소들에 대한 인터페이스과정을 통하여 종합적인 시스템을 구축하고, 입력된 각종 지리정보데이터를
토대로 사용자가 필요로 하는 목적에 따라 다양한 형태로 분석, 변환시키거나 조작한다.₩n₩n- 지리정보시스템(GIS)를 가지고 작업하기도 하며 연산방
식, 자료구조, GIS 및 맵핑 시스템을 위한 사용자 인터페이스를 설계하고 평가하기도 한다.","similarJob":"지적·측량기술자,토지측량사,사진측량·
분석가,지도제작기술자","salery":"3000 만원 이상","jobdicSeq":"1092","equalemployment":"보통
상","totalCount":"454","aptd_type_code":"104729","prospect":"보통만","job_ctg_code":"100054","job_code":"100001","job":"GIS전문
가","possibility":"매우좋음"},{"profession":"정보통신 관련직","summary":"- IT컨설턴트는 기업의 인적, 물적 모든 조건에 관련된 자료를
수집·분석하고, 최근의 기술적 활용 자원과 현재 상태의 정보를 고려해 시스템을 구축하고 조언하거나 자문한다. ₩n₩n- 구축된 정보시스템을 통
해 경영상의 개선효과, 시스템의 효율성 등에 대해 사후 모니터를 실시하며 시스템의 운용과 유지보수에 관한 조언을 한다. ₩n₩n- 프로젝트 전반
을 관리하며 구축시스템의 적합성과 안정성 등을 감리하고 프로그래머와 고객요구사항을 조율한다.₩n₩n- 기업이 업무 효율성과 생산성을 높이는
정보시스템을 갖추고 운영할 수 있도록 제안한다.","similarJob":"정보시스템컨설턴트,정보기술컨설턴트(IT),KMS컨설턴트,네트워크컨
설턴트,CRP컨설턴트,정보보안컨설턴트,ERP컨설턴트,시스템컨설턴트","salery":"4000 만원 이상","jobdicSeq":"450","equalemployment":"좋
음","totalCount":"454","aptd_type_code":"104740","prospect":"보통만","job_ctg_code":"100060","job_code":"100015","job":"IT컨설턴
트","possibility":"매우좋음"},{"profession":"환경·인쇄·목재·가구·공예 및 생산단순직","summary":"- 가구제조·수리원은 여러 형태의 가구를
가공, 제작하고, 가구의 파손된 부위를 수선하는 일을 담당한다.₩n₩n- 고객으로부터 받은 부가서비스 등을 접수하여 방문계획을 수립하고 못장, 책
상, 소파 등 가구의 파손부위를 수리한다. ₩n₩n- 대패, 끌 등의 목공구와 수동공구를 사용하여 파손된 부위에 맞는 부품을 제작하고, 못이나 접착제
를 사용하여 조립한다. ₩n₩n- 오염되거나 파손된 소파의 천을 교체하고 가구표면의 장식이나 자개 등을 모양에 맞게 부착한다. ₩n₩n- 다양한 수공구
및 목공기계를 사용하여 각종 가구를 제작, 조립, 장식, 수선, 가공하는 업무를 수행한다.₩n₩n- 재료의 형태, 치수 및 요구되는 기계가공을 결정하기
위하여 도면과 명세서를 검토·분석한다.₩n₩n- 가공할 재료 위에 참고점과 절단선을 표시한다. ₩n₩n- 목재를 필요한 규격으로 절단하기 위하여 구멍을 뚫고
대패질하며, 접착 조립하기 위하여 다양한 수공구 및 목공기계를 조정·조작한다. ₩n₩n- 완성제품이 제작명세서와 일치하는지 검사한
다.","similarJob":"가구제작원,가구목공,가정용·사무용 가구수리원,가구용목재조각원,목제품 및 ₩n상자 제조원","salery":"2000 만원 이
상","jobdicSeq":"159","equalemployment":"보통이상","totalCount":"454","aptd_type_code":"104722","prospect":"보통이
상","job_ctg_code":"100062","job_code":"100004","job":"가구제조·수리원","possibility":"매우좋음"},{"profession":"환경·인쇄·목재·가구·공
예 및 생산단순직","summary":"- 가구조립 및 검사원은 여러 형태의 가구를 조립하고 조립을 완성한 가구제품의 품질과 결함 여부를 검사하는 일을
담당한다. ₩n₩n- 조립할 목재의 규격을 검사하고 조립부분의 먼지나 오물을 제거한다. ₩n₩n- 기계의 작동상태 및 압력을 조절하고 제품이 기계에 투입되
어 간격을 조정한다. ₩n₩n- 가공된 가구부분품을 가구조립원에 장착하여 조립하거나 기타 수동공구를 사용하여 조립한다. ₩n- 드라이버, 몽키공구, 마
끼 등을 이용하여 손잡이, 경첩, 걸쇠 등의 부착물을 붙인다. ₩n- 완성제품이 제작명세서와 일치하는지 검사한다.","similarJob":"가구조립원,목재가
구조립원,금속가구조립원,사무용가구조립원,의자조립원,주방가구조립원,식탁조립원,책상조립원,책장제조","salery":"2000 만원 이
상","jobdicSeq":"1152","equalemployment":"보통미만","totalCount":"454","aptd_type_code":"null","prospect":"보통이
상","job_ctg_code":"100062","job_code":"100004","job":"가구조립 및 검사원","possibility":"매우좋음"},{"profession":"경비 및 청소 관련

[그림 11-42] JSON 형태로 받은 직업정보 데이터

JSON 형태로 받은 데이터의 일부를 보면 위 그림과 같습니다. 복잡하게 보이지만, 중괄호 { } 안에 key와 value의 쌍으로 데이터가 구성되어 있는 것을 볼 수 있습니다.

전 단원에서는 XML 형태의 데이터로 실습해보았으니, 이번 단원에서는 JSON 형태의 데이터를 처리해보겠습니다. 본 API를 이용해서 원하는 직업을 찾아주는 프로그램을 만들어 봅시다.

11.5.1 데이터의 구성 파악하기

먼저 데이터의 구성이 어떤지 보기 위해 앞에서 얻은 URL(perPage=10000 추가)을 8장에서 사용해보았던 jsonviewer 사이트(http://jsonviewer.stack.hu)에 붙여넣고 확인해보겠습니다.

[그림 11-43] jsonviewer의 Text탭에 JSON 데이터를 붙여넣은 모습

얻은 데이터를 Text 탭에 붙여넣습니다. 그리고 왼쪽 Viewer 탭을 눌러보면 [그림 11-44]와 같이 데이터가 나오는 것을 확인할 수 있습니다.

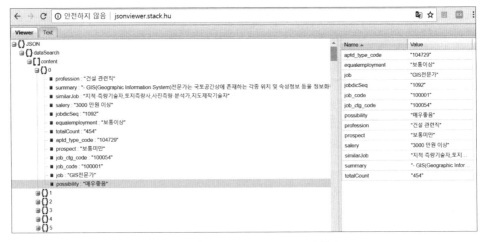

[그림 11-44] jsonviewer의 Viewer 탭 확인

데이터의 구성을 보면 JSON 데이터는 dataSearch라는 키 값에 내부적으로 content라는 key를 가진 딕셔너리를 가지고 있는 것으로 보입니다. 그리고 content키에 매칭되어 있는 것들이 여러 개의 직업정보 딕셔너리 리스트인 것이죠. 총 454개의 직업정보가 있습니다. 직업정보 내부에는 profession, summary부터 possibility까지 다양한 key들이 그 값과 매칭되어 있습니다.

salery 라는 키가 있는 데, salary의 잘못입니다. key 값으로 이미 지정된 값이기 때문에 검색할 때 salery로 검색해야 합니다.

코드를 통해서 구조를 확인해볼까요?

```
import requests

endpoint = "http://www.career.go.kr/cnet/openapi/getOpenApi?"
apiKey = "5acdf05d7a4fe0f7d21c0770379c705e"
svcType = "api"
svcCode = "JOB"
contentType = "json"
gubun = "job_dic_list"
perPage = "10000"

paramset = "apiKey=" + apiKey + "&" + "svcType=" + svcType + "&" + "svcCode=" + svcCode + \
           "&" + "contentType=" + contentType + "&" + "gubun=" + gubun + "&" +
"perPage=" + perPage

url = endpoint + paramset
print(url)
result = requests.get(url)
career_data = result.json( )
print(type(career_data))
print(type(career_data['dataSearch']))
print(type(career_data['dataSearch']['content']))
print(len(career_data['dataSearch']['content']))
```

결과

```
http://www.career.go.kr/cnet/openapi/getOpenApi?apiKey=5acdf05d7a4fe0f7d21c0770379c70
5e&svcType=api&svcCode=JOB&contentType=json&gubun=job_dic_list&perPage=10000
<class 'dict'>
<class 'dict'>
<class 'list'>
454
```

url로 가져온 JSON 코드의 타입을 알아보는 코드입니다. 앞 장에서 활용한 구조와 비슷합니다. perPage를 10000으로 둔 것은 전체 데이터를 한 번에 가져오기 위함입니다. 10,000개가 넘는 경우 라면 그 이상으로 값을 올리거나 여러 개의 페이지를 접근하도록 하면 됩니다.

JSON 데이터는 딕셔너리 타입입니다. 위에서 이 구조에 따르면 그 딕셔너리에도 dataSearch라는 키에 또 딕셔너리가 붙어 있었는 데, career_data['dataSearch']의 구조도 역시 딕셔너리입니다. 그리고 career_data['dataSearch']['content']는 여러 개의 딕셔너리가 담긴 리스트로 판단됩니다. 리스트의 길이를 알기 위해서 기본적으로 제공되는 len( ) 함수를 사용해서 길이를 보니 454개의 직업 데이터가 있는 것을 알았습니다.

11.5.2 연봉이 4000 만원 이상인 직업 찾아보기

얻은 데이터를 보면 salery라는 항목에서 대략적인 연봉을 '2000 만원 미만', '2000 만원 이상', '3000 만원 이상', '4000 만원 이상' 이라는 지표로 알려주고 있습니다. 이러한 항목들과 값의 범위는 보통 매뉴얼에서 다루는 것이 보통이지만, 잘 설명되어있지 않은 경우 데이터를 직접 보면서 판단할 필요가 있습니다. 이 직업 정보 데이터의 경우가 그렇습니다.

얻은 454개의 직업 정보 중 급여가 4000 만원 이상인 직업의 수와 그 분포를 찾아보겠습니다.

```
앞 부분 코드 생략
url = endpoint + paramset
result = requests.get(url)
career_data = result.json( )
career_list = career_data['dataSearch']['content']

salary_4000_count = 0
for career in career_list:
    if(career['salery'] != 'null'):
        if(int(career['salery'].split(' ')[0]) == 4000):
            salary_4000_count += 1

print("연봉이 4000 만원 이상인 직업의 수 : " + str(salary_4000_count))
```

결과

연봉이 4000 만원 이상인 직업의 수 : 119

코드에서는 직업정보 리스트에서 직업정보를 하나씩 가져오면서 salery 라는 항목이 null인지 아닌지 체크하고, 아니라면 그 문자열을 띄어쓰기(' ')로 구분하여 나오는 리스트의 가장 첫 번째 항목을 정수로 바꿔서 그 값이 4,000인지 비교하였습니다. 4,000일 경우 0으로 초기화한 salary_4000 변수의 값을 1씩 증가시키면서 수를 세었습니다. 직업정보 데이터 중에는 salary 항목이 누락된 데이터도 들어있기 때문에 'null'인 경우를 검사했습니다.

전체 직업 454개 중 약 26% 정도에 해당되는 119개의 직업이 4,000만원 이상인 것으로 나타났습니다. 직업 구성의 분포는 어떻게 나타날까요?

```
앞 부분 코드 생략
url = endpoint + paramset
result = requests.get(url)
career_data = result.json( )
career_list = career_data['dataSearch']['content']

salary_4000_count = 0
salary_4000_profession = { }
for career in career_list:
    if(career['salery'] != 'null'):
        if(int(career['salery'].split(' ')[0]) == 4000):
            salary_4000_count += 1
            key_tmp = career['job_ctg_code']
            if(key_tmp in salary_4000_profession):
                salary_4000_profession[key_tmp] += 1
            else:
                salary_4000_profession[key_tmp] = 1

print("연봉이 4000 만원 이상인 직업의 수 : " + str(salary_4000_count))
print("직업 분류 수 : " + str(len(salary_4000_profession)))
print(salary_4000_profession)

max = 0
majority = ''
for prof in salary_4000_profession:
    tmp = salary_4000_profession[prof]
    if(max < tmp):
        max = tmp
        majority = prof

print("연봉이 4000 만원 이상인 직업 중 가장 많은 직업 코드 : " + str(majority))
```

결과

```
연봉이 4000 만원 이상인 직업의 수 : 119
직업 분류 수 : 17
{'100060': 11, '100042': 12, '100054': 3, '100045': 7, '100044': 19, '100041': 7,
'100056': 3, '100043': 9, '100055': 10, '100048': 8, '100050': 3, '100062': 10, '100049':
5, '100059': 5, '100052': 2, '100057': 2, '100046': 3}
```

연봉이 4,000만원 이상인 직업의 수를 세는 코드에서 직업 코드와 그 수를 저장하도록 하였습니다. job_ctg_code 항목은 직업 분류 코드인데, 이 값을 key로 하는 딕셔너리에 그 수를 세어서 넣도록 하였습니다. 만약 딕셔너리에 해당 키가 없다면 키로 접근할 수 없기 때문에 key in dictionary 구문 을 통해서 확인해줄 필요가 있습니다.

딕셔너리가 만들어진 이후 그 중 가장 많은 수를 가진 직업 분류 코드를 뽑도록 하기 위해 최대값을 뽑는 코드를 간단하게 구현하였습니다. max는 최대값을 저장하는 변수이고, majority는 가장 많은 직업 분류 코드를 저장하는 변수입니다. 만약 max보다 더 높은 수를 가진 직업 분류 코드를 만나 면, max에 그 수를 저장하고 majority에 그 코드를 넣도록 하였습니다.

그렇게 산출된 100044 코드는 교육 및 자연과학, 사회과학 연구관련직을 나타내는 코드로 밝혀졌 습니다.

11.5.3 API를 통해서 얻은 데이터를 저장하고 활용하기

프로그램을 만들기에 앞서, 잠깐 생각해봅시다.

우리는 REST형태로 제공되는 API를 통해 만든 URL의 Request 다발을 보내서 서버에 있는 데 이터를 긁어오고 있습니다. 만약 실제 프로그램에서 한 두 개가 아닌 수십 개의 URL을 통해서 데 이터를 가져와야 하는 경우라면, 혹은 여러 사용자가 동시에 접속해서 URL을 왕창 보낸다면 어 떨까요? 네트워크 트래픽이 급증하면서 서비스가 멈추거나 지연 시간이 많이 증가하게 될 것 입니 다. 이런 경우 실제 서비스에서는 데이터베이스 프로그램에 데이터를 잘 구분해서 저장해놓고 쿼리 (Query)라고 부르는 검색어를 통해 저장된 데이터를 검색할 수 있도록 시스템을 구성합니다. 하지 만, 우리는 상업용 프로그램을 만드는 것이 아니기에 데이터베이스를 구성하는 것은 생략하고 파일 입출력을 이용해서 API로 얻은 결과를 저장하고 이용하는 프로그램을 만들어 보려고 합니다.

위와 같이 만들기 위해서는 데이터를 긁어서 컴퓨터 내부(로컬)에 저장해놓는 프로그램과 저장한 프로그램을 처리해서 원하는 결과를 가져오는 두 가지 프로그램이 필요합니다.

1. API에서 얻은 Json 데이터를 로컬에 저장해놓는 프로그램
2. JSON 데이터를 불러와서 원하는 대로 처리하는 프로그램

프로그램을 만들기 앞서 파이썬 파일 입출력에 대해서 간단하게 배워보겠습니다.
바로 코드를 보겠습니다.

```
f = open("C:\json_data\sample_data.txt", 'w')
data = "easy_python_crawler"
f.write(data)
f.close( )

f = open("C:\json_data\sample_data.txt", 'r')
for str in f.readlines( ):
    print(str)
f.close( )
```

결과

```
easy_python_crawler
```

위 프로그램은 파일에 데이터를 쓰고, 쓴 데이터를 읽어오는 프로그램입니다.

먼저, 아래 코드는 파일에 데이터를 쓰는 코드입니다.

```
f = open("C:\json_data\sample_data.txt", 'w')
data = "easy_python_crawler"
f.write(data)
f.close( )
```

open( )는 파이썬 기본 내장 함수로 대상 파일의 주소값 그리고, open 속성을 파라메터로 받습니다.
먼저 주소를 보시면 C 드라이브 밑 json_data 라는 폴더 안에 sample_data.txt 라는 이름의 파일을
지정하였고, 'w' 라는 옵션을 주었습니다. 옵션에 대해서 간단히 정리하자면 다음과 같습니다.

- 'r' : read, 현재 존재하는 파일을 읽어올 때 사용한다.
- 'a' : append, 현재 존재하는 파일의 뒤에 내용을 붙여 쓸 때 사용한다.
- 'w' : write, 파일을 쓰기 위해서 사용한다. 파일이 없다면 생성해준다.
- 'x' : create, 파일을 생성할 때 사용한다. 이미 해당 파일이 있을 경우 에러가 발생한다.

```
f = open("C:\json_data\sample_data.txt", 'w')
```

따라서, 'w' 옵션을 준 것은 sampled_data.txt 라는 파일을 생성하고 데이터를 그 파일에 쓰기 위함입니다. 그리고 해당 파일은 f라는 변수로 관리됩니다. 위 코드가 실행되자 마자 아래와 같이 디렉터리에 파일이 생성되는 것을 볼 수 있습니다.

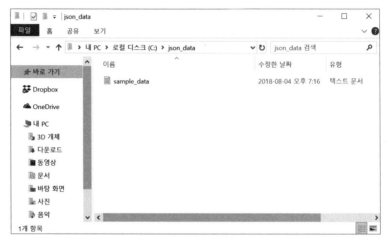

[그림 11-45] 디렉터리에 생성된 sample_data.txt 파일

```
data = "easy_python_crawler"
f.write(data)
```

easy_python_crawler라는 문자열을 준비해서, 파일에 써넣는 동작입니다. f.write(데이터) 함수는 데이터를 파일에 써넣는 작업을 합니다.

```
f.close( )
```

작업이 모두 끝나면 f.close( )를 통해서 파일을 닫아줘야 합니다. 만약 명시적으로 닫아주지 않는다고 해도 프로그램이 종료되면 자동적으로 파일을 닫아주겠지만, 위의 코드처럼 한 프로그램에서 쓰고 읽는 동작을 동시에 한다면 반드시 close( )를 통해서 파일을 닫아주어야 합니다. 닫히지 않은 파일을 사용하면 오류가 발생하기 때문입니다.

이번에는 내용을 적은 파일을 읽어오는 코드입니다.

314

```
f = open("C:\json_data\sample_data.txt", 'r')
for str in f.readlines( ):
    print(str)
f.close( )
```

방금 'w' 옵션을 통해서 내용을 적어놓은 파일의 경로를 그대로 적었고, 'r' 옵션을 통해서 열었습니다. 만약 파일이 존재하지 않는다면 에러가 발생하게 됩니다.

f.readlines( ) 함수는 전체 데이터를 줄 별로 모두 읽어서 리스트로 가져오는 함수입니다. 예를 들어서 파일의 내용이 아래와 같다고 해봅시다.

[그림 11-46] sample_data.txt

이때 파일 객체(f)에 대해 readlines( )를 실행시키면 ['Hello World!', 'easy_python_crawler'] 원소가 2개인 리스트가 반환됩니다.

```
for str in f.readlines( ):
    print(str)
```

따라서, 위 코드에서는 리스트에서 하나씩 가져와서 그 결과를 출력한다고 보면됩니다. 위의 소스에서는 'easy_python_crawler' 한 문자열만 작성하였기 때문에 원소가 하나인 리스트가 반환됩니다.

파일 입출력에 대해시 간단히 알아보았으니, 이제 API를 통해서 얻은 데이터를 파일로 저장해보겠습니다.

```
import requests

endpoint = "http://www.career.go.kr/cnet/openapi/getOpenApi?"
```

```
apiKey = "5acdf05d7a4fe0f7d21c0770379c705e"
svcType = "api"
svcCode = "JOB"
contentType = "json"
gubun = "job_dic_list"
perPage = "10000"

paramset = "apiKey=" + apiKey + "&" + "svcType=" + svcType + "&" + "svcCode=" + svcCode + \
           "&" + "contentType=" + contentType + "&" + "gubun=" + gubun + "&" +
"perPage=" + perPage

url = endpoint + paramset
result = requests.get(url)

f = open("./sample_data.json", 'w', encoding='utf-8')
f.write(str(result.json( )))
f.close( )
```

위 코드는 앞장에서 가져온 커리어넷 진로직업정보입니다. 바뀐 것은 그 정보를 파일에 저장했다는 점 하나입니다.

```
f = open("./sample_data.json", 'w', encoding='utf-8')
f.write(str(result.json( )))
f.close( )
```

이 코드를 보시면, 데이터를 현재 디렉터리(./)에 sample_data.json 이라는 이름으로 생성하도록 했습니다. './' 에서 '.' 는 현재 디렉터리를 가리키는 표현입니다. 하나 더 추가된 '..' 는 현재 디렉터리의 상위 디렉터리를 가리키는 표현입니다. 앞에서는 C부터 시작하는 절대 경로(윈도우 기준)로 데이터의 경로를 표시하였지만, '.', '..' 등으로 사용하는 상대 경로도 많이 쓰이니 알아두면 좋습니다. 현재 디렉터리에 데이터를 만들었기 때문에 PyCharm 디렉터리에 데이터가 추가된 것을 확인할 수 있습니다.

[그림 11-47] sample_data.json이 생성된 모습

앞에서 간단한 입출력 예제와 비교했을 때 달라진 점은 encoding='utf-8' 부분이 추가된 것입니다.
이렇게 인코딩을 명시하지 않으면 데이터가 깨져서 저장되거나 하여 사용할 수 없는 상태가 될 수 있습니다. 따라서 쓰는 인코딩, 읽는 인코딩을 일치시키도록 준비합니다.

파일을 열어보면 [그림 11-48]과 같이 데이터가 잘 저장되어 있는 것을 확인할 수 있습니다.

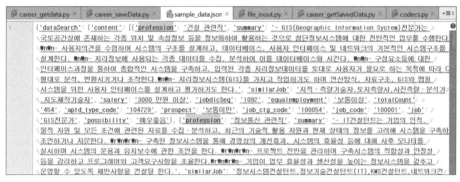

[그림 11-48] 파이참에서 확인한 sample_data.json

만약, 열었을 때 특수문자 등으로 데이터가 깨져보인다면, 인코딩을 다시 확인해보면 됩니다.

자 그럼, 이렇게 저장된 데이터를 불러와서 처리해봅시다.

```
import json
import ast
```

```python
f = open("./sample_data.json", 'r', encoding='utf-8')
data = f.read( )
f.close( )

json_str = json.dumps(data)
json_obj = json.loads(json_str)
career_data = ast.literal_eval(json_obj)

career_list = career_data['dataSearch']['content']

salary_4000_count = 0
salary_4000_profession = { }
for career in career_list:
    if(career['salery'] != 'null'):
        if(int(career['salery'].split(' ')[0]) == 4000):
            salary_4000_count += 1
            key_tmp = career['job_ctg_code']
            if(key_tmp in salary_4000_profession):
                salary_4000_profession[key_tmp] += 1
            else:
                salary_4000_profession[key_tmp] = 1

print("연봉이 4000 만원 이상인 직업의 수 : " + str(salary_4000_count))
print("직업 분류 수 : " + str(len(salary_4000_profession)))
print(salary_4000_profession)

max = 0
majority = ''
for prof in salary_4000_profession:
    tmp = salary_4000_profession[prof]
    if(max < tmp):
        max = tmp
        majority = prof

print("연봉이 4000 만원 이상인 직업 중 가장 많은 직업 코드 : " + str(majority))
```

결과

```
연봉이 4000 만원 이상인 직업의 수 : 119
직업 분류 수 : 17
{'100060': 11, '100042': 12, '100054': 3, '100045': 7, '100044': 19, '100041': 7,
'100056': 3, '100043': 9, '100055': 10, '100048': 8, '100050': 3, '100062': 10, '100049':
5, '100059': 5, '100052': 2, '100057': 2, '100046': 3}
연봉이 4000 만원 이상인 직업 중 가장 많은 직업 코드 : 100044
```

```
f = open("./sample_data.json", 'r', encoding='utf-8')
data = f.read( )
f.close( )

career_data = ast.literal_eval(data)
```

먼저, 저장된 데이터를 가져오는 부분입니다. f.read( ) 함수를 통해서 파일에 있는 내용을 가져왔습니다. 파일에 있는 내용을 가져와서 type을 찍어보면 string, 문자열 타입이라고 나옵니다. 우리는 JSON 형태의 딕셔너리 데이터로 만들어줘야 하기 때문에 가져온 데이터를 딕셔너리로 바꿔줘야 합니다.

이때 사용하기 좋은 라이브러리가 ast입니다. ast는 Abstract Syntax Tree의 약자로 데이터를 트리 형태로 분석하여 쉽게 활용할 수 있도록 하는 라이브러리입니다. literal_eval( )는 문자열 데이터를 분석해서 파이썬에서 사용하기 적절한 자료구조로 변환해줍니다.

위 코드에서는 literal_eval( )를 통해 문자열 데이터를 그 데이터가 실제로 의미하는 JSON 데이터(딕셔너리)로 바꿔줌으로써 우리가 기존에 사용하던 JSON 딕셔너리 데이터처럼 사용할 수 있게 되었습니다.

위와 같이 데이터를 로컬에 저장하고 저장된 데이터를 분석하도록 프로그램을 만들 경우, 인터넷에 접속하는 소요가 전혀 없기 때문에 훨씬 빠르게 분석 작업을 할 수 있습니다. 특히 인터넷에 접속하는 빈도가 많거나, API를 통해 서버에서 받아오는 데이터의 사이즈가 클 경우 효과가 크게 나타나겠지요. 데이터가 자주 업데이트되지 않거나, 업데이트 할 필요가 없는 경우 이렇게 저장하고 분석하는 방법을 사용하는 것이 효율적입니다.

12장

Git

12장

Git

Git은 소스코드 형상 관리 시스템으로 VCS(Version Control System)이라고 부르기도 합니다. 소스코드를 저장할 뿐만 아니라 다른 사람들과 공유하기도 쉽고, 작업을 했던 기록들을 비교적 쉽게 찾아 볼 수 있습니다. 그리고 핵심 기능은 팀 작업을 할 때 다른 사람이 작업한 내용과 내가 작업한 내용이 겹치지 않도록 확인해주는 기능이 있기 때문에 개발자들이 팀 작업을 할 때 꼭 사용합니다.

주로 개발자가 사용 하지만 프로그래밍에 조금이라도 관심이 있는 여러분들과 같은 분들은 깃(Git)을 들어본적이 있을 것입니다.

개발자들이 대부분 사용하기 때문에 이쪽에 소스코드가 많이 올라옵니다. 그래서 여러분들은 이 Git을 사용하는 법을 알고 있으면 다른 사람들이 개발을 해놓은 코드를 이용하기가 조금 더 편할 것 같아서 이 책에서 Git에 대해 다룹니다.

GitHub는 Git을 사용하여 관리할 수 있는 공개된 웹 소스코드 저장소입니다. 일정 금액을 지불하면 비공개 소스코드 저장소를 사용할 수 도 있습니다. GitHub는 흔히 말하는 오픈소스의 천국입니다. 세계의 실력있는 개발자들이 자신의 소스를 공개하고 지속적으로 이슈를 처리하는 모습을 볼 수 있습니다. 우리는 공개된 소스 중 필요한 소스가 있다면 제목, 언어 별로 검색하여 자신의 컴퓨터에 다운받아서 바로 테스트 해볼 수도 있습니다.

https://github.com에 접속하면 [그림 12-1]과 같은 화면이 출력됩니다.

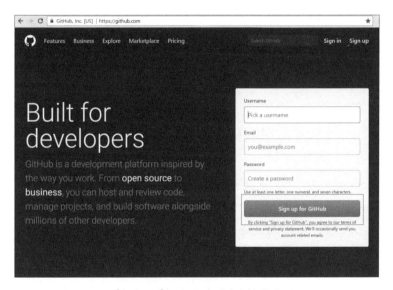

[그림 12-1] GitHub 홈페이지 첫 화면

[그림 12-1]의 우측 중앙을 보시면, 바로 Sign up(회원 가입)할 수 있도록 빈 칸이 준비되어 있습니다. 적절한 Username과 Email 그리고 Password를 작성하신 후 Sign up for GitHub 버튼을 클릭하면 [그림 12-2]와 같은 화면을 볼 수 있습니다. 이 때 이메일 주소를 검증하기 위해서 가입 시 작성한 이메일 주소로 접속하여 검증을 완료하는 것이 좋습니다.

[그림 12-2] GitHub 회원가입 단계

public repositories라는 것이 바로 공개된 소스 저장소를 사용하겠다는 것입니다. 나머지는 선택사
항이므로 〈Continue〉를 클릭합니다.

다음 단계는 몇 가지 설문 조사를 통해서 피드백을 받겠다는 것입니다. 하단의 〈skip this step〉 버
튼으로 패스하시면 됩니다.

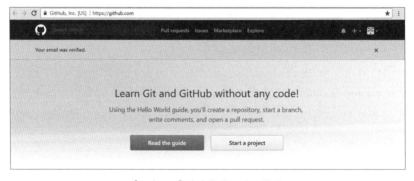

[그림 12-3] 이메일 인증 완료 화면

가입 시 입력한 이메일로 보내진 GitHub 인증 메일에서 버튼을 클릭하여 계정을 확인(verify)해주는 단계가 필요합니다. 버튼을 클릭하면 위 그림과 같이 'Your email was verified' 라는 메세지가 상단에 보이게 됩니다.

++++++++++++++ 12.2 리포지토리 ++++++++++++++

리포지토리(Repository)는 말 그대로 저장소 입니다. 리포지토리는 로컬 리포지토리, 리모트 리포지토리가 있습니다.

12.3.1 로컬 리포지토리

내가 작업하는 pc 또는, 맥, 노트북에 있는 저장소를 로컬 리포지토리(Local Repository)라고 합니다. 우리가 작업하는 공간이 로컬 리포지토리 입니다. git init명령으로 만들 수 있습니다.

12.3.2 리모트 리포지토리

로컬 리포지토리에서 작업한 내용을 올리는 곳으로 웹상에 존재하는 저장소를 리모트 리포지토리(Local Repository)라고 합니다. GitHub 서버에서 관리되고 있는 리포지토리들을 리모트 리포지토리라고 합니다.

++++++++ 12.3 GitHub에서 저장소 생성하기 ++++++++

첫 화면에서 [Start a project]를 클릭하면 새로운 저장소를 생성하는 화면이 나옵니다.

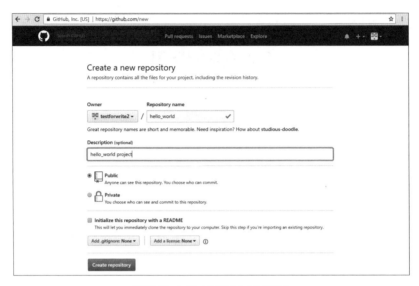

[그림 12-4] 새로운 저장소 생성 화면

Repository name은 원하는 저장소 이름을 넣어주고, Description은 저장소에 대한 설명으로 옵션
이므로 적지 않아도 괜찮습니다.

기본으로 Public 설정이 되어 있는 데 공개된 저장소를 사용하겠다는 설정입니다. 만약, 월에 7$ 정
도를 부담하는 방식으로 비공개 저장소를 사용하고자 한다면 Private을 선택하면 됩니다.

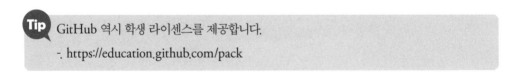

Tip GitHub 역시 학생 라이센스를 제공합니다.
-. https://education.github.com/pack

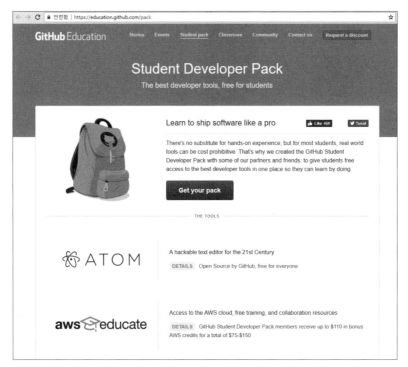

[그림 12-5] GitHub Education 시작 화면

Get your pack을 통해서 학교 이름, 학교 이메일 또는 학생증 등 증명 자료와 GitHub을 사용하고 자 하는 이유 등을 적어서 제출하면 다양한 혜택을 받을 수 있습니다. 특히 무제한 Private 저장소를 제공한다는 점이 좋습니다. 앞서 소개한 젯브레인(JetBrains)과 GitHub 외에도 많은 기업들이 학생을 위한 교육용 라이센스를 배포하고 있으니 잘 찾아서 활용하면 좋습니다.

프로젝트를 생성하면 [그림 12-6]과 같이 저장소를 셋업할 수 있는 명령어들을 보여줍니다. 위에서 나온 대로 순서대로 따라서 한다면 로컬 리포지토리를 만들고 생성한 README.md 파일을 본 프로젝트 저장소(리모트 리포지토리)에 올릴 수 있습니다.

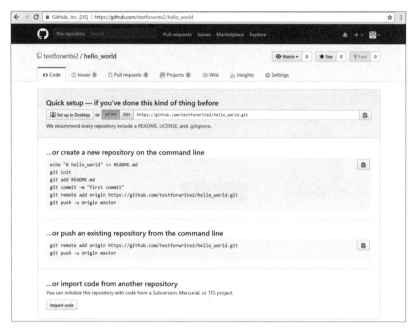

[그림 12-6] 프로젝트 생성 후 첫 화면

다시 처음 시작 페이지로 돌아오면, 오른쪽 하단에 자신이 만든 프로젝트를 확인할 수 있습니다. 또 새로운 저장소를 만들고자 할 때, 상단의 〈Start a project〉 혹은 오른쪽 하단의〈New repository〉를 클릭해서 같은 방법으로 저장소를 만들 수 있습니다.

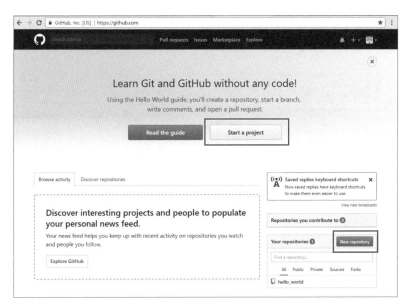

[그림 12-7] 시작 홈페이지에서 생성된 프로젝트 확인

++12.4 리모트 리포지토리를 로컬 리포지토리로 가져와서 사용하기 ++

GitHub 홈페이지에서 저장소를 만들고 나면 나오는 페이지의 가이드를 통해서 로컬 리포지토리를 git으로 관리하도록 하고, 환경설정하여 리모트 리포지토리와 연결할 수 있습니다. 하지만, CLI(Command Line Interface)에 대해 익숙하지 않을 경우 쉽지 않기도 합니다. 따라서, 기본적인 Git 동작에 대해 이해를 한 후 UI(User Interface)를 통해서 리모트 리포지토리를 로컬로 가져와서 관리하는 방법을 알아보도록 하겠습니다.

특히 프로젝트를 처음시작하는 경우에는 리모트 리포지토리를 로컬 리포지토리로 가져와서 사용하는 방법이 편합니다. 대부분 그 방법을 사용하지요. 반대로 로컬에 이미 존재하는 소스코드를 리모트 리포지토리에 저장하려는 거라면 해당 소스코드가 존재하는 디렉터리를 Git 관리 대상 디렉터리로 만들고 리모트에 연결해서 올리는 것이 바람직합니다.

참고로 파이참은 시스템 터미널을 내부에서 직접 열 수 있어서 유용합니다. 파이참 UI의 하단을 보시면, [Terminal] 이라는 기능이 있습니다. 열어보면 아래와 같이 Command Line을 입력할 수 있는 창이 있습니다. 윈도우의 cmd명령어나, 리눅스 쉘 명령어 등 CLI 환경이 익숙한 사용자라면 직접 git 명령어로 관리해보시는 것을 추천드립니다. 왼쪽의 [+]를 누르면 여러 개 세션으로 늘려서 사용할 수 있고, [x] 버튼으로 세션을 삭제할 수 있습니다.

[그림 12-8] PyCharm Terminal

먼저, GitHub에서 생성한 리모트 리포지토리로 들어가봅시다.

리모트 리포지토리에 들어가보면 [그림 12-9]와 같이 git 주소를 HTTPS 프로토콜 혹은 SSH 프로토콜로 선택해서 받을 수 있습니다. 저희는 HTTPS 방식을 보통 이용합니다. 가장 우측에 〈copy〉 버튼이 있습니다. 눌러서 해당 리포지토리의 git 주소를 복사합니다.

[그림 12-9] 새로 생성한 리포지토리 화면 상단

그리고 PyCharm 환경으로 이동합니다. 현재 파이참에서 사용하는 프로젝트와 상관없이 상단 메뉴 중 VCS(Version Conrol System) 메뉴에서 [Checkout from Version Control 〉 Git]을 클릭합니다. [Git 〉 Clone]을 선택해서 진행하여도 같습니다.

330

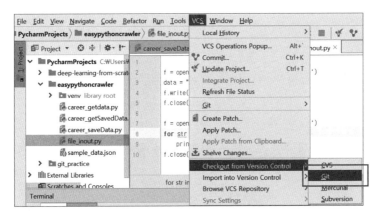

[그림 12-10] PyCharm Git

> **Tip** 여기서의 Checkout은 git checkout과는 다릅니다. Git이전에 가장 널리 사용되던 Subversi on(SVN) 버전 관리 툴에서 checkout이 git clone과 같은 의미로 사용되었기에 통용적으로 저장소에서 소스를 가져오는 것을 Checkout한다고 얘기합니다. git checkout은 git clone과는 전혀 다른 기능으로, 한 브랜치(Branch, 가지)에서 다른 브랜치로 전환할 때나 특정 시점의 특정 파일을 가져오고 싶을 때 사용합니다. 자세한 내용은 git 공식 사이트(https://git-scm.com/docs)의 Documentation - Reference를 참고하면 좋습니다.

Clone Repository 창의 URL란에 복사한 git 주소를 넣고 테스트하여 유효한 주소인지 체크합니다. 유효한 주소라면 [그림 12-11]처럼 'Connection successful' 라는 메시지가 나옵니다.
그 다음 자동으로 지정된 디렉터리를 확인하여 최종 디렉터리를 확인한 후 〈Clone〉 버튼을 누릅니다.

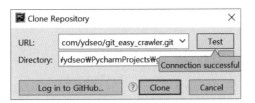

[그림 12-11] Clone Repository

〈Clone〉 버튼을 누르면 해당 디렉터리로 리포트 리포지토리의 프로젝트가 복사되고, 다음과 같이 해당 디렉터리를 파이참에 가져오겠느냐고 물어봅니다. 〈Yes〉를 눌러서 프로젝트를 열겠습니다. 여기서 〈No〉를 눌러도 파이참 상단 메뉴의 [File 〉 Open]을 통해서 해당 디렉터리를 지정하면 됩니다.

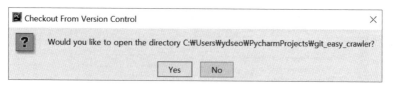

[그림 12-12] Checkout From Version Control

프로젝트를 여는 설정인데, 현재 보고있는 파이참 윈도우에서, 현재 열려있는 프로젝트에 추가해서 보이도록 하였습니다.

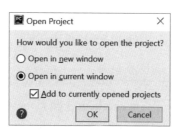

[그림 12-13] Open Project

리모트 리포지토리의 프로젝트이 이름인 git_easy_crawler라는 이름으로 프로젝트가 추가되어 있는 것을 확인할 수 있습니다

[그림 12-14] 프로젝트 메뉴

GitHub 사이트에서 가져온 git_easy_crawler 프로젝트는 빈 프로젝트였습니다. 이 프로젝트에 간단한 소스를 추가해서 GitHub 저장소에 올려보도록 하겠습니다. 리모트 리포지토리를 clone해서 가져오면 이미 해당 리포지토리와 연결되어 있기 때문에 따로 연결 설정을 하지 않고 작업할 수 있습니다. 또한, git으로 관리되는 디렉터리로 인식되므로 git 기능을 사용할 수 있습니다.

먼저, 디렉터리에 새로운 파이썬 파일을 만들어보았습니다. 상자로 표시한 부분의 이름이 화면에서 빨간색으로 나올텐데요, 해당 파일이 아직 Git으로 추적관리되고 있지 않다는 것을 의미합니다.

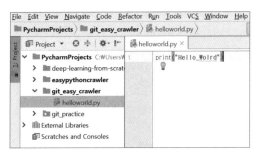

[그림 12-15] Git으로 관리되는 프로젝트에서 파일 생성

Git으로 관리할 수 있도록 하려면, 해당 파일을 Git에 add하면됩니다. 프로젝트에서 추적하고자 하는 파일을 마우스 오른쪽 버튼을 눌러 [Git > Add]를 클릭해봅시다. 만약, 디렉터리 전체를 Add하고자 하는 경우 파일명 대신 디렉터리를 우클릭하여 [Git > Add]를 클릭하면 됩니다.

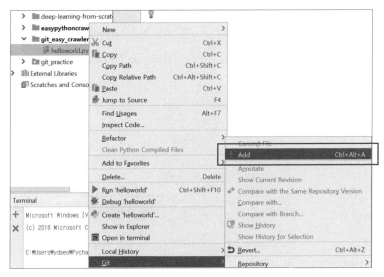

[그림 12-16] PyCharm Git Add

추가가 완료된 소스코드는 빨간색이 아닌 녹색으로 나오게 됩니다. 그림에서 표시한 상자 부분이 초록색으로 나올텐데요, 해당 디렉터리를 관리하는 Git 프로그램에 해당 파일이 관리 대상으로 등록되었다는 것을 의미합니다. 무조건 추가하는 것은 지양하는 것이 좋은데 예를 들어 해당 프로젝트에서 사용하는 이미지 데이터셋이 있다고 할 때 관리 대상에 추가한다면 이후 GitHub에 업로드할

시 용량 문제로 업로드에 오랜시간이 걸리거나, 업로드 제한에 걸릴 수 있습니다. Git은 대용량 데이터가 아니라 소스코드 형상 관리를 위한 프로그램이기 때문에 데이터의 경우는 Git 관리 대상으로 추가하지 않도 따로 관리하는 것이 바람직합니다.

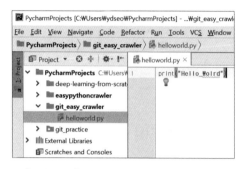

[그림 12-17] PyCharm Git Add 완료된 파일

Git 관리 대상 파일로 추가가 완료되었다면 이번에는 commit을 해봅시다. Commit은 현재 추가된 소스코드들을 하나의 버전으로 관리하도록 확정짓는 일입니다. Commit을 해두면 History로 결과가 저장되기 때문에 개발하다가 이전 버전의 소스를 보고 싶을 때 돌아가거나, 변경사항을 확인하거나 할 수 있습니다. 해당 디렉터리 혹은 파일을 우클릭하고 [Git > Commit File…] 을 클릭해봅시다.

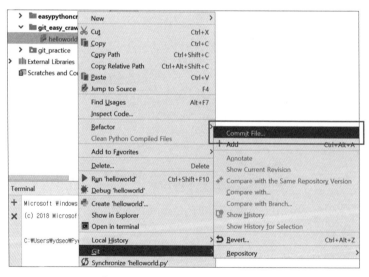

[그림 12-18] PyCharm Git Commit

Commit할 파일들을 선택할 수 있습니다. 또한, Commit Message를 통해서 메시지를 설정할 수 있습니다. Message는 간결하게 기존 버전 대비 새로운 버전이 어떻게 달라지는지에 대해서 적으면 좋습니다. 또한, 형상관리 프로그램을 쓰는 이유는 기본적으로 혼자만의 프로젝트가 아니라 함께 협업하거나, 공유를 위해서기 때문에 자신만이 알아볼 수 있는 암호문보다는 누구나 알아볼 수 있도록 가독성 있게 작성하는 것이 좋습니다.

창 아래 Your version 창에는 소스에서 변경된 부분이 출력됩니다. 현재는 print("Hello_World") 한 줄만 추가되었습니다. Commit 버튼을 눌러봅시다.

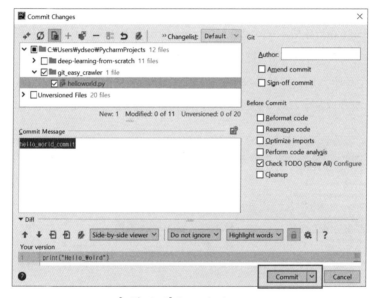

[그림 12-19] Commit Changes

만약 Git 계정이 Set되어있지 않다면 [그림 12-20]과 같은 경고창이 팝업됩니다. 이름과 GitHub 계정 Email을 Set and Commit합니다.

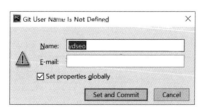

[그림 12-20] Git User Name Is Not Defined

Commit이 완료되면 [그림 12-21]과 같이 파이참 하단의 Version Control 탭에서 파일이 Commit
되었음을 알립니다.

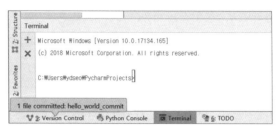

[그림 12-21] Commit 완료 메시지

하단의 Version Control 탭을 먼저 보면 hello_world_commit 이라는 메시지와 Commit한 유저
이름, 날짜 등으로 확인할 수 있습니다.

Commit이 완료된 소스를 GitHub에 있는 리모트 리포지토리로 업로드하려면, Push 기능을 사용
해야 합니다. 상단 메뉴의 VCS 혹은 프로젝트 우클릭을 통해 [Git > Push]메뉴를 클릭해봅시다.

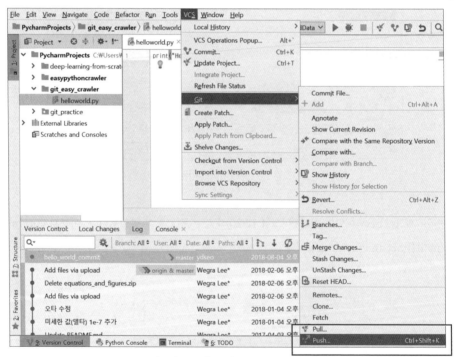

[그림 12-22] PyCharm Git Push

336

Push Commits 창에서 어떤 프로젝트에서 어떤 커밋을 푸시할 지를 정할 수 있습니다. 현재는 방금 전에 한 첫 번째 Commit만 나오므로 해당 내용을 푸시하면 됩니다. 〈Push〉 버튼을 누르겠습니다.

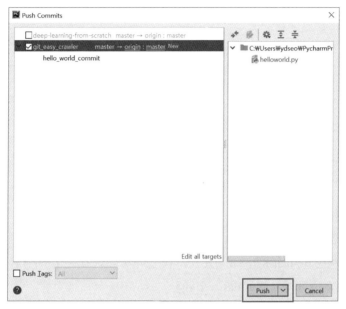

[그림 12-23] Push Commits

GitHub 로그인 세션이 남아있지 않은 경우 GitHub 로그인을 요청합니다. GitHub에 연결하여 Commit된 버전을 올리는 것이기 때문에 권한 체크가 반드시 필요합니다.

[그림 12-24] GitHub Login

로그인을 마친 후 푸시가 완료되면 [그림 12-25]와 같이 'Push successful' 이라는 메시지와 함께 해당 소스코드가 어떤 Branch에 업로드되었는지 나타납니다. 아무 것도 설정하지 않은 경우 기본으로 설정되어있는 Branch가 origin/master 입니다.

Branch는 '가지'라는 뜻처럼 본래 master에서 분화한 갈래입니다. 만약 새로운 기능을 도입하려고 할 때 그 기능을 구현하는 방법이 2가지라면 그 두 가지를 Branch를 분리해서 만들어보고, 더 나은 쪽의 Branch 코드를 Master에 병합하는 것이 가능합니다

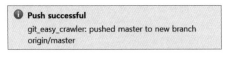

[그림 12-25] Push 성공 메시지

그렇게 Push가 완료되고 해당 리모트 리포지토리를 새로고침해보면 다음과 같이 작성된 파이썬 소스코드가 Commit 메시지와 함께 나타납니다.

[그림 12-26] Push 완료 후 리포지토리 확인

해당 소스코드를 클릭해보면, 누가 작성했는지, 어떤 내용인지 확인할 수 있습니다.

[그림 12-27] 리포지토리 내 소스코드 확인

이번 장에서는 빈 프로젝트를 가져와서 내용을 채우고 업로드하도록 하였습니다. 이런 방식으로 기존에 관리하는 프로젝트들을 추가해서 형상관리하거나 다른 개발자와 협업할 수 있습니다.

✛ 12.5 GitHub의 다른 프로젝트 소스코드 가져와서 사용하기 ✛

개발을 하다보면 구현하고자 하는 기능들이 이미 구현되었는지 찾아볼 때가 많습니다. 특히 오픈소스로 제공되는 경우 어지간하면 GitHub 등의 오픈소스 플랫폼에 전용 리포지토리를 두고 있는 경우가 많습니다.

이외에도 정말 다양한 분야의 GitHub 리포지토리들이 있습니다.

이렇게 GitHub에 공개된 소스를 사용하고자 할 때 리포지토리를 zip 파일로 다운로드하여 활용할 수 있지만, 많은 경우 git clone 기능으로 해당 프로젝트를 가져오는(checkout) 방법을 많이 사용합니다.

리포지토리 우측 상단의 〈Clone or download〉 버튼을 누르면 [그림 12-28]과 같이 Clone with HTTPS 라는 메뉴와 그 링크를 복사할 수 있도록 창이 나옵니다. 만약 리포지토리를 압축 파일로 다운로드하고자 한다면 창의 우측 아래에 있는 〈Download ZIP〉를 누르면 됩니다.

하지만, 말씀드렸듯이 실제로 프로젝트를 바로 테스트하고 사용해보고자 할 때 ZIP파일로 다운로드하는 방법보다는 git의 clone 명령어를 사용해서 로컬로 디렉터리를 가져오는 방법을 많이 사용합니다.

[그림 12-28] Keras GitHub 페이지

[git clone 명령어 사용하기] 먼저, 리포지토리에서 제공하는 링크를 복사하려면 링크를 선택하여 Ctrl+C (복사) 하거나, 링크 우측의 버튼을 누르면 됩니다. 해당 리포지토리의 주소 끝에 .git 을 붙여도 동일합니다.

[터미널에서 git 명령어를 이용하기] $git clone 주소

[PyCharm에서 git을 이용하기]

복사해둔 주소가 Git Repository URL에 알맞게 들어갔는지 확인하고 우측에 〈Test〉를 클릭합니다. 다음그림과 같이 연결이 성공한다면 올바른 주소로 연결된 것입니다. 〈OK〉를 누른 후, Parent Directory와 Directory Name을 통해 어떤 디렉터리 주소에 어떤 이름으로 저장할지를 정하고 Clone 합니다.

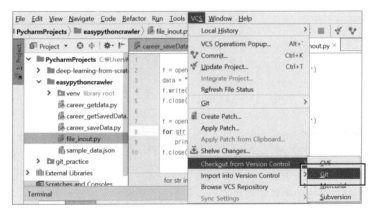

[그림 12-29] PyCharm Git

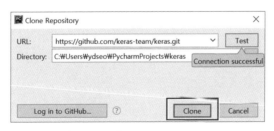

[그림 12-30] Clone Repository

[그림 12-31]과 같이 clone한 디렉터리를 바로 열지를 물어보는 창이 뜹니다. 〈No〉를 클릭할 경우 clone을 원하는 디렉터리에 저장한 것으로 작업이 끝나며, 〈Yes〉를 클릭할 경우 [그림 12-32]가 팝업 됩니다.

[그림 12-31] Checkout From Version Control

현재 프로젝트 창에 띄울지, 새 파이참 화면을 띄울지 정하는 창입니다. 여기서 아래의 'Add to currently opened projects'를 클릭하면 원래 열려있던 파이참에 프로젝트 디렉터리가 추가됩니다.

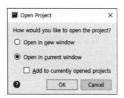

[그림 12-32] Open Project

Tip GitHub Markdown 마크다운(Markdown)은 마크업 언어(Markup language)의 한 종류로 문서의 내용 이외에 문서의 구조나 서식, 속성 등을 표현하는 역할을 해줍니다. 별도의 도구 없이 마크다운 문법을 통해서 깔끔하고 가독성 있는 문서를 만들 수 있습니다.

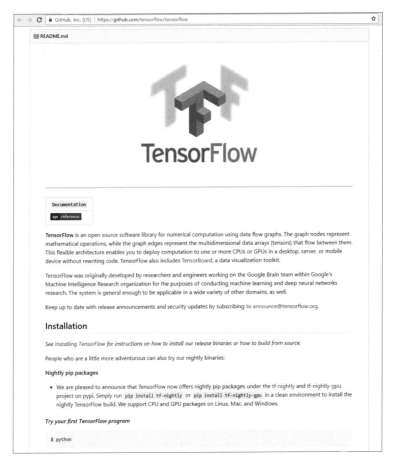

[그림 12-33] GitHub Tensorflow README.md

[그림 12-33]처럼 이렇게 README.md 파일을 통해서 프로젝트를 잘 설명해두면 자신은 물론 오픈소스 프로젝트를 이용하는 사람들에게 큰 도움이 됩니다.

찾아보기

한입에 웹 크롤링

프알못의 파이썬 데이터 수집 자동화 한 방에 끝내기

초판 1쇄 발행 2018년 9월 28일

지은이	김경록, 서영덕
펴낸이	김범준
기획/책임편집	이동원
교정교열	조서희
편집디자인	홍수미
표지디자인	김민정

발행처	비제이퍼블릭
출판신고	2009년 05월 01일 제300-2009-38호
주소	서울시 종로구 중학동 19 더케이트윈타워 B동 2층 WeWork 광화문점
주문/문의	02-739-0739 **팩스** 02-6442-0739
홈페이지	http://bjpublic.co.kr **이메일** bjpublic@bjpublic.co.kr

가격	26,000원
ISBN	979-11-86697-71-9